五南文庫 041

生態災難與靈療

周慶華 ◎ 著

五南文庫 041

生態災難與靈療

作者　周慶華
發行人　楊榮川
總編輯　龐君豪
企劃主編　歐陽瑩
責任編輯　歐陽瑩
封面設計　郭佳慈

出版　五南圖書出版股份有限公司
地址　106台北市和平東路二段339號4F
電話　（02）2705-5066
傳真　（02）2709-4875
劃撥帳號　01068953
戶名　五南圖書出版股份有限公司
網址　http://www.wunan.com.tw/
電子郵件　wunan@wunan.com.tw
法律顧問　元貞聯合法律事務所 張澤平律師
出版日期　2011年10月初版一刷
定價　新台幣300元

有著作權 翻印必究（缺頁或破損請寄回更換）
Complex Chinese translation rights © 2011 by Wu-Nan Book Inc.
ALL RIGHTS RESERVED

國家圖書館出版品預行編目資料

生態災難與靈療 / 周慶華著. - - 初版.
-- 臺北市 : 五南, 2011.10
面 ; 公分. --（五南文庫 ; 41）
ISBN 978-957-11-6421-2(平裝)
1.環境倫理學 2.生態危機 3.生態平衡
4.心靈療法
197.5　100017604

寫於五南文庫發刊之際——

不信春風喚不回……

在各項資訊隨手可得的今日，回首過往書香繚繞情景，已不復見！網路資訊普及、媒體傳播入微，不意味人們的智慧能倍速增長，曾幾何時「知識」這堂課，也如速食一般，無法細細品味，只得囫圇嚥下！慣性的瀏覽讓知識無法恆久，資訊的光速致使大眾正在減少甚或停止閱讀。由古至今，聚精會神之於「閱」、頷首朗頌之於「讀」，此刻，正面臨新舊世代的考驗。

身為一個投入文化暨學術多年的出版老兵，對此與其說憂心，毋寧說更感慚愧。自身的成長，得益於前輩們戮力出版的各類知識典籍。而今，卻無法讓社會大眾再次感受到知識的力量、閱讀的喜悅、解惑的滿足，這是以傳播知識、涵養文化為天職的吾人不能不反躬自省之責。值此之故，特別籌畫發行「五南文庫」，以盡己身之綿薄。

文庫，傳自西方，多少帶著點啓迪社會大眾的味道，這是歷史發展使然。德國雷克拉姆出版社的「世界文庫」、英國企鵝出版社的「企鵝文庫」、法國伽利瑪出版社的「七星文庫」、日本岩波書店的「岩波文庫」及講談社的「講談社文庫」，為箇中翹楚，全球聞名。華人世界裡商務印書館的「人人文庫」、志文出版社的「新潮文庫」，也都風行一時，滋養了好幾世代的讀書人和知識分子。此刻，「五南文庫」的出版，不再僅止於啓蒙，而是要在眾聲喧嘩、浮躁不定的當下，闢出一方閱讀的淨（靜）土，讓社會大眾能體驗到可藉由閱讀沉澱思緒、安定心靈，進而掌握方向、海闊天空。

五南出版公司一直致力於推廣專業學術知識，「五南文庫」則從立足學術，進而面向大眾，以價廉但優質、厚實卻易攜帶的小開本型式，取代知識的「沉重與昂貴」，亦即將知識的巨大形象裝進讀者的隨身口袋，既甜美可口又和善親切。除了古今中外歷久彌新的名著經典，更網羅當代名家學者的心血力作，於傳統中展現新意，連結過去與現在。

人生是一種從無到有，從學習到傳承的不間斷過程。出版也同樣隨著人的成長而發生、思索、變化與持續，建構著一個從過去到未來的想像藍圖，從閱讀到理解、從學習到體會、從經驗到傳承，從實踐到想像。吾人以出版爲職責、爲承諾，正是希望能建構這樣的知識寶庫，希冀讓閱讀成爲大眾的一種習慣，喚回醇美而雋永的閱讀春風。

發行人 楊榮川

二〇〇八年六月

序

因爲溫室效應越演越烈，地球上的冰河和極地冰冠即將消失，人類就要在地球物理學家波拉克（H. Pollack）的新書《無冰的世界》所推測一個窘迫家園的危機中過活，這裡面會有極端氣候、水旱災、河水乾涸、野火燎原、森林蟲害、傳染病散播、食物鏈被摧毀、海岸線入侵內陸、糧食短缺和地下水鹹化等等；陸續的將有超過一億人變成氣候難民，而水將成爲比石油更加珍貴的資源。

另一方面就是慕勒（H. Müller）所著《全球七大短缺》一書所敘述的人類將面臨七大短缺，包括短缺有工作能力的人口、短缺有文化的自由開放的靈魂、短缺在競爭激烈的世界裡可用的時間、短缺乾淨安全的能源、短缺可以對抗犯罪和恐怖暴力的權力、短缺適合居住的土地和短缺源源不絕的水資源等。這些短缺也跟上述的生態災難有直接間接的關係。換句話說，因爲有上述的生態災難，所以造成了一些短缺；而因爲有一些短缺，所以益加促進上述生態災難的深化，這中間是相互影響、甚至是相互辯證的，且跟我們「百般無可奈何」的心情軋在一起。

在這個原該驚疑不定的過程，又加入了許多震撼性的天災，如臺灣於一九九九年九月二十一日和二〇〇九年八月八日發生的地震和水災、南亞於二〇〇四年十二月二十六日發生的大海嘯、中國四川於二〇〇八年五月十二日發生的大地震、海地於二〇〇八年九月四日發生的颶風及日本東北亞於二〇一一年三月十一日發生的海嘯等，這不知道什麼時候會降臨或再度降臨自己身上的「災變恐慌」，更讓整體生活蒙上一層陰影。因此，我們無疑的是活在一個越來越沒有保障的時代，前去有太多不測的險巇。

面對這種險巇，許多人都在提供對策，好比高爾（Al Gore）的《不願面對的眞相》要大家節能減碳、柯爾朋（T. Colborn）等的《失竊的未來：環境荷爾蒙的隱形浩劫》要大家減少化合物的使用以降低環境荷爾蒙的指數及弗列德曼（G. Friedman）的《未來一百年大預測》要大家透過地緣政治來左右國家和人類的行事方式等；但情況卻不如所想像的那麼單純，因爲這些對策已經轉成新的綠能經濟和新的操控手段，深被蹂躪的地球將持續的陷落而萬劫不復！

考察這一切惡果的根由，自然在西方人對造物主的信仰所轉成仿照性的支配世界而不斷勘天役物的作爲，且強爲推行變成全球化的運動。因此，所有的生態災難如果不隨便說是地球的反撲，那麼它們就是上述那種作爲所引發兩界失衡的「必要仲裁」的結果。換句話說，一旦緣於信仰而肯定靈界的存在，那麼勢必還要再肯定靈界有超過現實界的能耐，可以在生態失衡時出來裁決回復秩序的進程，而所有的生態災難就是基於這類考量而被設定的；人類不願自律或自制，最終就得忍受相關災難的折磨。這也就是許多災變諸如世界各地的風災水災以及南亞大海嘯和中國四川大地震等，都不在預警中發生，而那些災變現場很少見到動物屍體乃是跟牠們無關而及早被靈界驅趕的緣故。世人未察覺有這種可能性，所想到的儘是沒有多大作用的亡羊補牢的作法，理所當然會一再的被靈界發動「其他災變」給予警示。

倘若還要找出旁證，那麼有三張照片可以藉來說明。它們紀錄了災變後屋毀人亡的慘況，但獨獨有單樹（第三張還有點小竹叢）挺立著：第一張是南亞大海嘯後在印尼美拉波災區一座毀損的清眞寺外所見的，收入經典雜誌社所著的《大海嘯：毀滅與重生》書中；第二張是同次的海嘯後在印尼美拉波市鎮所有建築物全部傾圮中所見的，同樣收入上述書中；第三張是莫拉克颱風侵臺所造成的水災在那瑪夏鄉南沙魯村一處房子全被埋進土裡所見的，收入涂心怡等著的《原起不滅．只是新生：八八水災週年紀念》書中。在這些照片中，獨存的樹很明顯不是「受災戶」，那麼它又要告訴我們什麼？如果不是它全力挺過了災難，那麼就是有外力不讓它倒下隨水流去漂盪。前者的可能性不高，因爲即使再高壯的樹也都撐不住那種巨變，何況是照片中那看起來不怎麼惹眼的「小樹」呢！而後者則讓我們聯想到災變是靈界對人的一個懲罰行動，姑且保留那棵樹就是爲了藉以顯示「不相干的對象都不會加以毀滅」（反過來該「懲罰」的對象一個也逃不掉）。

大家都知道，每次災變的發生，有的屬於人爲，有的屬於天然；但後者也可能是前者連帶促成的。而不論如何，只要有「人作孽」的成分存在，這些災禍都可以直接間接指向靈界介入爲挽回生態失衡所逼出的懲罰策略，爲的是換得人類的覺醒和節制能力。只不過很無奈的，人類的覺醒總是難以見著，而相關的節制能力也遲未看出成效，以至得靠深層次的靈療來「進行補救」。

雖然如此，靈療眞正的有效，還是從自我覺知而予以調適成的；他者靈療，都有可能變成另一種權力操縱，不但無助於生態災難的化解，還會釀成「救助繁亂」而深化有形無形的生態災難。因此，自我節制以提升精神靈的層次而普遍化後，才是世界免於繼續沉淪的保障。而無疑的，本書正切中了這個要害，所提出的對策，足以使地球得以休養生息，而人類想恆久存活的「退路」打算也終於有了明確的指標。

感謝五南圖書出版公司的雅爲接納，以及企畫主編歐陽瑩小姐等團隊的辛勤編輯，讓本書得以順利的跟讀者見面。但願這點區區心意，能隨著書的出版散播成河，流淌所至都有響應，這個世界才庶幾可救。

周慶華

目次

圖次

導論：從生態災難到靈療的思辨歷程

近代西方科學興起，極力於勘天役物；而資本主義和殖民主義在背後促動，更增加它的力度和速度，終而造成舉世狂亂耗能而致遺生態災難的後遺症。這種災難的形成，固然是經由政治、經濟和科技等全球化所推波助瀾的，但人心的貪婪和某些價值信念的違反自然律則卻是當中的主要因素。這在現實界和靈界的互動過程，最容易引發大規模的災禍而有需要實質性的靈療來改善。而從他者靈療到自我靈療回歸的完成，也就是終止生態災難而恢復兩界秩序平衡的不二法門。因此，生態災難可以是靈異觀點的，而靈異觀點的出路就在靈療和相關配備上。

本書第一部，就在揭發既有的生態論述不夠究竟，而所導致的相關災難必須是靈異觀點的，才能眞切反映當前的狀況。首先要向生態後典律推進：生態論述的體系化，來自西方，從上古一些布局式的和後設式的前典律，到當今關地的、關天的和關文化的現典律，將西方人的生態態度及其種下的支配惡因不自覺的呈現了出來；而晚近發現「前路不通」而想進行補救，但因騎虎難下所能規模的對策都屬「以水濟水，以火救火」式的，已經大爲失信於這一波被蹂躪得千瘡百孔的地球。因此，相關的論述勢必要再過渡到「後典律」的形塑，以反向減少人口和唾棄資本主義而直接緩和生態危機爲旨趣，才能一舉解決生態失衡、污染和資源枯竭等浩劫不能再深化的問題。

其次得倡導一種有效的後環境生態學：現行的環境生態學，大多是爲了因應臭氧層破洞、溫室效應、酸雨危害、熱帶雨林減少、土地沙漠化、野生動物瀕臨絕種、海洋污染和有害廢棄物等問題，但實質成效卻極有限。這癥結乃在西方資本主義所帶動的全球化，迫使舉世參與耗用資源所造成的；大家不反資本主義，就拯救不了地球。因此，新的解決途徑，就在從恐懼全球化出發，徹底反資本主義，並使相關議題推進到後環境生態學的層次。

再次對急性傳染病的災難恐怖性要細爲繹理：人人都知道急性傳染病的恐怖，卻又不清楚這種恐怖緣何而來又緣何而去。只有從哲學的角度來辨析，才能明瞭這種生態災難經驗的「種種面向」。而這可以先依理論建構的層次，耙梳出急性傳染病有實質性、抽象性和半實質半抽象性等三種類型；然後再依後設思考的層次，以抽象性的恐怖這一幾乎是獨佔的類型，檢視它的來由、追究有誰還會歡迎它的存在和如何將它內化來發展消解策略等，合而構成一套理解急性傳染病的恐怖體系。而根據這套體系，我們對急性傳染病的災難恐怖性可以有更切理的看待方式。

再次有關會造成另一種生態災難的山寨文化必須予以遏止：山寨又來了！一種大規模的經濟仿冒行動，大剌剌的在中國大陸上演，並且還挖空心思的自我塑造抵制西方強權的「創新性模仿」的山寨文化話語。但它明顯的隸屬西方創造挫折版的低一層次表現，已經顏面盡失，更別說又加速了生態的惡化和盲目走上能趨疲（entropy）的末路！爲了避免生態災難的擴大，中國大陸以及直接間接「扶持」中國大陸的國家，都應該趁早逆反山寨的實質效應，而從不消費科技產品以確保生存權的心理建設和不戀世苟活以維生態平衡的曠觀兩界運作的遠景著手，讓地球回復比較和諧的狀態。因此，逆反山寨文化及其背後的資本主義邏輯與否，也就成了大家生死存亡的關鍵所繫。

再次必要對災難靈異學進行全面性的建構：有關災難的界定，常被「自然」化或「物理」化，而忽略它跟靈界的連結而不爲無意性。它的種類多，乃是爲了平衡生態所採取的手段不同，人間儼然是靈界的試煉場域。在這個場域裡，死亡成了災難最深的見證；而當中又有慢速死亡的潛在性災難在拖長試煉，更具警惕意味！但一般的解釋都僅止於人謀不臧或神鬼作怪，殊不知它是靈界爲回歸秩序化所作的調整，災難種類多及死亡多樣化，所代表的是靈界的對策「多管齊下」，爲的是因應靈界分項負責者的不同能耐。因此，循著災難必現靈異的理路，可以構設出一套災難靈異學；至於它還有一些非本質的難題，則不妨俟諸異日再行深入處理。

最後舉證災難影像的靈異式解讀以便過渡到靈療的課題：災難影像提供了視覺的基礎，但無法給出災難的整全境況的信息，以至必須再進到後設知覺層次而別爲開展。這一後設知覺的跨界欲求，就到了超經驗的領域。而經由超經驗解讀的嘗試，可以知曉災難乃是靈界權力折衝的結果。換句話說，在靈界具有絕對主導權的情況下，每次災難的發生都不爲無意，它一方面在爲兩界失衡進行彌補；一方面也在爲人類的胡作非爲遺留警訊。因此，重新思考生態的跨界網絡化而亟於降低人口壓力，以不執念一切的物質享受且安於所往的新靈異學觀點來自我安頓，也就成了減少災難的不二法門。

本書第二部，則在內在理路上承繼第一部，試爲開啓靈療的新紀元，以爲生態災難提出有效的拯救對策。首先從靈異切入：靈異爲世學所擯棄，只緣於一般科學的偏見；但因爲很多時候科學的實例也無法僅靠檢證而存在，所以靈異要進入可檢證的範圍也就是順理成章的事。它在認知、規範和審美上都可以顯現一如世學那般的效果且更爲凸出，以至形塑一套靈異觀來看待靈異現象也就有它的正當性。這種正當性，也是靈異研究新模式的建立所立足的基礎；而它經由靈異觀和觀靈異的循環辯證後，又可以發展出靈異災難學和靈異生態學等新靈異學的次學科，前景看好。

其次將中西兩大靈療形態揭發出來：靈療在晚近蓬勃發展後，相對的難以因應文明病以及自我欠缺開展性等問題，也跟著形成。雖然它有相當的「現實需求」這一社會背景在推動它前進，但對於靈療的目的在止於靈療的哲學觀點無所察覺，總不能無憾！因此，透過靈療的文化心理該一最深層次的發掘以及了解它有根本的跨域難題存在後，試著爲靈療提供必須中止的堅強理由以爲化解靈療系統的差異，並爲中西兩類靈療所顯現索討和寬恕差別現象找到平衡點，也就成了最新一波靈療研究的方向。

再次對靈療的種種面向加以疏通：靈異是靈病的前提，而靈療是爲了對治靈病以爲因應靈異，以至靈療和靈異就成了雙向因果關係。而不信此現象或信賴過深以及靈體受挫的人，都需要靈療；只不過前二者幾乎已無從改變，僅剩後者會被列入靈療的議程。即使如此，靈療也未必眞的有效，它所處的被操縱位置，讓它的自主性大受考驗；而患靈病的人，也因爲不願自珍而老是期待於靈療，使得靈療頻繁而靈病依然孳生不斷。因此，靈療終究要終止，讓靈病返回未生或無所謂的階段，才是正途。

最後再行提點一種可能的自成式的新靈療觀：舊靈療以撫慰受傷殘的靈體和協商索討者去執或力勸當事人對外靈的寬恕，效果普通、甚至鮮見眞正的療癒案例。它除了不懂靈靈互涉或靈靈互槓的輪迴潛因，而且還低估了靈體互有質差的重要性，以至經常事倍功半。如今倘若大家覺得靈療還有存在的空間，那麼它勢必是啓靈式的，以強化靈體對「相敬兩安」、「無求自高」、「修養護體」和「練才全身」等策略的深切體認，才有辦法逐漸扭轉他者靈療爲自我靈療，而取得雖然弱勢卻是強者的存在優勢；進而以此新靈療觀開啓緩和輪迴壓力和特能因應能趨疲危機的稀罕新遠景。

本書第三部，屬於延伸配備。前二部中各章已有配備開列，這裡則再作一些拓廣，以見生態災難必要挽救的相關方案。首先以佛教的緣起觀爲中介來參世：佛教有緣起觀一理，以解釋宇宙萬物的由來，跟其他系統的世界觀並列，充分彰顯它自有科學的一面；而從其他系統的世界觀來看佛教緣起觀這種世界觀，在淑世或益世上又有它「不增負擔」的獨特處，從而凸出它更爲科學的另一面。因此，不論佛教在發展的過程中如何的衍生出諸如十二緣起、業感緣起、阿賴耶緣起、如來藏緣起、法界緣起和六大緣起等，它都已經在參世的旅途上蔚爲一種高度和諧生態的風采，未來世界還是需要它來匡扶，以免陷落。

其次續上強化佛教修行以爲進入後生態時代：佛教修行的目的在逆緣起解脫，這原有它的崇高性，但行久未能「與世轉移」卻又顯得它無益於世道；尤其是當今環境耗能和汙染嚴重，此一逆緣起解脫似乎無能改變什麼。因此，爲重新彰顯佛教修行的「仍有對治」功效，有必要隨順減卻式的後生態觀念，以不乘願再來自渡兼渡人，才能緩和地球走上能趨疲而快速趨向死寂的末路。

再次則落實到新禪學來治心益世：禪作爲佛教的一個修行法門，以嚮往終極解脫爲旨趣，但因相關的趨寂息念的絕然空無在學人的悟解中歧出異常，導致一場從禪到「禪」的各自發揮的理路於焉形成。這乃應了當代權力/知識的新認識論法則，從此不再能卯上什麼知解上的絕對性或客觀性。而爲了繼續實踐無礙，重定「禪」關的治心益世的時代意義和落實在有效的挽救能趨疲危機，也就成了新禪學所不可或忘的重大使命。

再次帶出文化創意產業中特別重要的語文產業一環予以變更方向來因應生態危機：語文產業化也因爲西方資本主義的興起而盛行，整個獲利集團以無止盡榨取地球有限資源而成就榮耀或媲美上帝的名爲旨趣，不意卻大爲釀成能趨疲的危機而嚴重威脅到人類的生存及其語文產業化的延續。因此，整體拯救的對策，在於以非語文產業化爲語文產業化，搭配減少人口壓力和逆反資本主義潮流，並讓現實界和靈界都獲得有效的教化，而共同致力於挽狂瀾。

最後順便提供一位旅行家的經歷和感慨作爲殷鑑：旅行家到中國大陸獵奇，成績卓著且特能針砭該地旅遊產業弊端的，當數龔鵬程一人。他足跡遍及大江南北，所見旅遊地多媚俗現象和人爲不當破壞，而亟欲予以導正，以至他原先的「壯闊之遊」變成「悲壯之遊」。此外，他作爲一個有著深湛文化涵養的旅行家，孤獨的眼睛經常無法配備自由的翅膀，也不免要深以爲憾！只好一一寄託於旅遊書，而獨自懷著淒惘的心情走出文化的迷茫。可以說他是這個時代最後一個采風人，而絕世風骨是他的壯遊結果。

第一部　生態災難

第一章　生態論述後典律：

卡森《寂靜的春天》、高爾《不願面對的真相》、安德生《綠色資本家》的檢視與超越

一、典律的典律性

向來相關的生態論述，只要有聳動性或說服力，自然就會獲得許多人的贊同而開始典律化。而典律化後的生態論述，一旦面臨新的挑戰，又會有彼此的競爭發言權或主導權的現象，而導致每一種形成後的生態論述典律都難以保有絕對的優勢。在這種情況下，生態論述無不須再「與時推移」，以便取得新的典範位置。這麼一來，對關心生態論述前景的人來說，此刻也就是省視典律更迭和發展更具競爭力的新典律的大好時機。

通常所說的典律（canon），也稱經典或正典或典範，並見於基督教系的教會規條和文學的準則等：「『典律』一詞譯自canon一字。此字一般用來指稱基督教系的教會規條以及上自古埃及下至現代造型藝術的比率準則。文學上則首見於西元第二世紀的『亞歷山卓典籍』，當中羅列荷馬等古希臘宗師以爲各文類楷模。」（陳東榮等主編，1995：315）顯然這是源於指稱一些既成的文獻而後發的名號，它乃以「後驗發現」的性質存在，而使得典律一詞有著「再生文化」的催化作用。（周慶華等，2004：3）換句話說，典律的成形是一個「偉大發現」的過程，它的刺激另一波的創新以爲衍生典律的隱在欲求，已經有催化文化再生的作用，勢必會成爲大家注視的焦點。

雖然如此，典律的催化文化再生卻不見得是一個絕對的正面性的命題。理由是：典律都是在一個特定脈絡存在；而在不同脈絡會有不同的限定。即使這種不同的限定經過「約定俗成」或「強行制定」就會在一個社群或歷史性的生活團體裡傳承遞衍，但「前後」或「異系統」的典律命名權或指涉權的競爭卻難免會消耗一部分的文化力。所謂「當代文化暨藝術評論家佛格森曾經說過：『有經典（典律），就有排除』。於是當有人用『經典』來指稱他們的偏好時，另外的人對自己的偏好於是有了被排除的巨大威脅感，『經典』和『非經典』之間的差異性偏好，也就被拉高到本質性的層次上……同樣的道理，當代法國思想家波底澳在《文化生產的場域》裡，就說得更清楚了。他指出『經典』或『正典』的決定，乃是一種『神聖化的競爭』，對另外的人則可稱爲『要求被承認的鬥爭』。有些人或團體企圖保持和延續，有些人或團體則追求斷裂、差異或改變。大家都想把自己的偏好神聖化，競爭起來難免會出現擬神聖的自鳴正義」（南方朔，2001：306-307），就是指這種情況。換句話說，典律命名權和指涉權的競爭，在「本質」上就是要排除或削弱敵對典律觀的正當性，一場混亂且相互毀棄的悲劇演出就無從免除。（周慶華等，2004：3-4）但不論如何，典律的權威性和規範性還是不斷地會在典律的生成過程中被彰顯出來。

根據孔恩（T. S. Kuhn）《科學革命的結構》一書的說法，典範是指常態科學所遵守的範式：「我所謂的『典範』，指的是公認的科學成就，在某一段時間內它們對於科學家社群來說是研究工作所要解決的問題和解答的範例。」（孔恩，1989：38）雖然這種典範可以被革命取代，但所出現的新典範又是另一個秩序化局面的開始。這在典律的「轉移」上也是同樣的道理；所以才會有人用「典律的意義一直在改變，適用的對象和範圍也一直在改變、擴大，唯一不變的是它所蘊涵的權威性和規範性」（陳東榮等主編，1995：23）這樣的「典律性」不變而「典律意涵」可變的論斷。而從常情來看，整個文化體制的運作，如何也難以擺脫對典律的依賴。所謂「必讀經典（典律）乃經制度化的知識……就廣義說，循阿諾德的文化觀，社會菁英早年受過必讀經典的薰陶，因此能同心一德，領導群論，創造美好融洽的社會」（同上，二），正鮮活的點出這一信息。由此也可見，典律的出現，就是爲了造就那種可以操縱文化體制運作的典範性；而相關典律的倡議則是在符應這種典範性或準備重新建立類似的典範性。因此，任何的典律話語及其指涉的對象，只要能夠禁得起考驗（也就是可以徵得許多同時空或異時空的人的認同追隨），它就有可能在歷史上熠熠生輝。（周慶華等，2004：12）現在回到生態論述的典律上，它的典律性也需要有這一番的轉折，才能予以定位且推論出它的可討論價值及其未來發展的無礙性。

二、生態論述的前典律

談論典律，無非是在爲創發文化或人類前途著想。它的已經存在或將要存在的典範性，都在塑造一歷史傳統的重要憑藉。倘若說歷史傳統是指從過去延續到現在的事物或指一條世代相傳的事物變體鏈（按：前者可以算是傳統一詞最基本的意涵，它包括一個社會在特定時刻所繼承的建築、紀念碑、景觀、雕塑、繪畫、音樂、書籍、工具以及保存在人們記憶和語言中的所有象徵建構；而後者則可以算是傳統一詞較特殊的意涵，它圍繞一個或幾個被接受和延續的主題〔如宗教信仰、哲學思想、藝術風格和社會制度等〕而形成的一系列變體）（希爾斯〔E. Shils〕，1992；沈清松編，1995），那麼典律的發現或限定就是確保這種歷史傳統可以被一再「彰顯」的最大資源；它無疑的具有構成一個社會創造再創造的文化密碼和給人類生存帶來秩序及意義等功能。而從文化規模的建立來說，也的確需要一些具有典律性的東西作爲基礎，才可能宏偉格局而冀其有發展遠景。（周慶華等，2004：11-12）生態論述的典律化，也是基於這個考慮，它的直指時代弊病而亟於拯救危亡的作用可能更甚於其他典律。而這不妨從生態論述的前典律談起。

由於生態問題是西方人惹出來的，而有關生態論述的日漸蓬勃也是西方人自己凜於生態破壞的嚴重性而據以提出來要對治的，所以一切的考索都得從西方所見的爲對象，希望最後的解決可以有地方「掛搭」或「紹續」。因此，從《聖經》和古希臘哲學這些源頭入手，也就「知有所本」以及可以覷見生態論述前典律的「起始樣貌」。至於有人可能會疑問它們何以也可以典律相稱，這就無妨舉它們相當程度的「公認性」姑且予以回答；不然就用上述的「權爲限定」說答覆（後面現典律部分同此），根本不致妨礙論述的進行。

整體上，生態論述前典律是以兩種形態呈現的：一種是布局式的；一種是後設式的。布局式的，以《聖經》爲主，它對於生態何以如此有一概況的交代，形同是在精心安排，讓人知道生態的「生發」及其可能的「演變」。當中在神造完天地萬物後，特別提到人：

神說：「我們要照著我們的形象，按著我們的樣式造人，使他們管理海裡的魚、空中的鳥、地上的牲畜和全地，並地上所爬的一切昆蟲。」神就照著祂的形象造男造女。神就賜福給他們，又對他們說：「要生養眾多，遍滿地面，治理這地，也要管理海裡的魚、空中的鳥和地上各樣行動的活物。」（香港聖經公會，1996：1）

這就把人提高到接近神的代理者地位，賦予他掌管萬物的任務。也就因爲這個「不對等」的緣故，所以後來的生態就出了問題（詳後）。

至於後設式的，則以柏拉圖（Plato）《理想國》和亞里士多德（Aristotle）《形而上學》爲主，它們從哲學的後設思考角度來「回溯」生態的起始及其存在因緣。如「神既然是善的，祂就不像許多人所說的，是一切事物的締造者；而只是少許事物的成因，並非人們遭遇的大部分事物的成因。人生中善事少、惡事多，只有善事才應當歸諸神的意旨。至於惡事，它們的成因應當在他處尋求，不應該找祂」（柏拉圖，1989：94-95），這把事物的存在歸諸神的旨意（雖然它認爲「惡」的那一部分跟神無關），儼然是將生態所以如此推到神的決斷，爲一「後設追認」的形式。又如「神被認爲是在所有事物的原因中間，並且是一個第一原理」（亞里士多德，1999：9）、「在存在的諸事物中，必定有一個原因，它堆動並連結事物」（同上，16）和「所有事物被排列在一起都是朝向一個目的」（同上，452）等等，這也是把事物的存在從神那裡找到保障；不論視界是否變得更寬廣（不再排除惡而許以神雙重授意），都不離後設追認的形式。這些說法，很明顯跟前者構成一體的兩面，爲有神論所強力倡議（也就是不容他人置疑）。

這一後設式的倡議，跟前者布局式的認定合謀，「人爲宰制」的曠世行徑，從此卯上了窮爲支配萬物的綿綿無盡的旅程。換句話說，把生態溯及神在背後主導和將神當成直接創造生態是同一理路的。它們所隱含的「支配萬物」爲人受造的一大原因，早已被西方人利用來作爲殘酷地操縱及搾取生態的理據。雖然有基督教學者曾經在重新界定支配萬物的意義，主張任何剝削或殘害神（上帝）創物的舉動都是有罪的且是叛逆神意旨的一種褻瀆行動，而同樣的任何破壞所賦予生態的固定意旨也是一種罪行和叛逆（雷夫金〔J. Rifkin〕，1988：355-361），但他們所改稱的支配萬物的眞意乃是指管理生態（而不是意味著人類有權剝削生態）卻依然不脫對生態一定要「有所掌控」的範圍（「管理」和「支配」都是不放棄掌控生態的標幟）。而更可慮的是，這種支配觀已經從尋常生態延伸到人際網絡，在起著有意無意的宰制作用。如底下這段文字所見的：

> 一個正視挑戰並接受對它和對我們時代整個文化的共同生活的審判的基督教，可以爲人們應付更嚴重困境的方式作出深遠的貢獻。基督教的作用不在於它似乎可以成爲政治、經濟和社會的替換務。基督教本身不是在技術世界中建立起的一種不同的工程，也不是另一種管理城市和處理國際事務的方式。但基督教可以爲新的希望提供基礎，因爲透過對基督的信仰，它賦予人們以「天國公民」的切身感，並且伴隨著塵世的責任感。在這裡，人們敢於承認自己眞正的罪惡。同時基督教能夠對社會衝突提供富有成效的抨擊，因爲經由對基督的信仰，它使人們意識到，即使歷史的分化不能消除，「我們都在基督裡合一」。（塞爾〔E. Cell〕，1995：120）

類似這種「塵世的責任感」充斥，不啻暴露了西方人的普同幻想和支配欲望，而造成舉世衝突和紛爭不斷！因此，生態論述前典律所鑄下的過錯，不再是它們表面那些安排或追認論調所能藉爲「一手遮天」而掩飾過去，歷史總有一天會逼它們現出原形。

在不承認信仰有問題的前提下，西方人開始有條件的覺悟自己的疏失，但又不免「強迫」全世界人來分擔破壞生態的惡果，所見一些應時的論述似乎有逐漸在帶領風潮的態勢。它們可以看成生態論述現典律，所轉變的是「不明講」的亟欲補救前典律所踐履致遺的禍害。換句話說，西方人在談論挽救「生態危機」時，幾乎都不從他們的信仰下貫來談，只就生態論生態，這樣所能補救的僅是前典律「斷裂」造成的災難部分（而不是該信仰的缺失本身）。因此，有關生態論述現典律所致力改變的只是現象面的生態問題，對於誰造成這種問題就刻意迴避或無知混過。

三、生態論述現典律的轉變

現在爲了看出生態論述現典律所轉變後的狀況，不妨比照前述體例先予以條理一番。這依先後順序，約略有關地的、關天的和關文化的論述形態。當中關地的部分，以卡森（R. Carson）《寂靜的春天》爲代表。這本書探討了人類發明殺蟲劑（如DDT）所孳生的汙染問題：它（指殺蟲劑）經由食物鏈將化學毒素囤積在生物和人體內致病，以及不斷使用讓昆蟲的抗藥性增強而危及環境生態的平衡。最後，作者建議以微生物（如病毒、細菌、眞菌、原生動物和微小的蟲等）或昆蟲天敵來防治昆蟲危害農作物。理由是「我們應付的是活的生命，活的群體，有生存的壓力，牠們的數量會暴增也會銳減。只有考慮到這些因素，小心地將它導向對我們有利的方向，我們才能和昆蟲共存」；而「目前所流行的毒藥，完全沒有考慮到這些……人們就這樣把化學物質扔進生命網中；這生命網一方面是脆弱易碎的，另一方面卻也是強韌異常，會以無法預期的方式反擊。使用化學物質的人，一直都漠視生命這種非比尋常的能力，對工作沒有崇高的理想，在意圖改變自然時，沒有謙恭的胸懷。」（卡森，1997：327-328）爾後因爲人類並未記取教訓而繼續變本加厲的使用有毒化合物，導致環境荷爾蒙的浩劫，所以又逼出了柯爾朋（T. Colborn）等《失竊的未來：環境荷爾蒙的隱形浩劫》這類似的著作在指摘人類的惡行！它所直擊的大量人造化學物質（如農藥中的DDT、巴拉松和地特靈等；工業化合物中的塑化物質鄰苯二甲酸酯類、洗潔劑的壬基酚和溶劑的氟氯碳化合物等；有機汙染物中的戴奧辛、多氯聯苯和夫喃等）進入環境中，已使地球淪爲各種化學合成物的鉅型實驗室，而造成致癌率增加和精蟲數減少或畸形胎兒的生殖功能障礙等生態劫難！作者到了最後同樣也以一種諫諍的心情在呼籲世人：

> 我們的任務不在爲干擾荷爾蒙、破壞臭氧層或導致尚未發現問題的化合物，找尋替代或解決方法。在未來的半個世紀，我們所要面對的課題是再設計。一旦停止使用氟氯碳化合物，我們就得重新考慮在電子電路製造時所需要的溶劑……從這個例子引申下去，我們不僅要重新設計草坪、食物的包裝、清潔劑，也必須重新設計在化學年代發展出來的農業、工業及其他制度。我們必須去尋找更好、更安全、更聰明的方法來滿足人類的基本要求和渴望，這是化學之外的選擇。（柯爾朋等，2008：298）

這所認爲的科學的知識和技術的「精鍊」是人類免於化學物汙染的決定性因素，固然樂觀了一點（因爲這是「需求」所引起的，只有減少人口壓力才是關鍵），但它的不願再冒極大危險以生存作賭注，多少有可稱道的地方。換句話說，那些對生物／人的健康、生殖等地面生態造成巨大影響的化學物質（當中氟氯碳化合物會破壞臭氧層是被連帶提及，論者還是以關地的爲主），都要在這一波的論述中被「清除」出去，光憑這點它就得受到重視。至於它的典律性還有可以別轉顯能，那就要留後再加以論列。

關天的部分，以高爾（Al Gore）《不願面對的眞相》爲代表。這本書揭發了人爲的二氧化碳排放過多造成地球暖化，使得冰川消失、南北極冰山融化、海平面上升和低窪地沉淪等氣候危機。末了，作者提出改用省電燈泡、正確使用家電、少次多量的洗衣原則、節約使用熱水、減少待機時的耗電量、減少交通運輸製造的碳排放、選擇燃油效率高的車、減少消耗品的消費、購物前做好垃圾減量、落實資源回收及再利用、使用環保購物袋、減少肉類攝取、購買當地自產的食品、支持環保節能產業、參與政治活動和支持環保團體等十六項化解氣候危機的策略。（高爾，2008：305-321）這一關係地球瘡疤的掀揭，基本上有聳人聽聞的效果，後續的「踵武之作」向不缺乏。像 Co+Life A/S 策畫的《100個即將消失的地方》，就隨著極力在發掘包括因極端氣候（如乾旱、豪大雨和極端溫度等）、海平面上升、冰層融解（如海冰融解和路冰融解等）和生態破壞（如生態惡化、熱帶雨林消失、土地沙漠化和珊瑚礁受損等）等所促成的世界一百個地方岌岌可危（Co+Life A/S 策畫，2010），從而讓高爾的著作更爲揚名。雖然如此，高爾的溫室效應說，近來已經出現不少質疑的聲浪（隆柏格〔B. Lomborg〕，2008；村沢義久，2010）；而他的策略發想也因爲「減不徹底而形同無效」。（周慶華，2010：56-57）更弔詭的是，在高爾的環保論調發露後，有人察覺他家的耗能有增無減：「高爾拍了一部《不願面對的眞相》的環保紀錄片，獲得了二〇〇七年奧斯卡最佳紀錄片獎……在高爾贏得奧斯卡小金人後的第二天，老家的田納西政策研究中心就披露了一個讓他尷尬的事實：高爾家的用電量從二〇〇五年的平均每月一．六二萬度增加到二〇〇六年的一．八四萬度。這個數字大約是美國普通家庭的十五至二十倍，普通中國家庭的一百倍」；此外，「他每個月花在天然氣消費上的錢超過一千美元，這樣算下來，高爾每個月僅在用電和天然氣上的開支就接近三萬美元。」（勾紅洋，2010：17-18）因此，這種「救治」說本身還有不少漏洞有待塡補。

關文化的部分，以安德生（R. C. Anderson）《綠色資本家》爲代表。這本書規模了利用太陽能、循環回收再製、零廢棄、無害排放和資源高效能的運輸工具等來永續經營地球以維護文化生態。尤其是循環回收再製，被論者自詡爲是第二波工業革命：「那些未來的科技讓我們能夠用回收的原料運轉工廠，這些循環、回收的原料來自於收回已經做好的數十億平方碼的地毯和紡織品，尼龍面料回收再製成新的尼龍紗，用來製造新的地毯；襯底物料回收再製成新的襯底材料，供新的地毯使用。我們的紡織業務裡，特多龍紡織品回收再製成特多龍纖維，用來製造新的紡織品，回收再利用，以循環的方式一次又一次地使用那些珍貴的有機分子，而不是將它們送去掩埋或燒掉它們，或是用第一波工業革命的線性製程，回收製成價值較低的次級品。必須淘汰線性方式，用循環方式取代。循環是自然之道。」（安德生，2006：22）很明顯的，這是在彌補關地的和關天的生態論述的「不足」；它的試圖長久經營地球而維繫人類文化的運作於不墜的用意昭然若揭，而相關的綠能經濟（包括再利用不能時轉開發新的能源）也幾乎是「參質共振」的蠭湧而出。（麥考爾〔J. Makower〕，2009；山德勒〔A. Schendler〕，2010；

瓊斯〔V. Jones〕，2010）問題是這種新觀念所得面對的困境，乃在人類依然會有許多無法再利用的產品的欲求（如建材、交通工具、核原料、武器和各種化學物品等），使得這一丁點的再利用作爲「緩不濟急」！再說所有再利用的過程，都得等量或逾量的耗能，不可能像論者所說的僅是一簡易的轉換而已。因此，相關延續文化的倡議都只是「空逞意見」，在實質上還是沒有能耐化解能趨疲（entropy）的危機。

四、向生態論述後典律的過渡

由上述可知，生態論述前典律對生態論述現典律下的生態現象，已經起著決定性的作用。也就是說，由布局和後設的結果，現實界的人謀不臧，都可以輾轉歸諸神「授予」的衍化，由不得人自主。他系統，則無此問題（隨人起舞的，另當別論）。如講究諧和自然／綰結人情的中國傳統的氣化觀型文化或講究自證涅槃／解脫痛苦的印度佛教所開啓的緣起觀型文化的類生態論述形態，根本不會造成地球的負擔。（周慶華，2010）因此，西方這一創造觀型文化所形塑的生態論述前典律，也就必須獨自爲當今的生態問題首先負起責任。

至於生態論述的現典律的「補救」說，對騎虎難下的西方世界恐怕無能無力。因爲西方世界既要維持現有優勢又要自我退卻，二者不可兼得，勢必選擇前者而敷衍後者；更何況這種「綠色資本主義」式的補救法，不啻是「以水濟水，以火救火」，終究無助於整體生態的改善。像這種不願自我退卻的情況，從美國這一全世界最耗用資源的國家的「反應」別人質疑就可見一斑：

> 富裕國家的人民使用比以前更加耗油的車輛時，他們同時也導致莫三比克或孟加拉的氣候變遷（這將造成農作物歉收、海平面上升和熱帶疾病的擴散等）。正當科學家提出成堆的證據，以證明百萬人的性命將會因排放廢氣所導致的溫室效應而受到危害時，廢氣排放量最高的國家的領導者說道：「我們不會做任何傷害我國經濟的事情，因爲我們的首要考量是美國人民。」（辛格〔P. Singer〕，2003：32）

而綠色資本主義本身既已「資本主義」化了，它一樣化解不了下列這類生態危機：「近一世紀以來，人口不斷增加，生產不斷飆升，人類對自然界的開發和影響也不斷在擴大；而這種擴大往往又是在不加限制、不講求科學的情況下進行。於是自然環境遭受破壞，自然生態失去平衡，自然災害的發生趨於頻繁。大範圍的開山造田、濫伐森林、開築道路，均改變了原有的環境，導致水土流失，甚至氣候失調，一遇暴雨，就出現大規模的洪水、山崩和土石流。再如草原大面積過度放牧，終至造成沙漠化，進而風沙爲虐，危及鄰近的農業、交通和人類安全。」（波頓〔I. Burton〕等，2010：中譯導讀 xi）因爲這些災難就是資本主義鼓勵耗能生產／消費和誘引生靈奔赴來現實界爭享福分／權力所造成的；如今繼續以資本主義爲經濟張本，儘管它如何的綠色，那「大張旗鼓」的舉動仍舊在迫使地球邁向萬劫不復的地步。

顯然生態論述現典律也挽救不了西方創造觀型文化所帶來的生態災難，它需要再過渡到後典律才可望有所轉圜。這一後典律在當前自然還有待形塑，但我們必須深予寄望，也就是形同它已經被虛擬而成了。換句話說，我們可以當它相對上存在了，這裡所舉出的只是它所具有的東西，而所謂的「後典律」才能成立。不然我們也可以期待它成爲新典律，來取代先前所有的生態論述，這樣還是沒有貶損到它「新典律」的地位。但不論如何，一旦經本脈絡論述成形而確有助於生態問題的解決，它就備有後典律的意義，實際上不必再顧慮其他的論述來「攪局」或「刻意翻案」；畢竟這種典律性本就是在擬議中求全，其他論述的對諍反而有利於自我更加精進，並不會妨害應有的正當性。

這種正當性，是說它的對治生態問題可以爲全人類的前途堪慮解套，遠比先前那些生態論述的加重生態危機要能保證地球的「永續經營」。這總說是：一切的耗能、污染和生態失衡等世紀災難，在終極上都是緣於人多「需求過盛」所造成的，以至必須反向由減少人口↓減少破壞生態/暖化效應等後遺症；它的奏效，要在教化人類不再貪戀塵世而成功後才會出現。而這一點的強力提醒，就成了生態論述後典律所要綰結自鑄的。至於分說，則可以從此論點隱含的前提和分衍及其可能的效應等層面來開展：

首先，世界人口壓力是在二十世紀後半葉遽增的（由二十世紀上半葉的二十幾億人增加到現今的六十幾億人），它主要是西方一神信仰促成資本主義（在塵世致富以榮耀神）隆盛所直接間接激勵的。這一神信仰和資本主義（科技發展和資本主義隨需跟著竄起）的前後因果關連，所締造的塵世上帝國假相，已經引來太多「莫名奇妙」湊熱鬧的生靈忙亂於奔赴兩界，致使生態迭遭破壞失衡，至今都還未見緩和。因此，減少人口，也就是對這一資本主義邏輯的矯正。換句話說，要改變西方人的信仰並不容易

（何況他們還一再強調該信仰的重要性）（施密特〔A. J. Schmidt〕，2006；諾格爾〔D. K. Naugle〕，2006；凱勒〔T. Keller〕，2010；杜澤〔D. D'Souza〕，2010），但可以不斷告訴世人「這種好日子很快就要結束了」，提早警醒才能確保存活的「自主性」（至少回到靈界後不必再盲目趕來現實界受人擺布）。

其次，資本主義及其背後一神信仰的削弱，爲反向減少人口壓力的前提，這一將成生態論述後典律所會分衍出來的是如何放棄「競效」的問題。當西方人仍然稱霸不輟而非西方人不尾隨攀附就會「難以生存」（如當今非西方社會一逕迎合西方人所帶動政治、經濟、科技等全球化那般，只要有怠惰和抗拒的，就會被邊緣化而陷於貧困境地），究竟要怎麼看待因應，也就成了相關論述能否提供解決方案的一大考驗。關於這個問題，我們可以設想只要大家不妥協於資本主義，資本主義就會萎縮、甚至退回未發生狀態，這樣經由欲望的減卻而少了強赴或乘願再來現實界的執念，逐漸增多個案生效後，自然生態失衡的情況就有可能得到改善；即使不這麼樂觀，西方人還是會像早期那樣挾著科技/軍事優勢凌駕非西方世界，非西方世界的人勢必得在重歷先前被宰制的痛苦，也未必沒有可以緩衝的餘地。換句話說，在前面那一不再戀世的心理建設下，這種受挫很快就會獲得舒緩，因爲「重回」靈界後這一切就不致再行延續，又何必要用有失尊嚴的臣服態度去依附強權？可見這是理論和實際都行得通的，人類沒有理由不在這個環節愼重考慮「去留」的課題。

再次，從減少人口開始的解救生態危機的旅程，很明顯不會是一蹴可幾的；那些既得利益者、冥頑不靈者和懷疑論者等，都不可能立即改向而實踐起這新方案的。但可以透過教育和廣爲傳播等來「滴水穿石」而漸現成效；這也許又會落入「先耗能」的弔詭局面，但我們可以在「取其最小後遺症」的前提下實施，畢竟除了它已經沒有更好的辦法足以採用。因此，只要這一教育和傳播機制啓動了，此生態論述後典律就會慢慢生效，直到這個世界不再有失當的傾軋爲止。

第二章　後環境生態學：

一個從恐懼出發的在地思考

一、現有環境生態學的問題

世人對生態有系統的關注，據說始於十九世紀六〇年代海克爾（E. Haeckel）的說法，他把研究生物和環境的相互關係的學問叫做「生態學」（Ecology）。由於生態學的字根源自希臘文 Oikos，可以譯成「家」或「居所」，所以生態學後來也就一直被認爲是「研究生物和環境相互關係及其作用原理的科學」。（歐頓〔E. P. Odum〕，2000：序xii；莫爾斯〔M. C. Molles〕，2002：2）但因爲該生態學剛開始只限於研究植物和環境的相互關係，未能涉及動物／人和環境的相互關係，所以後來的生態學家基於「圓滿」學科的需求都試爲予以塡補（張志傑，1996；張鏡湖等，2002；朱錦忠，2003；洪正中等，2003；岳友熙，2007），使得生態學變成一門越來越龐大的學科。

這種龐大性，已經在生態學的理論構設中被「歸結」了出來，包括依據生態系構造層級區分的個體生態學、族群生態學、群落生態學、生態系統生態學、全球生態學等；依據生物分類系統區分的動物生態學、植物生態學、微生物生態學、魚類生態學、鳥類生態學、藻類生態學等；依據生物棲所區分的海洋生態學、陸地生態學、河口生態學、湖泊生態學、沙漠生態學等；依據學科滲透關係區分的系統生態學、數學生態學、都市生態學、經濟生態學、地理生態學、化學生態學等；依據生物性質和任務區分的農業生態學、資源生態學、工業生態學、網路生態學等等。（泰普史考特〔D. Tapscott〕，2009；張志傑，1996；朱錦忠，2003）當然這些區分並非可以截然如此，因爲它們彼此的交集或重疊仍然存在（如個體生態學和微生物生態學／魚類生態學／鳥類生態學／藻類生態學的交集以及生態系統生態學和系統生態學的重疊之類），並且還得在科際整合的情況下才能成立：

> 生態學原是從生物學的一個小分支發展成爲一種「跨科際的研究」。誠如美國生態學家歐杜姆所稱的，它「連結了自然和社會科學」。因此，生態學家的特殊角色對世界問題是採取「涵蓋一切」的方式，這跟經濟學家、政治家和許多科學家所採取的方式正好相反。（歐文〔D. F. Owen〕，2006：31）

可見生態學也跟某些跨科的學科（如科學美學、文化地理學、藝術經濟學、宗教社會學等等）一樣，不斷地踵事增華且援引許多相關學科來自我「壯大聲勢」。這原是後出學科理論建構的不成文規律，不必單獨對生態學用「放大鏡」觀看。但話說回來，這麼多生態學的次學科形成後，表面的「繁華」是否眞的可以爲生態問題找到解決的方案，卻不能不有所疑慮！換句話說，建構生態學是爲了讓大家更認識生態和解決目前所面臨的生態破壞或生態失衡的浩劫問題，而如此衆多生態學次學科的存在又何以「因應致效」就成了所得矚目的新焦點。

對於這個新焦點，可以從兩方面來看：第一，所有的生態都是在特定的時空中生發演變的，於是「環境」就變成必須考慮的要項。而依現有的生態學建樹來檢視，「環境」已經被消融在生態學裡而不再有所謂「環境生態學」一類的次學科。這大概是因爲只要談到生態就不得不關連生態所在的環境，所以再提「環境生態學」就屬多餘。但弔詭的是，這些著述其實是在談生態學（兼及跟環境的關係），卻又自行冠上「環境生態學」的名稱（如上引張志傑、洪正中等、朱錦忠等人的著述）而沒有爲它作過任何的界定。因此，重新以整體環境爲考量重點的生態學論述，也就得在這一波的新取徑中推出，以便看出生態的「有處著眼」。第二，不論這樣的環境生態學是要作爲生態學的新稱呼，還是沿襲慣例僅列爲生態學的次學科位置，它都得提到優先注視的行列，看看它究竟被談到了什麼地步。而對於這一點，論者都不外以「頭痛醫頭，腳痛醫腳」式的在針對臭氧層破洞、溫室效應、酸雨危害、熱帶雨林減少、土地沙漠化、野生動物瀕臨絕種、海洋污染和有害廢棄物等問題提出「減卻」的方案以爲因應，而全然不願將有形的元兇「資本主義」棄置以及將無形「製造」的人口壓力予以矯治，以至「言者貌似諄諄」而實則「聽者依然藐藐」，絲毫也拯救不了一場持續在上演的生態浩劫。因此，現有的環境生態學在貢獻救治生態劫難的對策上實在有限，它必須過渡到後環境生態學才能再度寄予厚望。

二、過渡到後環境生態學的時代意義

基本上，我們是處在一個由「氣流、水循環、陽光、光合作用、固氮作用、分解細菌、眞菌、臭氧層、食物鏈、昆蟲授粉、土壤、蚯蚓、氣象、海洋和遺傳物質」等所共構的生態背景中（羅斯頓三世〔H. Rolston, III〕，1996：4），而這個背景所分布的區域就是生態環境。本來我們應該是此一生態環境的一分子，休戚與共，但當某些人貪婪而過度擷取生態環境中的東西，並且經由再生產而留下許多廢棄物後，就開始造成破壞失衡的事實，這時僅僅以呼籲緩和減卻的方式，來消除已經難以挽回的弊端，顯然是未能「急所當急」而得別爲「另尋出路」。

倘若能另尋出路，那麼環境生態學所無法擔負的任務，就轉由後環境生態學來承接。而這不妨從既有的問題「對治」著來談：首先是因應人類智慧的扭曲。所謂「經濟活動是人爲文化之一，從大自然中『增加價值』，但眞正的生產者是大自然，大自然是食物、纖維、木材、金屬、化石能源和淡水的來源。人類只是修改、處理和消費。人類藉著改變物理和化學結構，把秩序賦予經濟活動的『產品』，把無序和無用的能散發到環境中。經濟活動把廢物推給環境，使熵增加。日復一日，累積在環境中的惡因變成惡果，可惜這些都不在傳統經濟學的演算之內」（麥克邁克爾〔T. McMichael〕，2007：322），這就是人類失策的後果，徒然讓高等智慧深陷在不可再生能量趨於飽和的危機中。因此，後環境生態學就必須找出癥結而重新來爲人類「導夫先路」。

其次是因應超動物性掠奪的猙獰。所謂「爲了爭奪對世界資源和能源的控制權，從而導致了兩次世界大戰的爆發。第二次世界大戰以後，兩個超級大國之間爲了爭奪世界資源及能源的控制權，持續了四十多年的冷戰。中東的石油、南部非洲豐富的黃金/金剛石及其他礦產、薩伊的銅礦……都成爲超級大國爭奪的對象，引發了一次又一次的局部戰爭。冷戰之後，獨霸世界的美國以伊拉克擁有大規模殺傷性武器爲由，對伊拉克發動了大規模的侵略戰爭，而這個戰爭的背後，當然是爭奪石油！由此不難看出，人類對資源及能源的爭奪將長期存在，世界也永無安寧之日」（唐風，2009：14-15），這種超越一般動物的赤裸裸的搶奪資源和能源行爲，早已讓人類的面目猙獰到極點。因此，後環境生態學也必須提出有效對策而儘量促使人類「返璞歸眞」。

再次是因應耗用資源（兼及能源）所留下的後遺症。所謂「跨政府氣候變遷小組於二〇〇七年的報告……北極冰層正以令人難以想像的速度融化，海平面逐漸上升，上升速度超過跨政府氣候變遷小組所預期最大可能性的二倍。乾旱情況正在各地蔓延，全球碳排放量在二〇〇七年激增……到二〇〇九年二月，又有更壞的消息出現，科學家的報告指出，氣候變遷的速度已經超過先前討論模型的範圍……而且問題不只侷限在氣候方面。傳統科學和近三十年永續發展領域的研究顯示，目前各種生態系統都面臨威脅。人類破壞地球的速度，遠超過我們讓地球獲得新生的速度。死亡海域迅速激增，農地變成沙漠。生物多樣性在逐漸減少，我們正進入第六次的物種大滅絕」（修爾〔J. B. Schor〕，2010：16-18），這類溫室效應、嚴重汙染和生態失衡等後遺症，就像定時炸彈隨時會引爆而將禍害無窮。因此，後環境生態學也必須對症下藥而使地球得以休養生息。

我們知道，資源枯竭、環境惡化以及生態失衡的修復和平衡，已經不是像某些論者倡導尋找替代能源或開發新能源以及透過綠色經濟和保育等策略（康斯勒〔J. H. Kunstler〕，2007；麥考爾，2009；山德勒，2010；瓊斯，2010；卡洛普〔F. Krupp〕等，2010；比提〔A. Beattie〕等，2010）所能奏效，它更根本的是不再支取和回復自然的食物鏈情境（詳後）。而這在既有環境生態學所不知慮及或有所迴避的，後環境生態學就得勉爲塡補或力主，以見它「能矯時弊」的特有的時代意義。

三、後環境生態學的開展方向

從現有環境生態學過渡到後環境生態學，乃是基於現有環境生態學早已不足以矯時弊，以至新興利的就委由後環境生態學來完成。而依另一個角度看，後環境生態學取代現有環境生態學，還有總收雜眾說（不論是專論生態學還是附帶論生態學）而出一新說的意味，它的爲「領航」的企圖昭著，我個人也毋須諱言。比較需要交代的是，這一「後環境生態學」究竟是要如何「後」法。

「後環境生態學」究竟是要如何「後」法，前節已經稍微提及（也就是不再支取和回復自然的食物鏈情境），現在要再細爲開展，讓所謂的不再支取和回復自然的食物鏈構成實質的一體兩面，而一舉解決生態浩劫的和緩問題。一般所稱的「後」，大多是爲了有別於「前」，也就是後出的論說試圖自別於前出的論說。雖然如此，這個「後」有別於「前」的語義限定，還有方法論的意義和價值（而非純然的爲著「較量」而已）。我們知道，一般以「後」相標榜的話語，約有兩種情況：一種是要藉爲解構前出的觀念或學說，如反結構主義的後結構主義或反新殖民的後殖民主義之類；一種是爲了顯出自我論述的「理論」高度，如後設倫理學或後設小說之類。後者由於適用度廣，所以常被著爲「後」學的典範；而它的制高點式的發言位置也的確有助於所論述的自我建高化：

在語言學裡，語言學家賈克愼所指認的「後設語言」乃是有關符碼的陳述，這時我們試圖釐清一個詞語的意義或定義（例如「『詞彙』是什麼意思？」）。更一般的情形裡，後設語言是有關另一個論述的批判或分析性論述。因此，語言學是有關語言本身的後設語言。結構主義的敘事理論家，熱奈特在下述評論裡引用巴特和法國詩人凡樂希，指出由於文學批評「和它的對象說相同的語言」（跟藝術或音樂評論不同），它是種「後設語言，是『有關論述的論述』。因此，它可以是一種後設文學。也就是說，『以文學本身作爲對象的文學』」。在這種認識下，文化理論不僅是有關文化形式和過程的經驗或文本分析，也是以它爲對象的後設語言。任何理論也可以透過自我批評或評論本身，而生產出一種後設語言。（布魯克〔P.Brooker〕，2003：245）

這種高一層級的後設語言的「專業」要求，就會像底下這段論述一樣：「現今對於『後』層次上的話語和經驗所加深了的認識，部分來自於一種增強了的社會和文人自我意識。不僅如此，這也反映出對於當代語言功能文化的更廣泛的理解，懂得語言功能在構成和保持我們的日常『現實』感方面的作用。關於語言只是被動地反映一個清晰的、有意義的『客觀』世界的簡單觀點，再也站不住腳了。語言是一個獨立的、自我包容的系統。這個系統產生出自身的『意義』。語言和現象世界關係極爲複雜、充滿疑問，但又是約定俗成的。『後』這樣的術語，就被用於探索這具有隨意性的語言系統和跟它明顯相關的現實世界的關係。在小說中，則用於探索屬於虛構的世界和虛構『之外』的世界的關係」。（渥厄〔P. Waugh〕，1995：3-4）實際去做了，該一「統括」和「領航」的功效就能顯現出來。（周慶華，2010：108-109）這也就是本脈絡強調「後」義的旨趣所在，希望能夠成爲相關生態學論述的新典範。那麼這又該怎麼立論出列和從那裡取證？大體上，今天生態所以會儘見臭氧層破洞、溫室效應、酸

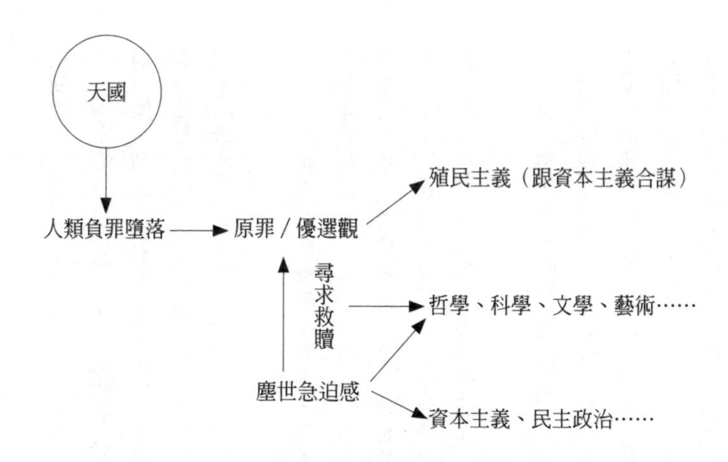

圖2-3-1　原罪信仰的影響圖

雨危害、熱帶雨林減少、土地沙漠化、野生動物瀕臨絕種、海洋污染和有害廢棄物等現象，全是跟資本主義有關；而要談後環境生態學的開展方向，就得從對治資本主義開始。這種對治，釜底抽薪就在摘除那過度的「原罪」信仰。原來西方創造觀型文化還在「草創」階段是沒有原罪觀念的，它都歸結爲基督教獨立自希伯來宗教（猶太教）爲廣招徠信徒而新加入的：因爲「原罪」教條的強爲訂定，所以導致必須尋求救贖（以便重回天堂）而出現明顯的「塵世急迫感」。這種急迫感的「積重難返」，就是到了十六世紀宗教改革後新教徒（並一起「刺激」帶動舊教徒）的相關反應的「適量」表現；新教徒脫離天主教教會後所強調的「因信稱義」觀念，逐漸演變成要以在塵世累積財富和創造發明（包括科學、哲學、文學、藝術等建樹翻新）來榮耀上帝或當作特能仰體上帝造人「賜給他無窮潛能」的旨意而不免會躁急蹙迫；尤其在資本主義和殖民主義隨著矯爲成形後，更見這種「過度的煩憂」。（周慶華，2006：250）而它可以透過列圖來看出「整體」的形態（詳見圖2-3-1）。

圖中的「優選觀」，已經先有人加以揭發了（韋伯〔M. Weber〕，1988），但還不夠「貼近」著講。換句話說，對新教徒來說，「優選觀」是在他們漸次締造現世巨大成就以及武力殖民取得支配優勢後才孳生出來的；而這一觀念既然定型了，相伴的殖民災難就隨後四處蔓延，一直到今天仍未稍見緩和。而根據這一點來看，有些西方人的「自我察覺」就到不了「點」上（跨文化視野不足所致）。如：

> 默頓認爲新教倫理有如下三條原則：（一）鼓勵人們去頌揚上帝，頌揚上帝的偉大，是每個上帝臣民的職責；（二）讚頌上帝的最好途徑，或者是研究和認識自然，或者是爲社會謀福利，而運用科學技術可以創造更多的物質財富，所以大多數人應該去從事科學技術和對社會有益的職業；（三）提倡過簡樸的生活和辛勤勞動，每個人都應該辛勤工作，爲社會謀福利，以這一點感謝上帝的恩德。（潘世墨等，1995：114）

這段話所提及的新教徒所遵守的三個倫理信條，表面上有相互衝突的現象（如第三個信條就跟第二個信條很不搭調），其實則不然！因爲只有過著簡樸的生活，才能「累積」財富以傲人。而新教徒所以要有這類的現世成就，一方面是想藉它來尋求救贖（冀望可以獲得上帝的優先接納而重回天堂）；一方面則是想展現自己的本事而媲美上帝的風采。此外，新教徒所認爲的爲社會謀福利（創造更多的物質財富）一事，明顯是基於「自立將促進物質福分的增加」這個理念，但它所以可能是建立在「塵世是短暫的，不值得珍惜」（可以無止盡的開發利用；即使耗用完了也不足惜）的前提上；而這已經衍生成地球的資源日益枯竭，且因科技不斷發達所帶來的上述諸多後遺症無法解決。因此，這裡可以相當肯定的說，該一宗教信仰及其相關的實踐行爲並不是人類需要普遍遵從的；像在東方的氣化觀型文化和緣起觀型文化自古以來就各別「自成一格」，不必創造觀型文化強來「汰舊換新」。現在後二者暫時「盲目」的自我屈就了，並不代表往後不會再努力奮起。（周慶華，2007 a：243-245）這是後話，重要的是及時對治這一資本主義（殖民主義跟它「狼狽爲奸」）及其在背後強力支持的原罪觀念，才是挽救生態危機的唯一保障。

至於人口過剩而釀成必須耗能的問題，應該也是資本主義所直接間接「鼓動」的。換句話說，如果沒有資本主義不斷地營造高度物質享受的環境，也不會有那麼多人被誘引生育而來增加「啃蝕地球」的人口，從而造成上述那些積重難返的弊端！而其實，全世界大多數人也只能乾巴巴的看著自己被帶到臺下卻無緣取得臺上豐盈的物品：

> 世界上有三分之二的人口生活在貧窮中，而經濟上已開發的國家裡其餘三分之一的人則過著奢侈的生活。貧窮的人們則消耗較少量的「不可再生的資源」；許多人生病，而且深受缺乏卡路里和蛋白質之苦，而他們的人口成長率又比已發展國家的富裕人民超過兩倍以上……這些國家的絕大多數人似乎永遠沒有機會享受工業化的成果。（歐文，2006：328）

這顯示了資本主義的另一面：獨厚有能力興作的一方；至於沒有能力興作的一方，就只好淪爲次等奴工，永遠疲於供養那些有神性光環加被的少數人。因此，爲平衡生態起見，削弱資本主義，一併減少被「無謂」誘引的人口，也就成了後環境生態學的核心指標。而以這個指標示路，才能使整體環境生態學的開展方向明朗化；而前面所說的不再支取和回復自然的食物鏈，到這裡也才可見它的實質障礙以及翻然排除「踐行有望」。

四、恐懼全球化與徹底反資本主義

通常所見的平衡生態說，約有三種情況：第一是物質和能量循環結構的平衡；第二是各成分和因素之間調節功能的平衡；第三是生態環境和生物之間輸出和輸入的平衡。（王勤田，1995：5）當今的生態失衡是將這三種情況一起體現的。這就要怪罪資本主義把全世界帶到耗能、壞物和須索無度上。而這所隱含的殘忍和猙獰面目，就是生態繼續失衡的催化劑。前者（指殘忍面目），是指那些帶動資本主義的人，只求自己致富以顯示在世成就而冀望榮耀上帝後優先被救贖重回天國，根本不在意塵世已經變得多麼不堪！因爲在他們的傳統教示裡，塵世的歷史是有它確切的起始和結束的，眞正有價值的東西僅存於上帝所在的天國；這種強調「他世」的說法，往往導致人們對今世物質世界的罔顧或甚至無度的榨取，而助長生態的破壞和物質的消耗。此外，該教示所別爲透露的「支配萬物」的觀念，也一直被人們利用來殘酷地操縱及榨取自然的理據。（雷夫金，1988：355-361）顯然苛刻地球，已經鑄成他們的本性。

後者（指猙獰面目），是指那些已自攢資本主義好處的人，不可能讓別人分享：「當我們留意一下，今天一個富裕國家的人能坐在彩色電視機前，看到其他人挨餓至死時，人在生態上的不平等就成爲尖銳的焦點。不錯，這些飢餓的人當然是在一個遙遠且我們不熟悉的國家，但我們有效的『通訊系統』，利用環繞地球的人造衛星，就可看到『電視現場轉播的』其他人受苦受難及病重垂死的畫面性，只因爲我們的政治和經濟制度不容許財富、資源和機會的公平分配。歐洲人和北美洲人是一個相信世界資源是在那裡供人利用的文化裡被教養出來的。」（歐文，2006：328-329）更可議的是，當別人警覺到「不能落後」而想「急起直追」時，他們就反向圍堵（就像當今美國四處圍堵中國大陸的崛起那樣）。（戴旭，2010）這種只准自己享受得救而不許別人看齊分沾的作法，無異窮兇極惡的歹徒行徑。

如今這一只有十分之一人口獨佔的豐厚物質成果（葛馬萬〔P. Ghemawat〕，2009），卻要透過全球化更讓他們予取予求而維持福分享受於不墜。所謂「現代世界秩序的歷史可以被視爲西方資本主義強權們瓜分利益的歷史」（赫爾德〔D. Held〕等，2005：11），這所搬演的，就是西方強權們先後爭奪宰制全局，而讓非西方世界的人完全被動在跟隨起舞：

> 全球化是歐洲文化經由移民、殖民和文化模仿而擴張到世界各地的直接結果，而它深入文化和政治領域的支脈在本質上也跟資本主義的發展形態相同。（華特斯〔M. Waters〕，2000：5）

因此，全球化就是一個光譜兩端的權益分立：「對某些人來說，全球化意味著自由；然而對另一些人來說，全球化卻有如監獄。有的人認爲它帶來榮景；也有的人認爲它對發展中國家的貧窮難辭其咎。」（史旭瑞特〔T. Schirato〕等，2009：2）至於中間地帶的次主動者，最後都要臣服於資本主義以圖謀被零賞的幸福，而使得全球化的氣焰串聯高漲！

雖然如此，資本主義全球化所帶來的支取過盛和遺害深遠的生態浩劫，卻是人類的最大噩夢。而要解除這個噩夢，就再也沒有比恐懼全球化和徹底反資本主義更有效了。如果能徹底反資本主義，那麼恐懼全球化的戒惕性也會跟著提升。因此，站在全人類未來「生存」的立場，勢必要跟全球化/資本主義決裂而反對到底。這種反對，一方面是針對西方霸權在全球化上的積極推動；一方面則是針對非西方世界的盲目曲從（或有意的隨波逐流）。雖然有人認爲「今日的帝國主義是以一種嶄新的模式出現，因爲正統帝國已經被多邊控制和監督的全新機制所取代，例如頂尖工業強權的七大工業國以及世界銀行均在此列。也正因爲這樣的情況，許多馬克思主義者認爲當前的新時代並無法以全球化的語彙加以描述，反而是一種西方帝國主義的新樣態，並受到世界主要資本主義國家的金融資本的需求和要求所主宰」（赫爾德等，2005：11）而直斥全球化的非俱在性，但「無法以全球化的語彙加以描述」仍改變不了西方霸權在導引世界走向上的強主地位（更何況它也承認了那是西方霸權的新演出）。（周慶華，2010：11）而由此可見，一些沒播到癢處的反對論調，就不能再冀望它們持續下去：

> 班揚和唐克利認爲，儘管全球化不是一個新的現象，但它在當代世界中表現出來的幾種形

式，在質和量方面都和過去有鮮明的差異。這些形式中包括一般常被人指出，例如科技導致時間和空間的壓縮；人權、民主和跨文化認知等概念的擴散；西方資本主義進入一個全新而貪婪的階段；美國化文化的強勢壓境；電子帝國主義；資訊的所有權、生產和取得的不平等；全球媒體生產和傳遞的所有權集中在少數企業（多爲美國企業）手上。（史旭瑞特等，2009：11-12）

對於全球化，我最痛惜的是它所引發的對自然資源的極度浪費和盲目均質化所帶來的危險，就是潛在的人類文化的全球同一趨勢；不過生活在這個全球化時代裡，我感到慶幸的一點是世界各地的人們之間的交流日益便利了。目前我們面臨的挑戰之一是如何保留全球化的好處，同時減少它的負面作用。（斯洛維克〔S. Slovic〕，2010：258）

這些所涉及的在爲全球化/資本主義「補苴罅漏」的作法，卻有違這裡要爲未來人類的存在著想的眞反旨意，難以引爲什麼「殊途同歸」或「異曲同工」而重新再炒作一番。換句話說，未來人類的存在是要回歸各自的生活方式而保障它不受外力脅迫牽制的權利，從此平穩的「各安所往」，這才是反全球化的重點所在。（周慶華，2010：12）因此，知道懷憂全球化而走向資本主義的反面，是新時代人類的首要任務。

五、終結於一個在地思考

根據上述，生態浩劫的癥結乃在西方資本主義所帶動的全球化，迫使舉世參與耗用資源所造成的；大家不反資本主義，就拯救不了地球。於是新的解決途徑，就在從恐懼全球化出發，徹底反資本主義，並使相關議題推進到後環境生態學的層次。而這一點，顯然是要以「在地思考」為整體反資本主義的機動策略，而無法奢望所有人類在同一時間都反轉來共襄盛舉，因爲已經享盡好處的資本主義強權是不可能附和而調整方向的。

反資本主義，在現實上就只能這樣從在地的不跟資本主義起舞或急流勇退的自資本主義氛圍中抽身，讓資本主義「無以致用」而逐漸削減它的影響力，最後就可能回復無有資本主義的時代。這種在地思考所要面對的「分一杯羹」無望的困境或被邊緣化而從此短少「競爭力」，看來像是反資本主義所衍生的新問題，但不這樣大家就會步上不可再生能量趨於飽和而使地球陷於一片死寂的末路；因此比較原先所存在會走向滅絕的問題，後面這個問題可以保障某種程度的生存明顯是最輕微的。

就資本主義背後所隱藏的邏輯來看，它原是西方人要藉以顯示在塵世的「成就」而圓滿一己的宗教信仰，但當它越演越烈到騎虎難下的地步後，他們就會「豁出去」而不想止步，並且把別人「拖下水」一起承擔敗事的後果。此外，因爲西方人所具強勢主導性不是他方世界可以併比，所以他們就反過來自我膨脹爲上帝第二（尼布爾〔R. Niebuhr〕，1992：58），不斷地羼雜在殖民行爲中而高高在上的宰制著別人。在這種情況下，非西方世界中人倘若不「自我奮起」，那麼就只能永遠奴事而撿拾對方的殘餘，這樣還有什麼光采可說？因此，反資本主義也就反尊嚴掃地以及對必要自主前途的覺悟！

還有從資本主義表面的病症來看，它以「自由貿易」爲名，強迫大家消費且不停供需，終究是爲成就西方人致富而獲得上帝救贖的榮耀；非西方世界中人「莫名其妙」被捲進去參與窮耗資源的行列，到頭來卻只是待宰的羔羊，完全成了人家跨國企業的犧牲品。現在由於全球耗能快速，生態危機嚴重，西方人又想出綠色經濟來唬弄人，自己仍穩穩的操縱著資本主義的進程，而相關的浩劫卻反要非西方世界中人一起來「共業承受」。（萊特〔R. Wright〕，2007；亞祖–貝彤〔Y. Arthus–Bertrand〕，2009；高曼〔D. Goleman〕，2010；波拉克〔H. Pollack〕，2010）所以說該綠色企業仍然改變不了生態浩劫的延續，主要是那種僞裝式的綠能思維還是強調「再利用」和「開發新能源」（而不是從根源上杜絕），對於已經千瘡百孔的地球根本無能修補；況且爲了開發新能源，還得投入更多的人力、物力和財力，只會迫使地球繼續邁向不可再生能量趨於飽和的臨界點，大家的生存權依舊備受威脅。因此，只要資本主義存在一天，這個世界就休想有可以「恆久托負」的希望。

這麼一來，終結於一個在地思考，就是建立在「苟活未必比不活好→從每一個在地反資本主義而定點串聯→讓資本主義無處作用而自動斂跡」的新邏輯基礎上。它的勢必減少人口以棄絕對資源的大量依賴，則可以從「自然退出」和「教育啓導」雙管齊下讓生靈緩著趕來或重返現實界湊熱鬧；這是一個不再有可以「美好想望」的世界，大家不必爲著倖得奢華生活而汲汲於奔赴，從此眞的「各安所往」，讓世界少去擁擠和得以喘息！

第三章　急性傳染病的恐怖哲學：

一種生態災難經驗的理論建構與後設思考

一、急性傳染病的恐怖哲學二義

急性傳染病，如早期的鼠疫、霍亂及晚近的SARS、H1N1等，是一種奇特的生態災難經驗；它的快速傳播且遭感染後有短期內斃命的危險，已經被列爲高風險而亟思予以防範杜絕！只是這種經驗所引發的恐怖感覺究竟是怎麼一回事，還有待從哲學的角度來細細的繹理。由於哲學原爲「愛智」（philosophia），是一種「優異的理智活動」（奧德嘉〔Ortegay Gasset〕，1997；卡諾斯〔D. D. Karnos〕等，2002）以及可以無限「追問事物的原委」（內格爾〔T. Nagel〕，2005；羅烏〔S. Law〕，2005），所以它就同時具有「理論建構」和「後設思考」兩種意義。

所謂理論建構，大致上從概念的設定開始，經由命題的建立到命題的演繹及其相關條件的配置等程序而完成一套具體系且有創意的論說。（周慶華，2004a：329）這在本課題，就約略可以出一形式如圖3-1-1。

後則演繹的結論是說，如果沒有人自己營造出對急性傳染病的恐怖感覺，那麼也就無所謂急性傳染病的存在（根本不知道那是急性傳染病）。依此類推，還可以作更多的推論（但不一定都得採用這種「呆板」的三段論式）。

所謂後設思考，它是針對對象思維以「疊加」的方式對它進行再思維，屬於哲學的「後出」或「精萃」形式。（周慶華，2007）因爲後設可以無限化，所以這就會有後設思考→後後設思考→後後後設思考……等線性結構。（關紹箕，2003；周慶華，2004 a）如有些人欣賞偉大的美會產生快樂和痛苦的感

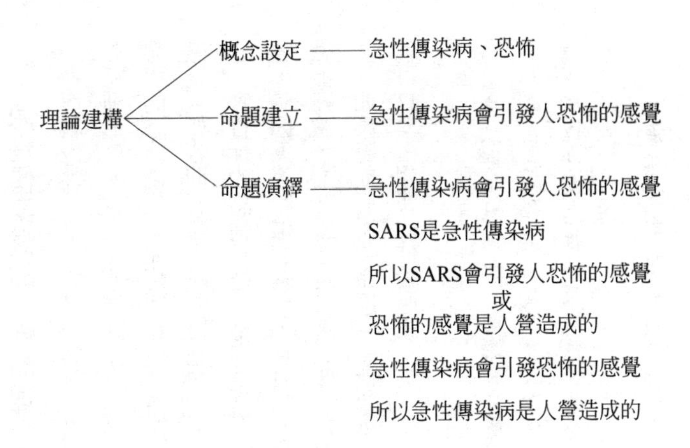

圖 3-1-1　急性傳染病的恐怖的理論建構示意圖

覺↓能引發人高度奇特的感覺的美都可以稱作偉大的美↓能使人產生奇特的感覺的就可以稱它爲美……（周慶華，2007：90-92）這除非有必要，不然只到「後後後設」層次就該權爲打住，以免無限後退而不成論。同樣的，急性傳染病的恐怖感覺也可以依次追究「誰促使它有這種感覺」、「促使它有這種感覺的人憑什麼歡迎它的存在」和「歡迎它的存在又有什麼足以內化的遠景」等等。

合急性傳染病的理論建構和後設思考爲急性傳染病的哲學二義，可見一種生態災難經驗的「完整面貌」；它既是全面考量急性傳染病的生態災難性，又是向後深入探討急性傳染病的生態災難虛實，可以自成理解或解釋急性傳染病的典範。至於所可能的理論建構和後設思考彼此的辯證關係，則需等各別討論完後再行處理，這裡就先按下不談。

二、急性傳染病的恐怖的理論建構

面對急性傳染病的恐怖感覺，從理論建構的角度看，有實質性的和抽象性的以及半實質半抽象性的等三種形態。會立即連結到死亡的恐怖感覺（如在疫區活動所感受到的），為實質性的；只產生感染妄想症的恐怖感覺（如疫區在他地而遐想的），為抽象性的；半立即連結到死亡半產生感染妄想症的恐怖感覺（如若即若離疫區所經歷的），為半實質性半抽象性的。而這可以標示如圖3-2-1。

實質性的恐怖經驗，是近距離所造成的，它有著被包圍而逃脫不了的危機感；而抽象性的恐怖經驗，是因為遠距離的關係，它只有遐想隔空被包圍而僥倖可以逃脫的類危機感；至於半實質半抽象性的恐怖經驗，則介於上述二者之間，常混淆難辨。

如果將前面所述命題「急性傳染病會引發恐怖的感覺」帶出來，那麼這三種急性傳染病的恐怖形態就可以繁衍相關的抽論形式：

會立即連結到死亡的恐怖感覺是實質性的
身在急性傳染病疫區會立即連結到死亡
所以身在急性傳染病疫區的恐怖感覺是實質性的

只產生感染妄想症的恐怖感覺是抽象性的

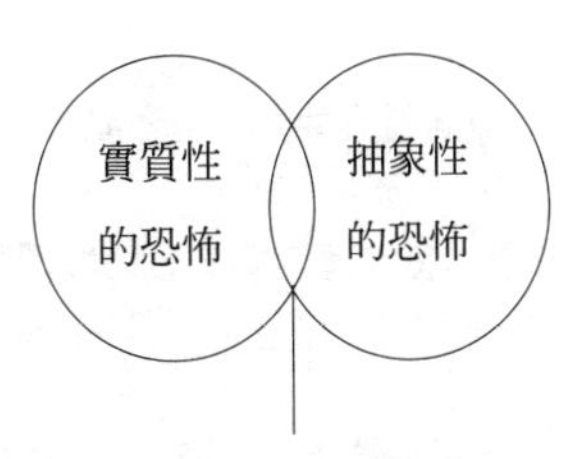

半實質半抽象性的恐怖

圖 3-2-1　急性傳染病的恐怖類型圖

> 不身在急性傳染病疫區只產生感染妄想症
> 所以不身在急性傳染病疫區的恐怖感覺是抽象性的
> 半立即連結到死亡半產生感染妄想症的恐怖感覺是半實質
> 半抽象性的
> 半身在半身不在急性傳染病疫區半立即連結到死亡半產生
> 感染妄想症
> 所以半身在半身不在急性傳染病疫區的恐怖感覺是半實質
> 半抽象性的

當中半實質半抽象性的恐怖經驗，出現的頻率似乎是最高的。好比有位論者所提到的：

> 在二〇〇三年春天，嚴重急性呼吸道徵候群（SARS）剛剛流行的早期，由於人們對於傳染病原、傳播途徑、預防對策和診治方法都毫無所知，再加上SARS的高致死率，使得全球頓時陷入極大的恐慌，人人自危而百業蕭條，經濟損失十分慘重。

實質性的恐怖　　半實質半抽象性的恐怖　　抽象性的恐怖

圖3-2-2　急性傳染病的恐怖類型光譜

「無知」是最大的恐懼！在SARS疫情爆發之初，人們憑著直覺反應而意識到得病致死的嚴重風險，但卻無法進行理性思考的正確風險評估，再加上束手無策的無力感，使得恐慌心理無限擴張。（賈德納〔D.Gardner〕，2009：推薦序6-7）

這段話所涵括的恐怖感覺（雖然原文只用到「恐懼」而未及「恐怖」），就是屬於半實質半抽象性的。也就是說，每個人所待的地方都是疫區，會立即連結到死亡；但有可能只是感染妄想症，實際上的疫區並不在眼前，它就在若即若離中引發了人的半實質半抽象性的恐怖。而這在每次急性傳染病發生期間，可以說是最頻繁的經驗。

正因爲有半實質半抽象性的恐怖經驗存在，所以急性傳染病的恐怖感覺就帶有弔詭性：置身當中的人，無法確切知道自己的恐怖感覺是實質有的還是抽象有的；倘若是抽象性的多一點而卻不自知，就很可能會「自己嚇自己」，根本無關該急性傳染病的傷害威力。而這可以把上述的交集圖改成光譜儀，就更容易理解這種恐怖感覺的混變性（詳見圖3-2-2）。

光譜的兩端是非常明確的實質性的恐怖和抽象性的恐怖（如一個在疫區而一個遠離疫區時的兩極反應），而中間廣延的模糊地帶就是半實質半抽象性的恐怖存活區域。置身當中的人，什麼時候會偏向抽象性的恐怖端並不清楚，以至「自己嚇自己」的比例就會居高不下。在這種情況下，自然還得有補救的辦法，才能實在的掌握該恐怖經驗；而這就得過渡到（或換成）後設思考的層面。

三、急性傳染病的恐怖的後設思考

在急性傳染病疫區的人，因爲知道死亡可能無法避免，所以反而會看開而靜待死亡的來臨（至於部分會慌張的人，他們所可能無意升高恐怖氣氛的現象，最後也許會被收編稀釋）；剩下的就是那些不在疫區或若即若離疫區當屬杞人憂天的抽象恐怖的感覺者，他們的行爲及其社會背景等都可從後設的角度來加強檢視。換句話說，抽象性的恐怖來由複雜多端，不對它進行深入的探討，就無以了解爲什麼會有那麼多人每當疫情發生時會百般的倉惶無助。

這種倉惶無助，早已變成一齣幾近感染成功的悲劇史詩（卡倫〔A. Karlen〕，2000；張劍光等，2005），馴至必須徹底知道它的不可依賴性究竟要從什麼地方指摘起。這並不是說實質性的恐怖在被抽象性的恐怖凌駕後，我們還可以怎麼脫困，而是說我們要的恐怖應該更精緻化而不是像目前所見的那樣「直覺反應」式的粗糙。因此，相關的後設思考就可以在此一前提下展開。

首先，有關恐怖的精緻化理解的起點，在於恐怖感覺的感覺性。這種感覺性，爲震懾所籠罩，當下全然無力應變。它有別於恐懼，恐懼「象徵著脆弱，需要別人的幫助」（蘇伯〔H. Suber〕，2009：213），而恐怖則連「需要別人幫助」也無從意識。恐怖的觸發點在不知恐懼對象何時會降臨；而恐怖則爲學習後產生（知道恐怖對象的嚴重性後才會覺得它恐怖）。前者，如進入一個陌生的環境或試吃全新的東西，因不確定遭遇或會否中毒而心存駭怕；後者，如看見大樓被震倒或海嘯肆虐現場一片狼籍，因難以忍受當場哀淒氣氛而深感戰慄！二者一淺層一深層：淺層的容易自我治療；深層的則會隨外在環境的氛圍加劇而纏縛下去。換句話說，恐懼是個別性的，而恐怖則是集體性的。前者，時過境遷，內化不易；後者，喚起時間長，且會逐漸內化變成一種認知印記。急性傳染病的恐怖感覺，在實質性的層面是這樣，在抽象性的層面也是這樣，差別只在後者會淡薄許多。

其次，對於抽象性的恐怖感覺居多的現象，會有一個「感染妄想症怎麼被營造成」的問題，而這就可以藉機來爲它尋找根由。前面說過，恐怖感覺是經由學習而可能的，這樣它必有外在環境提供學習的機會。而這就有幾個向度可以揣想：第一，恐怖感覺是由販賣恐懼者所「串聯」渲染而底定的，它們是製藥公司、保險公司及其他如利用恐懼和希望來從事心理戰術行銷的公司等。如「『疾病販賣利用對痛苦和死亡的最深沉原始的恐懼，』海斯寫道，『它也利用對幸福和社會認同的渴望，結果達到完美的情感對稱。沒有他們的產品，你會經歷恐懼、疾病、拒絕和死亡；使用他們的產品，你會擁有歡樂、活力、認同和生命。很難想像還有比這更好的方式來喚醒直覺和打開顧客的皮夾。』」（賈德納，2009：160-161）可見一斑。就因爲有這些販賣恐懼者不斷誇大急性傳染病的嚴重性，才導致大家覺得急性傳染病是一個恐怖的場景。第二，全球化的商務旅行所無意擴大急性傳染病的範圍以及加快急性傳染病傳播的速度，又是另一個恐怖點。所謂「在傳染病期間，患有疾病的有機體甚至發生了最爲壯觀的群數成長。世界各地方的人們都不斷地警覺傳染病的威脅、像霍亂、淋巴腺腫的瘤疫、天花以及感冒等，我們都知道它們在人口傳染中的速度之快」（歐文，2006：53），這就是資本主義帶動的全球化而使人畜流動頻密所造成的。尤其在傳播媒體日以繼夜報導疾疫信息所摶成的「全球化立即染症猝不及防」的印象，更是這種恐怖感覺的重要來源。第三，再內緣一點，普遍怕死的媒因（meme）散播，是急性傳染病的恐怖感覺的可意識前提。換句話說，恐懼死亡會成為一種觀念傳遞單位（道金斯〔R. Dawkis〕，1995；林區〔A. Lynch〕，1998），一旦深著腦海，就會升起那種無助的恐怖感覺。一如獨裁政權經驗所可取來對比的：「四處瀰漫的恐懼會使一個人失去某種程度的自我認識：一個人有一部分的自我被奪走了，有一部分的意識被奪走了，而這甚至會降低一個人的自尊。」（索因卡〔W. Soyinka〕，2007：45）反過來，如果沒有死亡媒因的存在，也許那種恐怖感覺就不會那麼容易進駐人心。此外，在急性傳染病流行期間不願防疫者（如不戴口罩、不注射疫苗之類）的潛在威脅（會被懷疑是帶原者而不勝提防），也會徒增恐怖氣氛，合而營造成功急性傳染病的感染妄想症事實。

再次，還有一個「誰在終極上促使有抽象性的恐怖這種感覺」的潛在問題。前面「感染妄想症怎麼被營造成」的問題是意識能及而可以鑑別的，而這裡這個問題則是意識所不能及而始終被忽略的，它以「實不知道恐怖的恐怖」形式存在，一直伴隨著那未盡實在的抽象性的恐怖感覺。也就是說，不知道急性傳染病的神靈懲罰人類的一種方式，仍執迷於「為非」而不知悔改，這才是最眞該恐怖的。依照經驗，神靈發動災難（疾疫是當中的一種）以懲罰人類，必有人類失職或失格處而需要平衡生態（周慶華，2006：255-285）；這所形成的兩界權鬥現象，有肉體的人類幾乎都只能處於劣勢而莫可奈何！因此，不知道急性傳染病不能停留在現實面的理解上所「短於因應對策」，就是最應感到恐怖的。而這已經距離常人的習知範圍遠甚，理當透過後設思考把它召喚出來，才有助於大家一舉看出抽象性的恐怖的詳貌。

四、誰還會歡迎急性傳染病的恐怖的進層後設思考

從急性傳染病的恐怖感覺，到感染妄想症怎麼被營造成，再到誰在終極上促使有抽象性的恐怖這種感覺，可說已經克盡後設思考的職責了，接著要岔開來看看促使有急性傳染病的恐怖感覺者憑什麼歡迎它的存在，以便「平行」觀照。這在第一節提到時以「人」爲例，而這一路談下來可知又擴及整體社會、甚至靈界了。因此，這裡就是要再援例推廣論述，以見本課題的高度複雜性。

照理急性傳染病是不該受歡迎的（因爲它會造成死亡災難，有違「秩序化」的規律要求），但在特殊的情況下歡迎它卻會成爲一種「必要」的手段。如有權藉此爲威嚇者，會歡迎急性傳染病的恐怖的發生。這包括現實界的販賣恐懼者和靈界主導趨向的存在體，他（祂）們都會希望急性傳染病在必要時來臨，以便可以謀利或管控秩序。因此，急性傳染病就在一期望它存在一期望設計它存在而雙雙被想望／設定完成。就像戰爭或其他生態災難一樣，總會有這類因緣它才會出現。尤其是管控手段更到了不能不藉它以爲懲罰的地步：「人們對於布料的觸感是如此的不可或缺，以至於背離上帝時，整個世界的經和緯都瓦解了。就像是壓迫、戰爭、犯罪活動和暴力，罪惡的結果就是疾病、遺傳疾病、饑荒、天災、老化和死亡」（凱勒〔T. Keller〕，2010：193），這是一神教的說法。其他泛神信仰的世界也同樣存在類似的懲罰機制，只是比較沒有講得這麼露骨罷了。

又如末世論者，也會歡迎急性傳染病的恐怖到來。末世論者會因爲如「疾病。如中世紀的黑死病，疾病可以橫掃其下很大比例的人口。由於空中旅行的頻繁，疾病現在可以很快的傳播到世界各地。許多的疾病至今無藥可治。每年殺死三百萬人左右的肺病，最近衍生出可以抵抗所有已知藥物的菌種；而抗生素對病毒而言是無效的」（萊斯理〔J. Leslie〕，2001：7），而開啓所謂的「末日論證」（同上，18）；而這被認爲是天啓：「天起末世思想者認爲宇宙秩序的安排、歷史階段的演進、毀滅和救贖的並存等，都是早已命定，難以更改。」（蔡彥仁，2001：38）急性傳染病的略帶毀滅性，正好可以印證這種末世思想，而讓那些高唱末世必然來臨的人引爲可欲的對象。

又如具能趨疲新世界觀者，也會歡迎急性傳染病的恐怖適時降臨以爲警惕。能趨疲（學名譯作熵）爲熱力學第二定律，指質能無法互換；而持續耗用資源的結果，會讓不可再生能源趨於飽和而使地球陷於一片死寂。因此，不願看到這種結局而具有此能趨疲新世界觀的人，就會以降低資源的消耗爲旨趣力勸世人回歸簡樸的生活。（雷夫金，1988；萊特〔R. Wright〕，2007；艾爾金〔D. Elgin〕，2008）但情況卻難以樂觀，因爲人類仍然在耗用資源而使得生態危機一再的惡化，以至有可能可以作爲警訊媒介如急性傳染病之類，就會被期待於特定地區發生。這自然不會有人明講，僅以「理中合有」列項，以見急性傳染病並非「人見人厭」的對象。

又如嫌苦難不夠多者，也會歡迎急性傳染病的恐怖不時出現以爲平衡。世上的苦難有人嫌太多，有人覺得剛剛好：「凱吉提起一個故事，說是他參加友人寫曲的音樂會。這位作曲家已經寫好音樂會的節目單註解，當中提到一點，他希望自己的音樂多少能夠消弭世上的苦難。音樂會之後，他問凱吉覺得音樂會如何，凱吉答道：『音樂我很喜歡，但我很討厭節目單上的註解。』『你不覺得世界上的苦難太多了嗎？』這位友人問道，顯然他已經生氣了。『不，』凱吉答道，『我認爲剛剛好。』」（菲立普〔A. Phillips〕，2001：17）此外，還可以想像得到有人會嫌太少。這類人也不方便講出他們的感覺（怕被責難），此地也只能當它是於理「欠缺不得」而予以保留，以便有致思的空間。

可見有權藉此爲威嚇者、末世論者、具能趨疲新世界觀者和嫌苦難不夠多者等，合而構成歡迎急性傳染病的恐怖的隊伍，使得有關急性傳染病的恐怖的後設思考更進一層。雖然如此，急性傳染病的恐怖一旦也被列入歡迎的行列，它的恐怖性就會更形抽象轉淡，因爲那只是在計議想像中，離眞的發生還有一大段距離。不過，也由於它是逆反一般欲去急性傳染病的恐怖思維（才會有稱量那種恐怖感覺的作法），而彼此形成一種雙向伸展關係，所以它勢必是在更深層次後設思考的範圍。

五、急性傳染病的恐怖哲學的總哲學性

經由理論建構和後設思考，有關急性傳染病的恐怖感覺終於有了可「眞實」理解的架構。當中實質性的恐怖感覺（包括在急性傳染病疫區的人以及部分若即若離疫區非屬杞人憂天的人所感受的）的體驗最難以考察得到（因爲被感染立即死的已死，未被感染而死的又會轉成聽天由命的無所謂型，所以都不好了解他們的實際感受），其餘抽象性的恐怖感覺（就是相關後設思考所處理的部分）都可以一一應驗。因此，對於急性傳染病的恐怖議題，就得在前面的分述後把它們總結起來，以爲確立它的「總哲

學」性。

這一總哲學性，可以從三方面依淺深次序來綰結而成。首先，急性傳染病的恐怖的理論建構所分疏的，已經包含了急性傳染病的恐怖的後設思考的必要繁衍性；而急性傳染病的恐怖的後設思考所得，又有助於反向去擴編急性傳染病的恐怖的理論建構的範圍，以至彼此就會因此而辯證起來。而二者的這種辯證關係，可以讓急性傳染病的恐怖哲學性更具「細密性」。其次，急性傳染病的恐怖不論是實質性的還是抽象性的（或是半實質半抽象性的），它都可以還原為恐懼的「命限／短視」原型。也就是說，恐怖感覺來自普遍恐懼的感染，而恐懼則是駭怕死亡；而駭怕死亡，則又是以為有命限這種短視的結果。所以說命限是一種短視，乃緣於那是對靈體永存（只有肉體會死亡）以及在靈界來說並沒有死亡這件事（靈界只有鬼神等靈體，而祂們看人的靈體從肉體出離，是重現自由而不是潰亡）的不解而造成的誤判。因此，急性傳染病的恐怖哲學的總性質就得在這一點上再標誌它的非通透性，期待有逆恐怖的一天而將該哲學予以消解。再次，既然急性傳染病的恐怖還是有人會因為想藉此為威嚇或作末日論證或為嚮應能趨疲新世界觀或希望再多一點苦難而歡迎它的存在，那麼這就得在平行線上（雖然是逆向式的）為它標別，以為起恆時存在期待（有別於駭怕它存在）的類型化作用。換句話說，歡迎急性傳染病的恐怖，有必要類型化而期待它恆時存在，以便「另生警惕」，才能對比到另一種不歡迎急性傳染病的恐怖類型，從而讓急性傳染病的恐怖哲學的總哲學性多一分「整全性」。即使不從這個角度看，急性傳染病的恐怖本身，還是可以期待它恆時存在而使它類型化，相關的警惕性一樣會由此而「發生作用」。

這麼一來，急性傳染病的恐怖哲學的總哲學性，就是由一個急性傳染病的恐怖的理論建構和急性傳

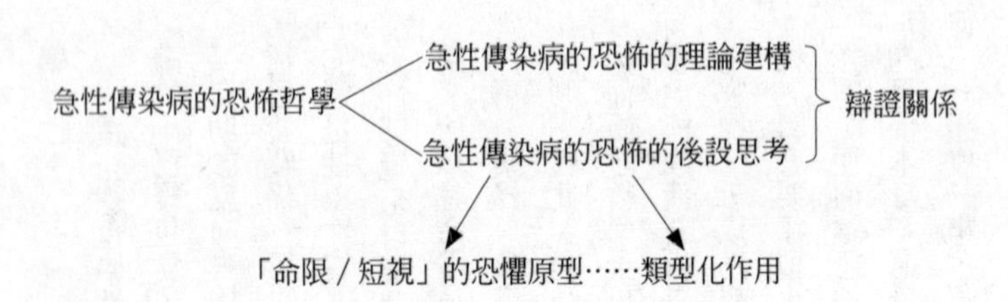

圖3-5-1　急性傳染病的恐怖哲學的總哲學性

染病的恐怖的後設思考的辯證關係，配備一個「命限/短視」的恐懼原型和必要類型化而形成的。而它可以標示如圖3-5-1。

當中「命限/短視」的恐懼原型和類型化作用，彼此只有間接互涉而沒有相衍生（其實該恐懼原型是優先前提）的關係，所以用虛線來連接，表示急性傳染病的恐怖哲學的總哲學性得在這個缺口保留一點彈性，方便讓其他可能的成分進來塡充。

六、急性傳染病的恐怖的內化遠景

論述的終極目的，通常是要把所論定格在一個新的嶄嚮上，才足以顯示論述自身的特別可觀性。而這得是相關後設思考一路的；後設思考已經過急性傳染病誰促使有恐怖感覺和促使有恐怖感覺的人爲什麼歡迎它的存在（姑且將鬼神主體那一部分存而不論）等兩個層次，現在則要進入第三個層次：歡迎急性傳染病的恐怖感覺的人又有什麼足以內化的遠景。這是說歡迎急性傳染病的恐怖感覺的人，得自問要如何內化見遠以顯不徒發恐怖感覺的深遠意義。但這並不代表前面的總哲學性的揭示已不重要，而是說在該總哲學性的認知後，我們有必要「擇要」來預估進程。

依照經驗，急性傳染病的恐怖感覺，有相當程度是販售恐懼者所「強力促銷」成的（見前）。而這有點像販賣恐怖攻擊的情況：「『恐懼是我們所面臨最大的危險。』詹金斯寫道。許多大肆宣傳恐怖威脅的人會同意這個觀點，明白恐懼有腐蝕性，促使我們用毀滅性的方式作出反應。但他們把恐懼和駭怕的反應當成恐怖行動一定會引起的事，好像我們無法控制自己的反應似的。這個假設就在前美軍參謀長聯席會議主席邁爾斯將軍的評論中，殺害一萬人的恐怖攻擊會『毀掉我們的生活方式』。為什麼？每年有為數四倍的美國人死於車禍，卻沒有人擔心車禍對美國人的生活方式造成威脅。當然，將軍的意思是，恐怖攻擊這麼大的事會嚇壞美國人，他們的反應會是想要一個警察國家。恐怖分子不會毀掉美國，驚恐才會。」（賈德納，2009：315）同樣的，在急性傳染病流行期間死亡的人數可能遠不及自殺或他殺死亡的人數，但它的被販賣卻無比的「效應深廣」！因此，挺住不被誇大推銷所影響，也就成了要內化急性傳染病的恐怖的基本前提。

在這個前提底下，所要內化急性傳染病的恐怖，就可以從三個向度來展開：第一，逆緣起解脫的恐怖削去的智慧累積：恐怖↓恐懼↓空無。恐怖所以為恐怖，最主要的是人在起恐怖意識；如果沒有恐怖意識，那麼也就不會有接下來的「想逃避」一類的念頭。以至以佛教逆緣起的削去法（周慶華，2004b），從恐怖廣削為恐懼，再到恐懼全削為空無，然後一切盡去解脫，也就有它的切合性及其可踐履性。這樣急性傳染病的恐怖，就內化變成一種消無的經驗，以為累積解脫智慧。第二，緣起未解脫的恐怖輪迴的警誌：恐怖／恐怖／恐怖……倘若解脫不成，那麼在無止盡恐怖的漩渦中掙扎，也會形塑一個可警誌的對象。換句話說，生死輪迴苦海所增多的恐怖感覺，經由內化後會自然形成一種號誌，隨時可以給人帶來警訊。這也許是解脫前階必經的「苦難」程序（只有高才能越過而當下頓悟解脫），未嘗不是件好事。第三，恐怖催生另一波恐怖的恐怖遞減率：恐怖……減恐怖……全滅恐怖……世上恐怖事件太多，急性傳染病的恐怖在相當程度上可以藉來催生另一波的恐怖（也就是不設法防範，連帶的可能出現其他的災難），而次數一多後就會應了新經濟學理論「複雜」中的「報酬遞減」說（沃德羅普〔M. M. Waldrop〕，1995），最後相關的恐怖感覺自動淡化，直到不能再淡化爲止。

逆緣起解脫恐怖和緣起未解脫恐怖以及恐怖催生另一波恐怖等經驗，透過內化穩定成一套因應急性傳染病的恐怖策略，在目前還沒有更好對策可以用來應付時，顯然有它可被優先採納的高價性。這是前面所作各種辨析不曾明訂的，現在提點它，形同在向上翻轉一層。而由於它是整套策略，有「逆緣起解脫恐怖」一理在前引，所以另二理（指「緣起未解脫恐怖」和「恐怖催生另一波恐怖」）就不致孤立而又落入前面所辨析僅及的「待議」泥淖中。這是急性傳染病的恐怖內化遠景所在，大抵上已經沒有足以取代它的辦法能被人想及的了。

第四章　另一種生態災難：

山寨文化話語及其實質效應

一、山寨又來了

就在二十一世紀初舉世經濟漸呈衰退之際，中國大陸卻異軍突起，以接近百分之十的經濟成長率傲視全球。它原是一個社會主義國家，計畫經濟是它的生活形態；但現在禁不起資本主義的誘惑，向市場經濟靠了過去。換句話說，它長久以來存在的打倒西方強權的意識形態狂熱，已經蛻化變成極度擁抱西方強權所規模的資本主義而正在跟「發展經濟」的觀念共舞。因此，它得到了西方人的讚美：

> 自從這個脫胎換骨的新中國欣然接受了資本主義道路以來，整個國家都已經開始依賴於國際市場、全球規則以及自由貿易，以此來實現經濟成長。經濟成長則帶來了生活水準的提高，並維護了國內的政治穩定。在這一過程中，中國已經逐步地融入到它一度拒絕的國際社會中，並在一系列優先議題方面展示出參與國際合作的意願。（哈爾珀〔S.Halper〕，2010：24）

這種讚美的不肯一面倒，就是再找出它的增長奇蹟的一些負面效應，包括大規模的腐敗、環境汙染、貧富差距、大量的流民、極端貧困、城鄉差異、通貨膨脹、民族主義憤青、公共衛生問題和嚴厲的媒體控制等等。也就是說，中國大陸被「浮士德和魔鬼的交易」套牢了，它「越發展，增長奇蹟產生的負面效應就越多。儘管作出了監管和改革努力，但中國領導人防止這些負面效應演化爲大規模社會動亂的手段只能是繼續推進高度增長」。（哈爾珀，2010：65-66）這樣我們所看到的現象，是一個高度不協調的經濟歧出以及茫然無所適的未來圖景。

這幅圖景，表面上是提供給全球消費者的經濟價值方程式已經被中國競爭者以低成本創新的方式改寫，而被中國製造寵壞了的全球消費者也正在把性價比的重要性提到了前所未有的高度（曾鳴等，2008）；但實際上它卻是以極度飢餓而想快速滿足的姿態崛起，所謂「舊紙、廢塑膠、廢鐵……對中國這隻饕餮來說，今天什麼都成了好東西。國家的工業化引發了眞正的需求爆炸：到處都要購買金屬、能源、農業和工業的基礎產品。爲了建設道路、橋樑、港口、城市和工廠，中國需要大量的木材、混凝土、鋼、鋁、鎳、鋅和其他金屬。爲了讓它的電站和工廠運轉起來，讓火車、飛機和汽車啓動，中國需要充足的汽油、鈾、煤炭和天然氣。爲滿足新出生的消費者，中國對小麥、大豆、牛肉、棉花、黃金和白銀的胃口也變得更大」（伊茲拉萊維奇〔E. Izraelewicz〕，2006：171），正說明了當中驚人的一幕！這「無所不求」的結果，導致廢五金的價值水漲船高（所以以臺灣爲始，馬路上的人孔蓋一一消失；而蒙古、吉爾吉斯、芝加哥、蒙特婁、格洛斯特和吉隆坡的人孔蓋全都缺貨）；而爲了供應它需求的糧食和木材，巴西砍伐大量雨林地種植大豆「每分鐘有六塊足球場大的雨林消失」和印尼「每年有一塊面積相當於瑞士大小的森林遭到盜伐」。（肯吉〔J. Kynge〕，2007：27-28、216-217）此外，它的總消耗量，如鋁、銅、鐵、鉛、鎳、鋅和小麥等已經高居世界第一位，而石油、煤炭和糖等也高居世界第二、三位（慕勒〔H. Müller〕，2009：75-76），酷似一頭永不饜足的巨獸！這樣的崛起，不知道有什麼好光彩的。換句話說，它雖然改造了世界的經濟型態，但也因爲自我根基浮動而從此活在一個益發虛無的情境裡。

類似這一未來不知「伊於胡底」的難堪圖景，近年來更因仿冒風氣特甚而再向前推進危及生態的深淵。這是爲了富有卻又無力全然創新領航所想出的對策，已經在中國大陸蔓延開來，並且被稱爲山寨文化。當中山寨，英文翻成「Cheap Copy」，也就是廉價的複製品。這種新興的概念，是「用超低成本生產本土零配件，造出不可思議的仿眞製品，以難以置信的低廉售價供應市場」，如「汽車、電影、行動電話、GPS、液晶電視、MP3、PSP、電動遊戲機、數位相機、滑鼠、鍵盤和iPad等等」。（張啓致，2010：2）由於它被視爲是帶「創新性的模仿」以及逐漸要躍升爲全球經濟中的強大新勢力（張廷智，2010），所以就不成文的自動升格爲「山寨文化」，表示它的運作獨特且正在影響無數的人。雖然說山寨文化古來並非沒有（張啓致，2010：200-201；張廷智，2010：89-90），但要論及它的機動性和大言不慚的「自封王國」，卻都不及如今中國大陸那麼明甚。顯然山寨又來了，而且這次來的更爲兇猛，讓人看得怵目驚心！

二、中國山寨文化的新話語

中國大陸的崛起，常被比喻作大象走進瓷器店（瓷器店爲了容納它，必須加以改造，並且還要對牠進行馴化）或大象騎腳踏車（如果慢下來，可能會摔倒而震撼大地）。（伊茲拉萊維奇，2006：320；肯吉，2007：91）這樣山寨文化不啻就是從中偷偷的取得了出場證，而且越來越大膽的舞弄起它那半調子的新姿態。

所以說山寨文化越來越大膽，是因爲它的獲利方式連正牌廠商也在垂涎而想加入山寨行列，如「現今美國蘋果公司的 iPad 問世，在中國又掀起仿冒浪潮，跟以往不同的是，衆多非山寨大公司也高調、匆忙加入山寨 iPad 隊伍。例如聯想推出了 IdeaPad。二〇〇八年，聯想以一億美元賣掉手機業務，看到 iPhone 大賣，就又急忙花了二億美元將手機業務買回來，隨後推出山寨 LePhone，聲稱『不顧一切跟 iPhone 背水一戰』」（張啓致，2010：4）；在這種情況下，有誰能攔阻得了？因此，藉由對知名品牌的低成本模仿的山寨產品（有所謂山寨手機、山寨相機、山寨電視、山寨電影、山寨電動遊戲機、山寨米、山寨藥、山寨車、山寨春晚和山寨明星等等），也就在中國大陸四處竄出了。

縱是如此，山寨文化所以能夠存在，除了淺顯的利誘，背後當還有其他條件的支持：首先是中國大陸相關法令規定，山寨產品只要跟原正規產品有六至八個地方不同，就屬合法。（張啓致，2010：2）這不無大爲鼓舞山寨業者仿冒改造，不但產品價格低廉，而且還以「功能更多」和「外觀更新穎」吸引消費者。也因爲這樣，所以山寨人就自己認爲「山寨的創新不同於盜版的行爲，山寨一直尋找著逃離盜版的機會；它對產品所做的創新設計和改革，使山寨成爲一種文化指標，也成功開闢了一條新的路徑」（同上，59），說得好像是仿冒無罪，只有不仿冒才會被定罪。

其次是整個大環境有利可圖。不論從技術研究和開發的角度來看，還是從產品生產的角度來看，或是從行銷的角度來看，仿冒都會比先驅者省時省力和省投資。（張廷智，2010：42）尤其是近年來受到全世界金融海嘯的影響，許多農民工被企業下調工資、裁員或無限期停工，生存困難，因此「不少中國人將這次的金融風暴的罪魁禍首歸咎於歐美體系的腐敗及過度包裝的西方金融商品。正因如此，許多過去由既得利益者所建立的價值觀（如要支持正版品牌，不要買仿冒品）在這波金融海嘯中紛紛被心生不滿的人們拿出來檢討」。（張啓致，2010：79）這一檢討就逼出了山寨文化，企圖塡補原由國際知名品牌高價壟斷或寡佔局面逐漸喪失優勢後的空缺（許多農民工消費不起正廠品牌的產品，都轉向價值不到三分之一的山寨產品來取得「滿足感」）。

再次是小有聰明者在這裡找到了出路。山寨產品所自我定位的「創新性的模仿」（見前），事實上只是一些有點聰明的人藉「後發優勢」（張廷智，2010：43）在爭取自己的舞臺。他們所建立的山寨在某種程度上代表著民間社會的眞實情懷，因爲「他們往往被忽視、被邊緣化，因此能量往往會被低估；只有持之不懈地進行不屈的戰鬥，反壟斷、反權威才能釋放自身的能量，並且開創自己的空間」。（張啓致，2010：29）此外，所有上中下游的產業鏈俱在，山寨人才有機會「以小博大」。所謂「山寨產業供應鏈很單純，各國際品牌大廠就是山寨產業的最上游，負責研發、設計、採購、製造和行銷等，中游是聯發科爲首的零組件提供廠商和代工業者，下游是負責銷售的山寨業者」（同上，178），說的就是這個意思。可見緣於「時機」的成熟，那些還有點機靈的人乘勢競出，終於把山寨文化哄抬成功了。

大家知道，非西方社會在面對西方強權的經濟壓迫時，都只能以製造或代工業來逼自己轉型（以爲因應被邊緣化的命運）。好比「二十世紀六〇年代，人們在法國購買玩具時看到的是『日本製造』的標幟。後來的十年中，很快換成了『臺灣製造』或『香港製造』。到九〇年代，又變爲印尼或泰國製造。在二十一世紀最初幾年，如同聖誕樹周圍擺放的那些兒童禮物一樣，人們已經很難找到沒有貼『中國製造』的標幟玩具了」（伊茲拉萊維奇，2006：94-95），這是實情。當中可能羼雜的「仿冒」一起，也無可厚非（誰叫西方強權都一直那麼不可一世呢）！但這次中國大陸的仿冒卻有鋪天蓋地且逐漸被合理化的氣勢；它自我營造了「模仿是一種生存方式」或「模仿是爲了平衡創新」（張廷智，2010：271、286）的新話語，大剌剌的闖進世界經濟圈（不再有一點愧疚感）。這麼一來，山寨文化就被標榜成是「中國人已經再也不願意完全屈服於西方世界，想要走自己的路」（張啓致，2010：200），彷彿沒有了山寨文化，中國人就會淪爲別人的囚徒或附庸，再也翻不了身。

三、創造挫折版的低一層次表現

山寨文化是跟中國大陸整個經濟運作軋在一起的，一榮則全榮，一毀則全毀，所以它的成敗就端賴中國大陸市場的「基本」支持度。然而，中國大陸這一波的經濟崛起，卻是源自西方強權的拉拔（包括投資、強化貿易和轉移技術等等），它本身並沒有條件可以在當今世界挺立；而現在羽翮稍見豐滿了，反要動新結盟反彈的腦筋：

> 中國崛起的這一面向，對啓蒙價值和兩個世紀以來引導西方持續進步的原則構成了根本性的挑戰。如同其他政策領域一樣，中國正將它兩兆美元的外匯儲備當作戰略工具使用。它的全球貿易網絡正在快速塑造出一群心懷感激、言聽計從的幫手。中國跟它的支持者之間的關係，並不是

聯合國內的一個投票部隊，也不是一個所有瑣事都得請命於共主的國際集團。相反，我們看到的是，有越來越多的發展中國家因爲如下共識而鬆散的凝聚在一起：對中國的崇拜，對透過國際市場力量致富的期待，以及追求獨立自主、擺脫西方政治經濟文化羈絆的渴望。（哈爾珀，2010：53-54）

這被認定是中國最終會脫離典型西方式的國家和不再是國際社會中服從的會員，而它的發展將「深刻的改變這個世界」。（賈克〔M. Jacques〕，2010：48）但可能恆久如此嗎？很難！雖然有人說「中國國力的增強，不只是依靠勞動力密集型工業布局的改變，同樣也依靠著整個尖端工業（包括資訊、電信、生物技術和航空等等），它正在取得革命性的進步」（伊茲拉萊維奇，2006：227），但實際上它僅在全球產業價值鏈的末端佔據支配地位，尖端部分仍舊穩穩的操縱在西方強權的手裡；只要另一波圍堵政策發生，中國大陸就得重回閉關鎖國的境地！

話說到這裡，並無意危言聳聽。因爲所看到的中國大陸跟其他非西方社會一樣永遠無法超越西方而取得主導權，當中的關鍵不是中國企業藏有如一位論者所指出的「管理學家柯林斯在《優秀到卓越》一書中，講了一個道理：爲什麼看起很笨的刺蝟能夠戰勝狐狸，只因爲刺蝟專心於一種能力的培養；而狐狸所以不能夠勝利卻緣於牠太聰明，總想透過『計謀』獲得勝利……聰明的中國企業家大多是狐狸型的，而沃爾頓那樣的企業家大多是刺蝟型……這就是爲什麼聰明的中國企業家會在沒有什麼核心技術的消費業，輸給了『迂笨』的西方企業家的原因，因爲我們喜歡各種『計謀』的勝利，而不是喜歡透過堅守做事『邏輯』而獲得的勝利」（姜汝祥，2004：311-312）這種問題，更根本的是全面創新欲望和能力的付諸闕如！我們知道，西方人的一神信仰所給他們自己定調的，始終都在創造以爲符應上帝造人的美意。所謂「人類受造的目的，是爲了創造；唯有創造，人類才能以榮耀回報造物主」（魏明德〔B. Vermander〕，2006：15），正是這一創造欲力最精簡的宣示。也因爲如此，所以它們由集體共識支持，而不斷地開啓一波又一波的創新風潮，並且透過積極的觀念推廣而影響主宰全球的脈動。反觀中國人的終極信仰不同，不但創新無由（不知要榮耀誰或媲美誰），而連稍可用來支持創新的環境也杳渺難尋（大家並不需要創新來粧點門面或相互標榜）。因此，當西方人勇於創新且迭出「優異」表現的觀念和成果傳來後，此地所有「迎頭趕上」的話語都只不過是模仿式的（也就是說人家有什麼就據以爲仿效或繁衍），從來不見什麼「全新」的東西（這種全新的東西，像西方早期發明的機器以及後來發明的電腦和遺傳工程等）。試問在這種情況下，中國大陸想要躍居全球產業價值鏈的尖端，豈不是癡心妄想？

換個角度看，中國大陸淪落到必須靠山寨文化來撐起它經濟的一片天的下場，也正好是創新不能的最佳見證。本來西方人偶有能力略顯不足時，會以「魔術」的虛假創新來掩飾它們的挫折；如今這傳到東方，大家連魔術都玩不出什麼花樣，乾脆拿別人的東西來改版或重新組裝，酷似創造挫折後的替代演出，在格調上又降低一個層次。這在西方人所不敢想像的（那會多沒有面子以及恐爲上帝所譴責），卻由東方人闇昧加以實踐了。因此，有要把山寨文化合理化來往自己「臉上貼金」的，就更顯得太過氣短了：

山寨文化的確算不上高雅，更談不上創造性，但從市場供給需求層面來看，山寨文化所吹起的流行風卻讓人一點都不能忽視，最顯而易見的部分就是山寨手機不只滿足了市場的需求，甚至還形成了一種文化。如今市場上山寨機和品牌在相互較勁之下，山寨機的銷售量逐漸擴大，由此可見消費者的需求已經不再是一味追隨品牌至上的思維，而是往低價且創新的山寨機靠攏，因此出現「山寨文化將成爲明日主流」的言論一點也不難理解。（張啓致，2010：103-104）

如果山寨文化眞的可以這樣走出中國大陸而還能受到人家的肯定，那麼天底下大概沒有什麼「眞理」可說了。更何況當今西方世界對中國大陸仿冒猖獗的疑慮，一直無可奈何卻又想「除之而後快」呢！因此，誰說這種「山寨文化將成爲明日主流」的論調，不是渾然忘了背後那操持創新走向的正牌早就磨刀霍霍的想對它開刀？

四、在能趨疲的時代深化生態災難

從近代西方資本主義興起以來，整體的經濟型態就走向高耗能的能趨疲末路，原先的大量生產和鼓勵消費的經濟壟斷行爲，已經讓識者憂心；如今在全球化和網絡化的推波助瀾之下，那無遠弗屆且無所不能的資本主義又一轉變成多元化的超極資本主義（瑞奇〔R. B. Reich〕，2008），使得消費者和投資人有更多的選擇和更方便於交易，而直接造成耗能的快速化。而相對的，因耗能所導致的資源爭奪戰、臭氧層破洞、溫室效應、環境汙染和生態失衡等人爲和天然的災難，也正在急遽的升高。因此，有關中國的崛起，就不能只看到這裡：

> 中國成爲主要的強權，標示西方普遍主義的結束，西方的規範、價值和機構將日益發現自身正在跟中國競爭……在這個世界將不會有任何國家，能像西方在過去兩百年所享有的尊榮、合理性或無比的力量……我們正進入彼此競爭現代性的時代，只不過中國的國力將愈來愈強大，並終將取得優勢。（賈克，2010：496）

中國大陸所企圖形成的抗衡局面（聯合發展中國家對抗西方強權），美其名是要「圖生存」，實際上則是把自己推往跟他人一起沉淪的絕境，因爲未來資源的消耗爭奪（弗列德曼，2009；朝倉慶，2009；唐風，2009）不可能讓這種「生存」有好日子過。現在山寨文化所考慮踐履的爲滿足更多普羅大衆的需求的作爲，形同在加重地球的負擔，很難想像這一路走下去會看到「峰迴路轉」。

再說西方強權也不會眞的眼睜睜看著中國大陸從他們手中搶走繼續富有的機會。如果確有這種跡象，那麼相關的保護政策很快就會推出來。換句話說，僞裝奉行自由市場這一核心信念的西方強權，他們自己攀上了富裕的巓峰後，爲了防止開發中國家依循他們保護政策的成功模式，會成爲自己的競爭者，於是把當初賴以發跡的「階梯」一腳踢開，變成「壞薩瑪利亞人」：宣稱自由貿易是致富的關鍵，主張降低關稅、放寬外資規範、開放資本市場、民營化國有企業等，已構成一個全球平等的貿易市場。

因此，自由貿易實際上只是富國在「競技場平等化」的大名之下，所建立的一個圖利本身的新國貿系統（張夏準〔Ha-Joon Chang〕，2010）；他們則仍然謹守著保護政策在對付別人（好比他們不會把高科技賣出去以及透過強大的軍事力量在圍堵威脅他們的國家）。（戴旭，2010）這樣所有依賴資本主義餘蔭而出現的新興經濟體，難保不會在西方強權的橫加干預下退回窮困的年代，因爲資本主義邏輯是他們訂定的，而世界整個經濟運作的形態也是他們在管控的，非西方世界不可能既要迎合資本主義又想跟背後的主宰抗衡且能成功。

跟西方強權經濟競爭優勢，顯然勝負已定，不太可能再有轉圜餘地。那麼剩下來還有什麼？就是要強出頭所造成的高汙染以及虛假風氣盛行和有毒製品氾濫等新添的生態災難。據調查，全球汙染嚴重的二十個城市，當中有十六個在中國大陸；而中國大陸有百分之三十的地區下酸雨，許多鄉村淪爲有毒廢棄物的傾倒地。（肯吉，2007：214）這是中國大陸爲了搞活經濟歡迎外來投資而變成「世界工廠」的結果。至於虛假風氣和有毒製品等，則是急於致富又缺乏本事而走仿冒捷徑和兼廣納外界廢棄物的後遺症。它已經有一張清單在傳布：

當今中國，號稱物質豐富，卻是騙地假貨毒物。以「民以食爲天」的食物而論，奸商爲牟取暴利，與貪官合謀，羼假作僞，將大量假冒、乃至有毒食品推銷上市，輕則致傷致殘，重則奪人性命。假酒，假茶，假鹽，假醋，假醬油，假火腿……毒米，毒菜，毒油，毒粉絲，毒饅頭，毒奶粉……除此之外，還有假菸，假藥，假肥料，毒筷子……林林總總，包羅萬象，既有假偉

哥、假血漿，也有假手錶、假汽車零件……從欺騙發展到危害，從危害發展到致命。（陳破空，2010：168）

在有毒製品泛濫方面，得力於一個似褒實貶的「世界垃圾場」稱號；它除了勤於吸收別人不願處理的垃圾（武田邦彥，2010），還有在無意中又把該垃圾所含毒素藉由製品再流向世界各地（楊偉中，2007），引發二度公害！有人說中國大陸現今製造有能耗高、人工高、汙染高、佔地高和利潤低等「四高一低」的問題。（張亞勤等主編，2010：14）這看似「沒有什麼大不了」，其實它的深化生態災難已經到了預警線，再向前一步就會萬劫不復！換句話說，在能趨疲時代，世人沒有持續耗能的本錢；而中國大陸這樣的崛起法，豈不要深重能趨疲到達臨界點的危機？因此，連帶看到山寨文化的熾熱發展，立刻就會跟著憂慮生態浩劫的提早來臨。

五、逆反山寨實質效應的方案

不論山寨文化話語多麼的「理直氣壯」，都不能減卻它耗能、盲目競爭和把人心推向險境等深化生態災難的實質效應。而這種效應的持續醱酵，很可能會反過來動搖國本。也就是說，這並不是像有些論者所說的是一個創造「競爭優勢」的絕佳機會（張啓致，2010：39；張廷智，2010：287），它的誤陷能趨疲絕路，必然會把自己帶往越來越難以存活的境地（再說那種仿冒也不會是一件光彩的事），最後就是將國本也賠了進去。雖然現在還不詳知所釀成的災難嚴重到什麼程度，但只要它一日不停該災難就一定會繼續深化蔓延。

有人喜歡說中國大陸當今有籌碼跟西方強權談判了。如所指出的「面對美國的不斷打壓，中國從未歇手。例如在胸罩戰中，中國當局表現的似乎若無其事。一種『波特』牌的胸罩在美國市場上的銷售受到了華盛頓的限制，中國並未正面反擊。然而，中國當局謹慎的通知美國，中國的農產品採購團將擱置訪美，藉口是在美國的庫存的準備向中國出口的大豆中發現了幾條令人作嘔的蛆蟲。這是一個間接的反擊，但直中心臟。大豆是美國向中國出口的首要產品，合衆國首府的農產品加工業院外遊說集團聞此馬上鬧翻了天」（伊茲拉萊維奇，2006：138），就是一個例子。但這種類似「恐怖平衡」，明眼人一看就知道那是「屈居下風」的人在耍脾氣，人家還是可以從更優勢的地方來施壓，最後吃虧的仍然是自己。何況那禁不起大量外流的山寨產品，根本沒有機會去世界舞臺跟人家一較長短（更別說它間接帶動普羅大衆的強力消費耗能和誘敵深入而使競爭白熱化那些負面印象了）；到頭來所磨損的，都是自己母國的根基。因此，從長遠的角度看，山寨文化勢必要加以逆反，不能任由它一起深化生態災難的實質效應擴大下去。

事實上，山寨文化本身已經是一種生態災難了（不只是它額外在引發災難），因爲仿冒作爲創造挫折版的低一層次表現所構成對原創的「剽竊」傷害，是人間很難平復的一大災難！它所自我消耗資源（仿製產品）以及刺激正牌產品「不斷升級」（以防仿冒）的巨額花費等，都促成一個惡性循環的「殺戮戰場」的誕生！其他正規的代工業或製造業，其實也都當了整體生態災難的幫兇（見前）。這麼一來，創造性不平等的災難性，恐怕要先躍居首發位置：

近年來，「自主創新」、「產業升級」、「自主智慧財產權」等觀念，已成爲政府和企業的共識。但以中國爲例，除了名目繁多的科技園、創新園之外，中國企業的「創新」成果乏善可陳，90%以上的企業甚至連一個專利都沒有。日產汽車首席執行官戈恩曾說：「外國汽車廠商供應技術，中國合作夥伴除提供低成本的勞動力和銷售通路外，對實際經營和管理的貢獻幾乎爲零。」（張廷智，2010：推薦序10）

不僅是中國大陸創新乏能，連現代轉升世界第二大經濟體的日本也無力改變非西方世界人不善創新的格局：「亞洲的現代化很多仍是沒有創造力。日本小說很繁榮；印度也還有一些眞正高質量的文學家，存在著一些有趣的畫家。從整個來看，是呈再造而不是創造的趨勢……日本和中國是亞洲具有比較先進的現代文化國家，兩國存在的明顯趨勢是，一些很有才華的年輕科學家都暫時或永久的從他們本國移居到西歐和北美。整個東南亞，科學研究幾乎不存在。在社會科學方面，創造性和即使只是熟練的高標準的日常工作也很缺乏。正在進行有價値的工作是地方編史和本土傳統文化研究。」（希爾斯，2004：499）這所在瞧不起人的，也就是非西方世界長久以來「無可榮耀或媲美上帝」成就而被低比的寫照！因此，如果不走別路，那麼相關尾隨和奢望超前而實不能的苦痛，就會一再的如影隨形。

至於要如何逆反山寨文化話語的實質效應，這就得從心理建設和曠觀兩界運作的遠景來著眼。在心理建設方面，有關拾人唾餘過活的尊嚴掃地問題已經歷有年所（不是晚近才這樣；它至少超過一個世紀都在追模西方強權的生活方式），這種會讓生生世世都難以抹滅的屈辱印記，不儘早調整，一旦變成媒因（meme）而擴散或縱深影響後，中國人的「傳統文化」顏面鐵定盡失；而如今參與耗用地球有限資源的結果，也將要導致自己深陷永劫不復的危境（不像西方人有天國可以嚮往，根本不在意能在地球存活多久）。因此，大家得在屈辱過活且不保證有明天和有尊嚴過活且保證有明天之間作選擇。選對了，可以改變命運；選錯了，命運將會被改變。前者，只差在不消費科技產品，山寨的仿冒熱就會退燒，而正牌的大量生產也會隨著蕭條而自動退出舞臺；後者，只差在劣等侵權的汙名恆在，而所激勵資本主義更劇烈興作引發生態浩劫的惡果，則沒有人可以逃避承受，這都有賴大家明智的甄辨決定。

在曠觀兩界運作的遠景方面，當今生態所以快速惡化，「人口過多」是個關鍵因素。我們從靈異學或宗教學的角度看，靈魂是不滅的，靈界和現實界始終處在循環互進中。（周慶華，2006；2007b；2010）以至現實界人多了，表示靈界純靈體少了；這種失衡現象所造成的太多耗能人口而釀至無窮盡的生態災難，早已不是現實界一直在「謀幸福」（如發展科技或綠能產業之類）那些對策所能化解，它必須從源頭阻斷靈體絡繹奔會來現實界貪圖福分。至於已經現身在現實界的，也要透過教育疏導他們回到來處別興沖沖「乘願再來」，因爲現實界不再美好了。這樣經由「稀釋」的方式（也就是大家不容易同時有共識一起行動，但只要教導機制啓動了，響應的靈體／人就會逐漸增加），地球的人口和耗能壓力一定會得到舒緩；而上面所說的心理建設也會因此而得以強化，世界可能從此進入新一階段的和諧狀態。屆時不要說山寨文化會銷聲匿跡，就是連仿效上帝勤創造的舉動也會跟著轉向趨於寂滅。

第五章　死亡與平衡：災難靈異學

一、災難的界定與種類

一般對災難的界定，大多不外指天然或人爲的變動而造成衆多生態的破壞和人員的傷亡，且事前疏於防患而事後也難以彌補。而這被進一步追問，就是到了將災難歸諸於某些因素的刻意造成。這些因素，不論是西方式的操縱主體（梅爾斯〔D. Myers〕，2009：魯中興序 15），還是東方式的緣起感應（佛光大辭典編修委員會編，1995：554-555；夏征農主編，1992：2638），都說明了災難的「不爲無意」。這種不爲無意，再具體一點則是靈界在扮演失衡的補救者；它在靈界來說只是懲治手段，並不視它爲災難（因爲那是靈界發動的）。

從這個角度看，某些擺在一起不大協調的言論，也就可以了解當中的關鍵性問題還沒有浮現出來：「請打開你的眼睛，看看二〇〇九：土耳其伊士坦堡、美國喬治亞……泡在水裡；雪梨、昆士蘭蒙在沙塵暴裡；東非兩千萬人饑荒。不過短短一年，世上已有數百國家國土破裂、家園毀滅，總計各國死亡人數超過十萬人，上百萬人經歷生離死別」（Co+Life A/S 策畫，2010：陳文茜導讀 9）、「人口數從公元初期的一億人，逐漸快速成長到一九五〇年的二十五億人，並在二〇〇六年二月二十六日突破六十五億大關；預測在二〇一二年十月全球人口將達七十億；推估到二〇五〇年全球人類將再增加三十億，達九十五億，其中亞洲人口將會佔了一半」（同上，汪中和導讀 16）。這顯然是相當矛盾的（也就是不斷有死亡，世界人口就不可能會快速增加）；而這還不是最重要的，最重要的是誰在造成這種死亡！災難本身不會說話，會說話的是判定災難的我們。

我們可以把災難歸咎於人謀不臧或偶發變數，但這不可能是「徹底」的解釋，因爲還有誰在背後促使人謀不臧或偶發變數，到頭來還是得連結到上面所說的靈界介入。至於又是誰讓靈界介入，這就進入了理論無限後退的困境，必須權宜的從中截斷，以便可以順暢的論述下去。換句話說，把災難看成是靈界在人間的試煉場域，就是終止理論無限後退的一個必要或不得已的作法。

由於災難的發生牽連至廣，所以它也勢必是一個網絡互動式的（麥克尼爾〔J. R. McNeill〕等，2007），結果也才有上面「把災難看成是靈界在人間的試煉場域」的說法。當中的場域觀念，來自布爾迪厄（P. Bourdieu）。據論者整理，布氏的場域觀並不是四周圍以籬笆的場地，也不是「領域」的意義，而是一種「力場」；它是由各種社會地位和職務所建構出來的空間，性質決定於這空間中各人所佔據的社會地位和職務，而不同的地位和職務會使建立於職務佔有者之間呈現不同性質的網絡，因而也使各種場域的性質有所區別。（邱天助，1998：120）這種場域觀念，又是緣於「社會空間」的概念。布氏以「社會空間」來指涉社會世界的整體概念。在他看來，社會空間就像市場體系一樣，人們依據不同的特殊利益，進行特殊的交換活動；而社會空間是由許多場域的存在而結構化的，這些場域如同市場一樣，進行多重的特殊資本（包括經濟、文化、社會和象徵等資本）的競爭。換句話說，人類活動的目標在於各種不同資本的累積和獨佔，以維護或提升在場域中的地位。因此，社會生活本身就是一種持續的地位鬥爭，而每一個場域都成了衝突的地方。也由於場域中每一個行動主體都具有特定的份量或權威，所以場域也是一種權力的分配場。（同上，121）災難的場域化，就跟社會空間的場域化類似，最終都要被兩界的權力衝突所填滿。而這種情況，因爲有靈界想要平衡生態的「強力」主導性在，所以才說它

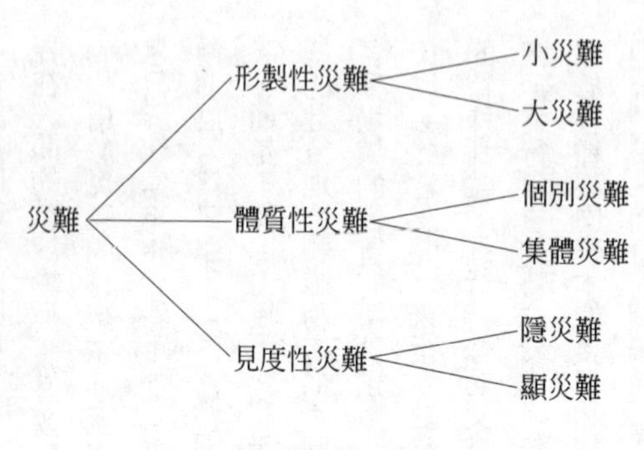

圖5-1-1　災難類型圖（一）

是靈界在人間的試煉場域。

這一試煉，無形中就照著靈界所能「導演」的戲碼而一一的在世界各地上演，諸如地震、洪水、海嘯、颶風、傳染病、戰爭和其他（如饑荒、毒害、氣爆、火災、車禍、船難、空難、溺斃、山難、病痛、自殺、老化、夭折等）等，都被排上了議程。這些災難，可以先依屬性而予以歸類，如圖5-1-1所示。

這些類型的區分，只是爲了方便掌握災難的屬性，而不代表它眞有三大類六小類。換句話說，災難只有兩種類型，不是大／小災難，就是集體／個別災難或顯／隱災難。而這再把實際被指稱的發生狀況列出，彼此的交涉情況就變成圖5-1-2那般。

僅就人和人以及人和他物會鬥爭不已，推及靈界的存在體和人及他物也會鬥爭不已，以至出現了上述那些災難現象。這所假定的靈界的存在及其跟現實界互涉重重，只須因應唯物論或懷疑論的否定或不信論調就可以成立。那麼唯物論或懷疑論的否定或不信論調，是否能構成對上述靈界干預說的威脅？如果它只能以「無可驗證」或「不確定如實」的看法來反駁靈界的存在跟現

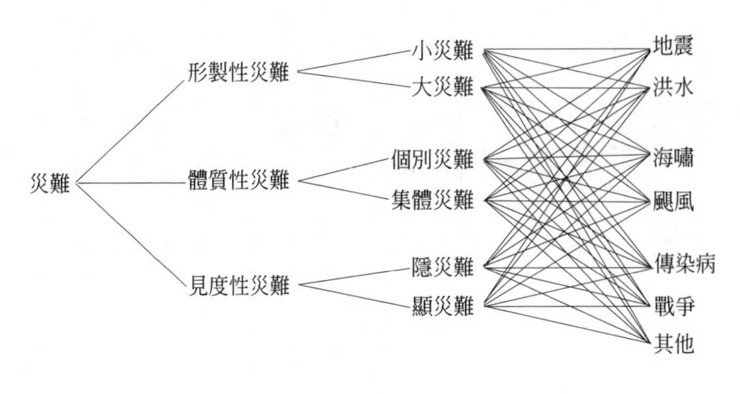

圖5-1-2　災難類型圖（二）

實界互涉重重（齊達〔T. Kida〕，2010：久我羅內，2010：成和平，2007），基本上是不會有說服力的，因爲世上無可驗證的事物「何其多」而唯物論者或懷疑論者卻要相信它們的存在（如精神只依附物質或人有幻覺之類），這是什麼道理？更何況靈界的事物還有許多人經驗得到呢！（周慶華，2006：43-74）也就是說，不能因爲你自己經驗不到就否定它的存在，這在邏輯上是難以說得通的。因此，相信災難是靈界發動來懲治生態的傾斜，也就不慮無據了。

二、災難與死亡及其潛在性

死亡是一個有肉體生命終了的代稱，它只在現實界爲可哀悼的對象；對靈界來說那僅僅是擺脫肉體重返來處罷了，並沒有「死亡」這檔事。但因爲死亡在現實界是一件大事，不特別看待就會缺少可以談論的題材，所以還是要就它是生命的對立面來洞視它的微妙處。換句話說，在現實界所發現的一切作爲，都離不開是對「人會死亡」這個課題的思考而啓動的，以至把死亡擺在優先位置而不斷跟它「覿面」，也就成了所論能夠「發皇」的關鍵。

通常判定死亡的頻率，都在「完整的生命」身上從事。它於早期有所謂「心臟停止跳動」作爲認定的標準；後來則改以「不可逆的腦昏迷或腦死」爲終極的判斷依據；晚近又加入「當記憶和認知程式的實體受傷到不可恢復（不可逆）程度時」一個新的定義。（陶在樸，1999：13-19；黃天中，2000：1-3）但這都是針對「生理」的死亡而說的，還不包括心智或社會性死亡、法律死亡和文化死亡（不能再參與文化的創新）等衍生性的死亡。（張淑美，1996：15-16；周慶華，2002：46-49）即使如此，生理死亡還是居於特重地位；而要跟災難作連結，仍得以它爲主項，其餘則不妨暫且略過。

這種死亡，跟災難系聯的結果，就是肉體在災難中徹底的潰敗。它可能是意外死（如天災死或人禍死），也可能是病死（如傳染病死或慢性病死或絕症死），還可能是自殺死（如安樂死或非安樂死）或老死（如耄耋死或非耄耋死）或夭折死（如病夭折死或非病夭折死）；而這些本身就顯出了災難性，只不過還是要以災難在背後促成它的成形爲準的才好談論。因此，它跟災難的關係，就姑且可以標示如圖5-2-1。

當中的強災難／弱災難的區分，只就死亡的急促／非急促來說，並未涉及規模的大小。這跟前節的災難分類似乎兜不起來而有白費論述的嫌疑，但又不然！強災難也有大／小災難或集體／個別災難的分別；而弱災難也有顯／隱災難的差異，因此不以前節的類目來作連結正好又開啓了另一種災難的分類法，而彼此並不會有什麼衝突。

比較需要說明的是，意外死中如戰爭所導致的人禍死、病死中如疾疫所造成的傳染病死和自殺死／

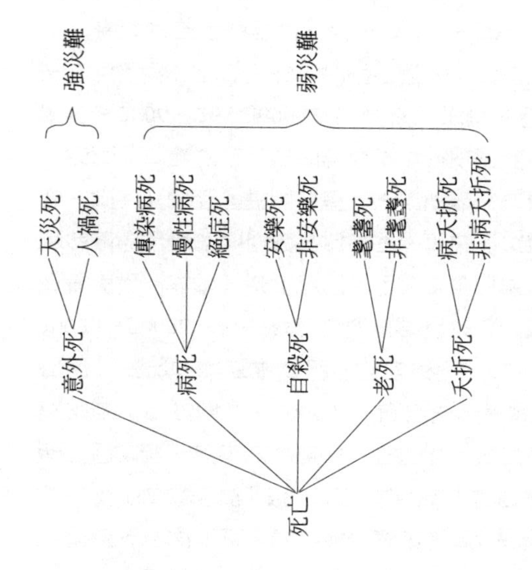

圖5-2-1 死亡和災難的關係圖

老死／夭折死等，何以能夠都視爲靈界操縱的災難所致？對於這個問題，不必從一些強示的言論（波伊曼〔L. P. Pojman〕，1997：153；向立綱，2010：291-293）中取得答案，只要依理來推測以及將某些相關跡象作爲佐證就可以予以解決。

我們知道，戰爭源自於利益的爭奪以及有可能被援爲淨化種族或印證武勇等利器（波伊曼，1997：154-163），但這都沒有考慮到最初下達命令者的「一念初心」究竟是如何可能的。也就是說，明明知道戰爭會殺很多人也會死很多自己人，那種極度殘忍的念頭倘若不是有靈界在操縱，那麼比照一般人都「不致如此」就無法想像它的可能性（只有靈界不在意「人」死亡多寡，才會導演這種毀滅戲）。且看東西方都有長篇的文學作品在敘寫上古時代天上衆靈的爭戰：一個是古希臘時代出現的《伊利亞特》和《奧德塞》史詩所描述特洛伊戰爭前後諸神的互爭地盤（荷馬〔Homer〕，2000a；2006b）；一個是中國明代出現的《封神演義》小說所描述周武王討伐商紂時諸神仙佛妖的鬥法助戰。（陸西星，2000）這些容或有荒唐怪誕的成分（緣於個人認知的不同）；但一定要說成那都是「將人類社會翻版後再賦予唯妙唯肖的各種超自然能力」（周逸衡等，1996：42-43），就太過「自以爲是」了。原因是西方一神教興起後，類似上述的「神爭」一轉變成「神與魔鬥」且更爲劇烈的傳聞，始終沒有從人心中剔除（阿姆斯壯〔K. Armstong〕，1999；福特〔D. F. Ford〕，2000；艾恩斯〔V. Ions〕，2005），顯然那並不是心理投射的結果，而是兩界循環互進經驗的點滴遺留；相對的，東方世界所特有的神仙佛妖等靈物，也一直是該傳統中人崇祀感應的對象（馬書田，2002a；2002b；2002c），小說所框架鋪陳的未必盡屬胡謅。而其實，這一點還不是最關鍵的，最關鍵的是裡頭所蘊涵的「神爭」或「魔鬥」的緣故都跟爲了搶奪對「人」的支配權有關。這顯示了在兩界的互動中自居於優勢的靈界存在體終於找到了試煉「具體」或「實在」支配本事的場域（人有「肉體」可供凌辱毀壞，遠比衆靈間「相互比劃」不痛不癢來得有成就感）；而現實中人自覺鬥不過靈界存在體，只好尋求「依附」以便苟活。這也就是靈界要不斷「染指」現實界而現實界老是忙於「溝通」靈界的緣故。（周慶華，2006：268-269）以這點來佐證戰爭的非純現實性，也就可以給人有「恍然大悟」的感覺，從此不再耽於戰爭的非人道或超恐怖的單一思維裡。

還有其他的意外死，在現實界來說是「意外」；在靈界來說就不能叫「意外」。靈界可以透過天災人禍的發動驅策來作爲平衡生態的媒介，本身就是有意造成的（不論是直接造成還是間接造成）。因此，當一個古老的洪水故事進駐我們的腦海時，另一個「誰發動了洪水」的警覺也跟著深植：

耶和華見人在地上罪惡很大，終日所思想的盡都是惡，耶和華就後悔造人在地上，心中憂傷。耶和華說：「我要將所造的人和走獸，並昆蟲以及空中的飛鳥，都從地上除滅，因爲我造他們後悔了。」只有挪亞在耶和華跟前蒙恩……神就對挪亞說：「……看哪！我要使洪水氾濫在地上，毀滅天下；凡地上有血肉、有氣息的活物，無一不死。我卻要跟你立約，你同你的妻和兒媳婦，都要進入方舟。凡有血肉的活物，每樣兩個，一公一母，你要帶進方舟，好在你那裡保全生命……」挪亞就這樣行。凡神所吩咐的，他都照樣行了……洪水氾濫在地上四十天……凡地上各類的活物，連人帶牲畜、昆蟲以及空中的飛鳥，都從地上除滅了，只留下挪亞和那些跟他同在方舟裡的。（香港聖經公會，1996：5-7）

沒有「沒有意義的洪水」，也沒有「恆久無謂的死亡」（這些都還可以隨著不同的文化系統去「各爲追蹤」），從這個挪亞方舟的洪水故事裡我們可以細細的聯想。此外，像地震、海嘯、颶風、饑荒、毒害、氣爆、火災、車禍、船難、空難、溺斃和山難等天災人禍所造成的死亡，也都可以循例去尋繹當中的道理。（周慶華，2006：278-279）依此類推，像病死、自殺死、老死和夭折死等，也都很難跟靈界的操縱脫鉤（當中老死，表面看來好像是自然演化的結果，其實不然！因爲有人一百多歲才老死，有人六、七十歲就老死，並不一致，自然演化說無法解釋這種差異現象）。尤其是自殺死部分，如果不按照前述「世俗式」的區分爲安樂死和非安樂死而純就自殺原因來歸結它的類型，那麼這就可以有圖

5-2-2這麼多種情況：

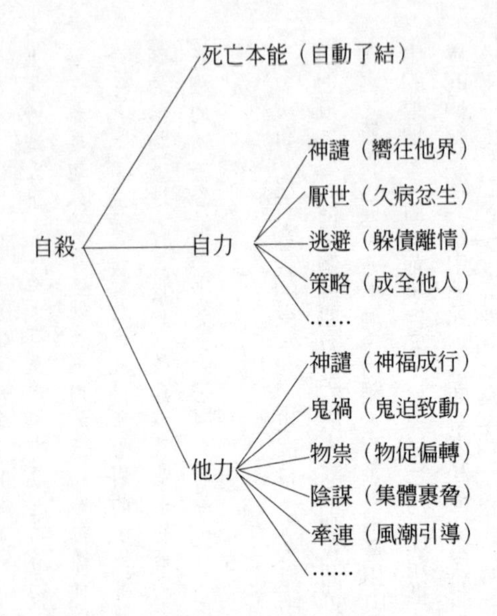

圖5-2-2　自殺類型圖

在這些死亡本能、自力和他力等自殺原因中，就有靈界的因素介入（指神譴、鬼禍和物祟等等），而其他在不明朗的時刻也未必「如所分辨」（也就是很可能都是靈界在操縱）；以至所謂的自殺並非「眞自殺」，而靈界所以介入的動機也得從平衡生態的角度來解釋才有它的合理性。換句話說，只要是靈界牽引的自殺案例，大致上都有爲平衡生態的「正當」理由。而這也可以藉爲理解自然環境中許多動物在某一特定時期「集體尋死」的原因；也就是像鯨魚集體擱淺自殺、飛鳥集體投村自殺和老鼠集體跳海自殺等等（康克林〔S. R. Conklin〕，2004a，2004b；品川嘉也等，1997），都有爲維持兩界生態平衡的考慮在內（至於「誰」以及「如何」驅使那些動物集體覆亡，這就可以歸結於「靈界自有決策者和執行程序」而不必強爲追究）。（周慶華，2006：275-277）因此，從災難到死亡以及死亡所立即顯現的災難性等，都在一個靈異的邏輯範圍裡；而想另立論說的規範，就得以它爲前提。

至於這個前提還覆蓋著「潛在性」災難的問題，也得一併在這裡略作說明。所謂「潛在性」災難，是指災難在「蓄勢待發」狀態，它所會造成的死亡是隱藏著「慢慢發作」的。這表面上看不出來有什麼靈界介入導演的跡象，但實際上它卻早已誘引在案，只待一步一步的「實踐完成」。而這就是顯現在殺蟲劑、除草劑、多氯聯苯、戴奥辛、重金屬污染、化學物污染、溫室效應和氟氯碳化物破壞臭氧層等慢性災禍中：它的死亡見證經常事隔多年，似乎是靈界有意拖長試煉而更具警惕意味！但不論如何，災難／死亡的潛在性，也跟它的顯明性一樣，一旦應數了就很難回復原初狀況。

三、有關災難的既有解釋

顯然災難都不是憑空發生，它在靈界的主導下會像連續劇一集一集的播出，而且還可能以「連鎖效應」的方式出現。因爲生態失衡既然隨時存在，那麼相關「恢復秩序」的手段就得不斷地啓動。也許有人會反詰：靈界有能力於事後恢復秩序，爲什麼就不能預先控制而不讓生態失衡？這就牽涉到靈界存在體的能耐問題！我們可以相信那是靈界還沒有完全掌控全面的能力，或者有什麼難處根本不想主宰一切，這樣就不必再費心去參加「另一種鬥爭」而徒然留下「荒廢本分」的遺憾（詳後）！

縱是如此，有關災難的既有解釋並未朝這個方向進行，它們可能會威脅到上述的靈界干預說，於是不妨先來了解那些解釋的實況，再作進一步的「裁奪」。在衆多說法中，有一種演化論是較少數刻意避開「災難」的衝擊性的。所謂「死亡是形成大耗散結構的一個重要條件，當我們說死亡時，並非一切跟那個死亡了的物相關的一切其他物都死了，這是基於能量和物質轉化定律而下的斷語，那些死物中的不死物將繼續參與低一層級的環境交換，因此低層級的潛在多樣性隨死亡過程而增加。由此可見，死亡的貢獻在於兩個彼此相鄰的複雜性等級相互進行資訊反饋……我們今天的能源，無論是煤碳或石油均來自遠古時期樹木和海生物的死亡。我們無法想像沒有死亡的演化，因爲這將使演化失去動力；演化的動力來源於物種的多樣性和變異，多樣性和變異正是一些生另一些死的結果。死的必然性看來完全基於演化的必要性；這裡『死亡』二字是一種眞實的存在，不因心理、願望和信仰等形而上的心智活動而改變」（陶在樸，1999：39），就是這種觀念的典型說詞。然而，它的有效性僅止於現實界的能源轉換需求，並無法再行解釋爲什麼必須持續這種需求；更何況還有死亡的多變性及其遲速差異的問題存在，又豈是一個演化觀所能盡情解釋的？

另一種說法是把災難怪罪到人謀不臧。如「在過去三十年中，南半球的聖嬰現象日趨劇烈，導致降雨量的巨大變化。伴隨著這些變遷的，則是積聚於大氣層中的二氧化碳、甲烷和氧化亞氮史無前例的增加；它的成因是人類的活動，例如有機燃料的使用、植物的砍伐，以及（就甲烷的例子來說）牛的養殖和稻米的生產等等。至少從四十二萬年以來，大氣層內從未積聚過如此多的二氧化碳和甲烷」（辛格，2003：50）、「過去人類以適應、彈性、隨機應變和創新發明等方式面對各種挑戰，我們也是唯一能思考遙遠未來，對環境造成長期改變的生物。人類大腦在進化的偶然中脫穎而出，創造了偉大的文明和科技盛宴。但到了二十世紀，這場盛宴卻因過熱而產生意料不到的問題，在全球生態平衡上造成嚴重赤字」（麥克邁克爾，2007：336）和「如果人類持續破壞生態，肯定會有新病毒再度出現。主要原因是人類對環境的開墾以及所造成的生態改變，必定會增加許多原本被隔絕的物種和人類接觸的機會……因此，在全球生態環境日益破壞嚴重的狀況下，人類最好時時刻刻要做好面對新型病毒威脅的心理準備」（葉李華主編，2007：145）等等，這些的深一層推衍，就到了人類的大肆破壞生態平衡而導致大小災難頻傳。但這種屬於「集體性的愚昧」（明知會出問題卻還執意蠻幹），卻很難想像它自發的可能性。倘若不是靈界在暗中主導該群眾「自我毀滅」行動，那麼還有一些人並未見相同的愚行又要怎麼解釋？難道他們就是特別聰慧可以逃開這一切的磨難而不是他們沒被「選中」參與災難的營造？人謀不臧說還無法解答這個問題，以至讓它繼續跟靈界掛搭總是比較有論說的空間。

此外，還有神的旨意或跟魔鬼共謀的說詞。前者（指神的旨意），是將災難視爲神的有意促成。這除了有前面所引一神教《聖經》所記載神發動洪水的例子，另外一些著作也有類似的說法。（波伊曼，1997；費根〔B. Fagan〕，1999；卡倫〔A. Karlen〕，2000；方迪遜〔O. Foundation〕，2005；艾恩斯，2005；張劍光等，2005）而後者（指跟魔鬼共謀），則是將災難視作跟魔鬼共同爲害的結果，而這種人通常是能行巫術的巫師：「人和動物患染流行病、農作物歉收和自然災害等，都使老百姓的生活朝不保夕，這些痛苦都需要得到解釋。流行病就被故意說成是某些集團的陰謀活動。猶太人首當其衝，人們指控他們在井裡下毒，在門把和牆壁上塗油脂加速疾病傳播。還有人說能夠呼風喚雨，讓暴風雨打到敵人頭上，傷害他們的牲畜，使乳牛斷奶，家裡死人。每次遇到這樣的不幸，村人就對心目中認定的巫師實行報復，經常用私刑處死他們。」（薩爾曼〔J. M. Sallmann〕，2004：25）這已經跟本脈絡所論相當接近了，但還不能這樣就認同它，因爲它的「單一作用」說太過化約。也就是說，靈界僅有一神一魔，這只是西方一神教的看法，不能盡括實際靈界的情況；況且它在解釋災難／死亡有千百形態（且在四處點燃）上必然會「捉襟見肘」！這麼一來，就得有更精細或更理足的說法。

四、災難的靈異解釋

所謂更精細或更理足的說法，是指災難／死亡的形態所以「如此不一」（包括戰爭／死、傳染病／死、地震／死、洪水／死、海嘯／死、颶風／死、饑荒／死、毒害／死、氣爆／死、火災／死、車禍／死、船難／死、空難／死、溺斃／死、山難／死、病／死、自殺／死、老／死和夭折／死等等），必須予以充分的解釋；而這在本脈絡帶出後，就跟別的不夠充分的解釋有所區隔。

對於這一點，本脈絡的看法是：災難的發生，是靈界爲兩界失衡得回歸秩序化而作的調整；而災難種類多及死亡多樣化，代表靈界所採取的手段乃「多管齊下」，爲的是因應靈界分項負責者的不同能耐。換句話說，現實界的存在體有多複雜，靈界的存在體也比照、甚至還要複雜許多，因此靈界要發動災難就得由決策者召集相關存在體共商對策以及分派任務，然後分頭依需或依便去執行，所見災難／死亡才會有那麼多形態（還包括死亡的遲速在內）。

這樣說並不代表靈界是一個「完美」的世界，它一樣會有鬥爭（常被形容爲神和魔鬥或神和神鬥或魔和魔鬥）以及衆暴寡或大欺小的現象，但那是不死靈（精氣）的相互抗衡，彼此不會有什麼「性命」損失。只有現實界的存在體才有傷亡或喪失等情事。因此，靈界的存在體以無肉體負擔來操縱有肉體負擔的現實界的存在體，就是一個純「剋」服或純「馴」服的歷程；而祂們的維持兩界失衡訴求（不讓現實界過度發展），自然就成了「整治」現實界最好的藉口。這種整治，也許還會有配套措施，如：

> 每隔一段時期，人世間自會韻律般週期性發生苦難，不論宗教性、種族性，自相爭戰殘殺，靈界都會派出高靈，也就是說法者投胎人世間，幫助世間人建設心靈，傳輸能量以渡過難關，因地球人口不能無限制增加，到一定程度的負荷就須調整……大約以戰爭包括種族信仰、瘟疫病、天災氣候、火山爆發、海嘯、水災、風災和火災等舒緩負荷的壓力。這時候靈界會派出說法者投胎於人世間道教導世間人們，安定世間人，以平凡的肉身置於人群各階層有科學家、哲學家、軍事家、政治家、宗教家。一旦隱入肉身投胎出世爲人，都負有生的任務；任務達成就可返回靈界，休息後再準備出發。（吳炳松，2003：84-85）

如果配套措施失靈了，那麼直接發動災難以爲補救，也就是「順理成章」的事。但這種說法的可信度不高，因爲災難本身的形成多有現實界存在體的爲孽在先，而這一爲孽又是靈界從中操縱的，這樣就會成循環論證（等於沒有說什麼）。因此，整體上還是要歸諸靈界的布局。至於爲什麼要作這類的布局，那就得還原到靈界就是一個「權力場」的觀念上來。換句話說，大家都在玩權力遊戲，相關規則的訂定但在強勢的一方，而被犧牲的就是一些「多餘的籌碼」；以至所謂的恢復秩序（見前），只不過是暫時歇戰的代名詞，靈界永遠都想伺機取得掌控權（包括休兵協商從現實界支取勝利品在內）。

依據這一點，所有災難的發生以及多管齊下的制裁措施，就顯不出有多「內幕驚人」了（眞正可觀的是靈界內部的鬥爭）。到頭來，只是人類在自惘災難；而一切的收斂或自制思慮，也就順了靈界的「免續戰」期待。這在某種程度上還是有不惹惡氛逆心的好處；否則就得常陷混戰更爲失序的「惡劣環境」中！而由此可見，有人得到信息所說的「設定」節目，就是這種權力遊戲的飾詞：

> 近十餘年來，靈界一再不斷地傳達「二十一世紀是個亂世」這樣的信息……到二〇〇八年這一年，正好陷入亂世的暴風圈裡，亂象於是更加明顯；除了大自然的天災地變，如地震、雪災和風災之外，全世界經濟的突然崩跌、油價的暴漲暴跌、西藏的暴亂、韓國的牛肉危機、印度的恐怖攻擊、泰國的政治傾軋……等等，都來得令人措手不及。（向立綱，2009：序二，10-11）
>
> 靈界明確的說，從現在到二〇二五年，不會有第三次的世界大戰，也不會有世界末日的發生。不是百年前的預言不準，而是靈界已有新設定。（向立綱，2010：293）

靈界所以要這樣設定戲局，說穿了無非就是博弈心理的再現（不然幹嘛如此費心安排戲目呢）！不想玩的靈，只好一邊站，讓權力去那些「躍躍欲試」的群體中穿梭。而換個角度看，靈界一旦設定了亂世，就有名目可以「光明正大」的把靈體從人的身上收回去，以至那些不願蹚混水的靈界存在體才會徹底死心，不跟著「同流合污」而玩這種虛矯的遊戲！

回過頭來瞧，靈界動輒製造一些災難以顯威能，手段幾乎都靠靈異。像九一一美國世貿大樓被人劫持民航機撞毀在濃煙中有睨視冷笑的「鬼臉」（方迪遜，2005：64）；臺灣八八水災時從衛星雲圖可以看到「巨靈」在上空潑水（個人新聞臺，2009）；一九九九年二月十五日臺中衛爾康西餐廳大火在第一廣場上方出現幽靈船（希拉蕊，2007：96）等等，無不令人驚奇而益發相信靈界的策畫執行力。由於災難都從靈異中透出，相關的理解也得轉向來發揮，所以可以確立這是專屬的災難的靈異解釋模式。

五、災難靈異學的成立與挑戰

災難的靈異解釋模式的「完善化」，就是災難靈異學的完成；而這除了上述的廣泛例解及舉證，還得解決一個關鍵性的問題，就是憑什麼靈界可以對人這樣「予取予求」？換句話說，人要有被操縱的弱點，靈界才能發動災變奪走人命以為成就所謂的「支配」大業（權力場的坐實）！現在就來處理這個問題。

大體上，靈體從入胎後就一直在肉體內「活動」，如果沒有外靈協助或促動，那麼他是不可能離開肉體而終至肉體的死亡。所謂「不管臨終者是誰，靈界一定都會派領路的靈體過來，這件事毫無例外……領路的靈會幫忙臨終者的靈體從肉體中分離出來。如果這個人是躺在床上，那麼他的靈體就會脫離肉體而坐起來，但肉體還是一樣留在床上躺著」（史威登堡研究會，2010：78-79），就是在說這種情況。因此，人的臨終到了與否，都會有靈界給信息，好比「許多死亡的見證者都指出，他們在死者臨死前都曾經看過死者已過世的朋友和家人——前來歡迎這位新成員隨同他們加入『另一個世界』的生活……（有些）會被告知：『時候』還沒到，他們必須回到人世間。雖然百般不願，他們最終還是都回到自己原本的肉體上」（劉清彥譯，2000a：73-74）這類情形。而世上有些無腦人或無頭人還可以正常活著（慈誠羅珠堪布，2007：20-22），就是他們的靈體還未脫離肉體的緣故（時候未到）。這樣靈界要以「集體制裁」的方式平衡生態，只要藉災變乘便拉出或撞擊人身上的靈體，就可以達成毀棄肉體而恢復秩序的目的。這也就是爲什麼有人歷經千災百難都還活著而有人才一遇變故就當下死絕的原因所在，畢竟靈界在暗處有可以穩穩操縱人生死的便利，誰被選中了誰就難以擺脫。

有了這個前提，各種靈異／災難的發生形成，也就都「各就定位」而不必再有可疑慮的地方。但縱是如此，災難靈異學的成立還是會有一些非本質性的難題在挑戰，包括案例的量化不足和靈界的暗示災難太少以及人的愚昧太多（倘若也盡是靈界的布局，那麼我們就會想不透靈界爲什麼這樣「樂此不疲」的戲謔不停）等等。這就需要再探查下去，直到它足夠鞏固一門新學科的堅實基礎爲止。

第六章　從視覺到後設知覺：災難影像的超經驗解讀

一、災難影像的視覺性

據考證，災難的英文字 disaster，係源自拉丁文的 dis 和 astral，前者爲「紊亂」的意思，後者爲「星球」的意思，合併就是衝擊到連星球的運行都紊亂了。（梅爾斯，2009：魯中興序 15）西方這種說法，透露了災難的牽連至廣，而星球運行的主體同時也隱隱然被注意到了。換句話說，災難的發生是在一個星球運行主體的主導下而可能的；而該主體也許是上帝、也許是星際網絡的相互曳引。而不論如何，災難的「非無意性」或「非偶然性」，在這裡都可以得到確定。

相對西方的說法，東方的災難觀，依一些辭書所總匯的，就比較侷限於系統內部的緣起劫難（包括緣會而造成的刀兵災、疾疫災、饑饉災、火災、水災、風災和震災等）（佛光大辭典編修委員會編，1995：554-555）或天人感應而降災延禍（夏征農主編，1992：2638）。它的主體在「緣起不定」和「天神操控」，格局雖然小了點，但整體上還是認爲災難的來臨不爲無意。

這樣的災難意識，體現爲實情的判斷，原應從源頭去反省「被災」的原因而概括承受一切的後果，但現實中卻頻頻出現對「現象」的片面著眼，而把焦點擺在救助上。如「災難是發生的事件，它的嚴重性及重大程度常會導致死亡、傷害以及財物損失，而且無法透過政府日常的程序及資源處理。它需要諸多政府及民間機構作出立即的、整合的和有效的反應，以符合人們的需求、加快復原的速度」（梅爾斯，2009：73 引），這不只是美國聯邦緊急事件處理中心（FEMA）單一的見解，它已經普及全世界，變成另一種控制反發展思潮的全球化。

尤其現在災難現場經常被影像化而透過傳播媒體廣爲傳播，在該影像的「固著化」或「流動化反覆」中，相關的災難更被集體抽離「整全」的情境而只存鏡頭下的「事實」。因此，觀衆經由傳播媒體的制約，所看到的只會是影像本身，而無法再窺得其他災難的信息（因爲影像又比現場的凝視更遠爲逸離災難的實況）。但很弔詭的，這樣隔著兩層的觀看災難，卻一轉變成災難的新認知形態，而使得「災難影像化」的課題不由自主的要幽然浮現。換句話說，在影像中所看到的災難現場，已經有某種程度的虛擬，而影像本身的物質性會更讓人聯想不到它背後可能摻入的變數，但這卻成了當今大家面對災難的理解模本。

所有這一切的變化，都從影像開始。我們知道，影像可以是一張照片，也可以是一段錄像，還可以是一部影片。而在災難影像部分，除了影片只能「模擬」災難現場（如《明天過後》、《2012》等影片所示），其餘似乎都可以「再現」災難現場而予人二度經歷或想像經歷的憑藉。然而，問題不可能這麼單純！因爲影像本身的構成不是它所對應物的複製，而是一種「框限」存在。所謂「影像並不是一個物，而是以它的形狀、顏色、位置等向人們的顯現。這種顯現就是影像，它的存在不同於事物的存在，它以另一種形態存在，就是作爲意識而存在」（韓叢耀，2005：64 引沙特說），說的就是這個意思。也因爲它有意識介入，而意識又可以「分散」化，所以才會有人說影像「只有在文化、物質組織、美學和判讀欲望四者趨向的共同作用之下，才可能誕生」。（西卡爾〔M. Sicard〕，2005：219）因此，影像所要連結的主體對象，它的取材「初度視覺」就不是再現式的；而藉以觀看它的「二度視覺」更不可能當它是在機械接受，畢竟影像已經被「權力意志」這一終極驅力所左右。

由於視覺是被用來權衡影像政治位置的中介，而它又不免於受權力意志的驅使，以至有所謂「視覺和詞語再現之間的張力跟文化政治和政治文化領域裡的鬥爭是分不開的」（米歇爾〔W. J. T. Mitchell〕，2006：序 3）這類的論斷。這是因爲視覺在選材成爲影像的過程中，已經考慮到了它對他人的影響或支配欲望；而被影像化的新視覺，則又會受性別、階級、政黨和種族等印記的影響（米爾柔夫〔N. Mirzoeff〕，2004：4-5），所觀看的一樣充滿著權力的角力。因此，從生產的角度看，影像不是視覺的再現，而是意識的再現和權力的再現；而從接受的角度看，視覺也不是要還原影像，而是要還原意識和權力。

在這種情況下，「災難影像化」就得再過度到「視覺性」，而一起共構了虛擬災難和解會災難的場景。這個場景，只有權力的爭奪，而不再涉及災難的實況，也不再引發大家深入去探討災難的可能的整全境況（因爲大家都停留在藉災難的虛擬來競爭權力階段）。這樣災難影像的視覺性所縮結的「所看到的只會是影像本身，而無法再窺得其他災難的信息」現象（見前），就是該權力競爭炫惑或障蔽了大家心眼的結果；它的不願自覺奮起向深處再進行探索久了，就變成如今普遍驚慌災難和無力因應災難的「淺碟子」表現。

二、災難影像的後設知覺開展

既然災難影像都是意識的再現和權力的再現，那麼又那來的「災難整全境況」？也就是說，深入去探討災難的整全境況，不也是一種競爭權力的體現？爲什麼又可以派說別人所見的不是？這就碰觸到了一個看似詭論而實非全同於詭論的「識見」問題。當大家在認知災難上有了分歧，所常見的「以我所見的爲是」而批評「別人所見的爲非」，難免會落入只是「意氣之爭」的詭論情境；但如果是以添加的方式讓相關的見解更豐富（並且以它來試爲取代衆泛說），那麼它的詭論性就能因爲促成了知識的擴衍而得以淡化，以至有機會被重新焦點關注。這也就是本脈絡所持的立場，會以立論新穎和精爲取證來接受考驗。

一般同樣是一張照片或一段災難錄像，視覺化後所見的不是被該影像的構圖所侷限，就是穿透該影像看見了他人所未見，而這二者都已經被權力所浸染（無所謂「誰是誰非」）；但後者的挖深拓廣，卻是前者泛泛的見解所不及，而可以作爲觀看影像的新指標。好比有一張獲得一九八〇年度的WPP（世界新聞攝影比賽）特別獎的〈烏干達旱災〉照片，它以切割的方式將一隻白人豐腴的手握著一隻黑人小孩乾瘦的小手在邊框內來傳達信息。（韓叢耀，2000：180）整個拍攝的背景是：

> 一九八〇年四月，攝影記者威爾斯跟隨一支救援隊進入非洲東部……在卡拉莫加地區的一所天主教慈善機構，一位義大利神父領著威爾斯走到大門口，他們看到許多飢餓的卡拉莫加人站在那裡等待施捨。神父招呼一位母親帶著她的孩子過來，並且用義大利語對威爾斯講話……作者後來回憶道：「他把孩子的手放在自己的手中，我的反應就是迅即拍下來……世界對這裡存在的饑荒尚不知曉……」（韓叢耀，2005：240-241）

這所象徵的饑荒苦難和救災義舉等意義，據說還沒有人提出質疑。（韓叢耀，2005：240）但這種一致性的通見卻不足以聲稱高明，因爲照片所掩蓋的事實恐怕更多。首先，烏干達的饑荒誰造成的？它除了天意，難道就沒有白人的魔手伸入干擾他們的政治、經濟和社會運作（陳秉璋等，1988：42-43），而導致內部權力傾軋、派閥爭鬥和民生凋敝等後遺症？其次，那隻白人豐腴的手以救世主的姿態降臨，它一面隱身在幕後操縱他人的生死，一面施捨憐憫要加以拯救而准予對方活命（沒有飢餓之虞）；顯然它的高高在上的反差對比和一優勢一劣勢的不協調性，十足反映了兩個世界的不平等現象。再次，照片構圖所排除的白人和黑人小孩的身軀和臉部表情，正好可以藉機掩飾優勢者得意的「嘴臉」和富足的「態勢」以及劣勢者哀告無門的「痛楚」神情；而這恰巧符合既得利益者的價值欲望（讓你不知道「我是誰」，以便可以繼續宰制別人）。因此，一張災難照片已經不是所見的「自然」災難，它更延伸到罕被發掘的「人爲」災難（包括拍攝者在內，未必自覺到有這個問題）；而這背後所隱藏的兩界不平等的爭鬥（詳後），又不知道事情牽連多廣！

可見我的這種解讀遠比先前那些平板的解讀要具有衝擊力，可以發揮某種程度的振聾發聵的作用。而從另一個角度看，這種「挖深拓廣」的解讀方式，所予以知識增進的識見建樹，也不遑可以具備優著條件去競爭論說的典範。而這就進入了一個越過「災難影像的視覺性」而到達「災難影像的後設知覺開展」的層次氛圍，從此可以啓動更知所應變災難的心理和社會機制。

災難影像的視覺化，只能看到災難現象（而這現象還被特殊處理過），對於這種現象「何以如此」則無從理解；而這在後設知覺中就會加以深透和旁衍，從而得到整幅的了解。這一後設知覺的後設性，是哲學的代稱（周慶華，2007 b：219-210），它以災難影像的「對象」存在而予以「後設」的探討，所知覺的則可以作爲最新災難影像的理解準的。

它除了能夠像上述所舉例子那樣層層分解災難影像所隱藏的信息，而且還能夠推及另一個世界的遙相操控。特別是後面這一點，會讓災難的恐怖性由「無知的懼怕」轉爲「有知的戒惕」。換句話說，凡是懼怕災難的，都是緣於對兩界互動的無知；而一旦能有所察覺，則可以轉而自我戒惕，以及有知於「天意安排」而不再無謂的惻怛！因此，像底下這類有關災難對人及社會所引發的廣大影響說，就少了後設知覺來調節：

災難是令人敬畏的事件。單單看到那種廣大的破壞性及可怕的景象，就會引起許多深刻的感覺。常常，那些受災難侵襲的社區居民即使非受難者，也會經驗哀慟、憂傷、焦慮和憤怒等負面感受……每一個看到災難的人，就某種程度而言，都是受難者。（梅爾斯，2009：27 引哈特索治等說）

人對災難會有這種哀慟、憂傷、焦慮和憤怒等情緒反應，就是只知災難的破壞力和對人生命財產的威脅而不知災難在兩界互動中所扮演「平衡者」角色的結果，以至僅能以上面這類的直覺反應因應。這樣心理白白受創傷了，而社會也跟著付出盲目應變卻又無力善後的慘痛代價。這倘若能透過後設知覺來開展應付災難的策略，那麼相關的高格的心理和社會機制一定也會逐漸建立起來。

三、災難影像的超經驗解讀嘗試

不論災難影像如何的被扭曲利用，它的成形背後都同樣存在著「促成災難」的因素，而這些因素只能經由後設知覺加以解開而無法僅靠雙眼看出。這在一般的解讀，都只歸結於天然災變或咎責人為造孽在先，根本意識不到它的效力太過有限。就以發生於二〇〇九年八月八日的水災為例，高雄縣甲仙鄉小林村被土石流滅村，這在災前並無任何跡象，也不像南投縣信義鄉神木村、雲林縣古坑鄉華山村、高雄縣六龜鄉中興村、臺東縣大武鄉大鳥村和南投縣水里鄉新山村等被劃定為紅色警戒區（涂心怡等，2010：26），但一夕災變卻奪走了幾百條人命。這如果僅當它是意外或偶發，那麼我們也只能「徒呼負負」，一點「拚思」的餘地也沒有；但反過來，如果它不是意外或偶發而是靈界所發動的失衡裁奪行動，那麼我們不正視它就會錯失「別為有效反應」的機會。

所謂「別為有效反應」的機會，是說當許多人還在把「視覺當成一個意義創造和鬥爭的場所」（米爾柔夫，2004：8），而相關的討論也都不出要追究災難發生的元兇（涂心怡等，2010：20-34），根本就想不出釜底抽薪式的對策來化解災難危機；而能跨向靈界重新思考災難所暗含的失衡警示，接著所想出的因應辦法才會有實質的效益（至少它在某種程度上已經站在制高點上要統觀這一切的變故所可以給予的解套策略）。因此，它就不是只是在災難發生後做一些搶救、輔導和復原等亡羊補牢的工作，它更迫切要做的是回到「源頭」思考自己的位置，檢點不再有逾越的行為；否則，天災人禍就會永不斷絕：

在「神行」於山河大地之上時，看見「東南」方有妖氣……基於慈悲心，我在「天地雷風澤水火山」的「巽方」，吸一口氣，想要刮起一陣神風，把「妖氣」吹散……東南方來了三位「聖者」：「使不得，使不得，蓮生，蓮生，使不得也！」……「我是行者，正是不忍眾生苦，要除眾生的劫數！這才是慈悲爲懷。」我說：「眾生有苦難，三聖者不救，算合理嗎？不會和修行相違背衝突嗎？」……三聖者指給我看，在山河大地之上，遍插了「旗子」，表示此乃「天意」也，我大驚駭……大部分的人，從不修行，只是吃飯和生活，食、衣、住、行、育、樂，你爭我奪。把社會弄亂了，國和國弄亂了，家和家弄亂了，欲望無窮，背覺合塵，天災人禍至矣！（盧勝彥，2009：18-19）

這話可能重了一點，但相關兩界失衡「人」的有意無意造孽現象總是難以卸責，卻說的一語中的。雖然這並不保證謹守本分過活（如不貪圖多餘的福分和不爭奪過多的權力等）就不會在兩界被「推來推去」，但它相對的自在性或無慮性還是可以確保比較長時間的「安居樂業」。不然，像莫拉克颱風橫掃南臺灣所造成的小林村滅村和別的地方部分人員的死亡，背後的「天意」如此，傷慟也是徒然！那些罹難者有的也許是無辜遭到連累（來不及「離開」現場），但其他恐怕都是列在這一波「必須帶走」的名單中；至於他們爲何被挑出來「以示薄懲」，那就得請靈界自動給答案，此時此刻我們是無從進一步揣測什麼的。

臺灣的九二一大地震及八八水災、南亞大海嘯和中國四川的大地震等，都留下了許多的影像，但我們所看到的那些殘山剩水、屋毀人亡和天崩地裂等景象，對一般人來說也只是「景象」而已；對想拓寬視野的人來說則得從超經驗的角度予以解讀，知曉當中的「刻意」造成而知所別爲因應。以八八水災爲例，一位白姓女性在隔天於楠梓仙溪下游某靈修院前拍到許多白色的「鬼影」紛紛從河裡走上岸，當中還有觀世音菩薩凌空引導。這一連串的影像後來在世界電視臺披露，並於網路上廣泛流傳。（「拜拜愛臺灣」世界電視臺，2009）那些被引渡的亡靈（據說還有部分是在山裡修行的舊靈，一併被沖刷下來），顯示了祂們原來的命運已經終了，靈界利用災變將祂們帶走。雖然不了解祂們回到靈界將要「塡補」什麼，但可以意會的是祂們所被藉爲彌補兩界失衡的對象已經無可替代。因此，祂們是不在人間了，但祂們所留給世人的悲嘆也該因有這個緣故在而必須有所轉向。換句話說，與其悲嘆一場災難無情的奪走許多人命，不如從根源上來反省災變可能的正當性（從而淡薄無謂的哀傷）。

首先，在靈界並沒有「死亡」這件事必須慟悼，因爲死亡只是人離開所「借住」的肉體而已，相關的靈體依然繼續存在。這中間的差異是，靈界對那些靈體進入現實界「擺錯了位置」的處置要比對其他靈體快速一點。以至所見的地震、海嘯、颶風、洪水或人爲的殺伐和造業遺禍等災變，就都成了靈界爲彌補失衡所能採取的手段；現實界以「不可原諒」的態度對待，其實是對失衡一事的全然不察！

其次，現實界中人對肉體的執念是延續在靈界對有肉體生命的渴望，一旦來到現實界就淡忘了肉體本身的脆弱性和短暫性，而奢侈享受起肉體所能貪圖的福分和所能爭奪的權力。這在靈界有「絕對」的主宰力的情況下，凡是看不下去的，自然會介入仲裁而收回該藉用肉體的權益。因此，一場災難的形成，實際上是人罔顧在關係網絡中不能逾越分寸的道理所招惹的，靈界出面裁奪只是一個「必要的程序」。

再次，災難的發生經常導致一些弱勢者或貧苦者的先行死亡，並非針對所有的貪婪者或執念者（社會中更多強勢者或富貴者在這個範圍內），造成高度「不平等」的現象，這就牽涉另一個非均等鬥爭的問題。也就是說，靈界也是一個權力場域，究竟要讓那些人留下或那些人離開，也會有一番的辯難折衝，最後總要有優先犧牲的對象；於是我們所看到滿目瘡痍的就盡是那些底層生民的骸骨。這通常是「控訴」無門，只能依賴兩界重新教育「共同」來改善；否則，濫權或不當使用支配權的狀況，仍然會不經意的冒出礙事。

後面這一點所夾帶的荒誕性，似乎就要扯離前兩點所布下的嚴肅性。但又不然！兩界不能失衡應該是靈界的共識，但由誰來主導平衡事，就不是那麼容易獲得結論。而換個角度看，所有的災難都會有個限度，顯然它的警示性高於毀滅性，因此選一個「最少爭議」的災變也是有可能的；而我們倘若不能從它得到教訓而亟思改過，那麼相似的災難就會一而在的重現，屆時我們所面臨的將是更多「無謂的苦痛」！

四、相關解讀的延伸印證

上面的解讀，其實是在呼應第一節所述古來許多文獻所載災難不爲無意的說法（雖然它常被否定或視而不見），它恢復了災難的整全情境，也拓寬了看待災難的視野，已經可以作爲認知災難的新典範。

不過，爲了更加廣知，還可以再行延伸印證，以見本套理解策略的優越性。

我們知道，災難影像還有潛藏的一面，就是留存於某些天眼通者所過目的印象中，而這也可以旁爲證成上面的說法。好比一九九五年二月十五日晚間七點所發生的臺中衛爾康西餐廳的大火事件，總共造成六十四人死亡，十一人受傷，是臺灣有史以來最嚴重的火災，事後就有傳言：

一些擁有靈異體質的人士紛紛表示，在臺中的第一廣場上方出現了一艘幽靈船，上頭有一百個位置，必須裝滿一百條人命才會開走。而衛爾康的一場大火好讓上頭進駐六十四條冤魂，接下來的空缺就等待下一次的意外。（希拉蕊，2007：96）

這當然還續有發展：「過了幾個月之後，第一廣場雖然沒有發生火災，不過再也回不去往日的榮景。此時又有傳言指出，其實幽靈船早已離開臺中，出現在臺南中國城的上方……果然不久之後，屏東著名的獅子林 KTV 發生大火，這次死傷也很慘重，共有二十七個人葬生於火窟。事後拆除的過程也是一波三折，不僅工人離奇身染重病，有人更是目擊到此棟建築物的五樓出現幽靈船的身影……接下來……臺灣南部發生了一連串的火災，死傷人數很快就到達一百人，幽靈船的傳聞也才稍微平歇。」（希拉蕊，2007：97）因此，稍早的咎責說「（衛爾康）西餐廳的出入口被改爲只剩一處、停車場及防火巷也被建成KTV，內部的裝潢爲了統一風格，並未採用防火建材、許多門窗也被封死、玻璃更是使用了強化玻璃」（同上，94）而使得在大火中喪生的人逃生無門，就只是一個「藉便」的因素，靈界眞正插手當中的是爲了帶走那六十四人。而這對比其他同在現場卻逃了出來的人來說，被帶走的人靈體已經被抽離，光剩肉體根本無能反應（只好被燒死在裡面）。可見災難的非偶然性，相關影像的解讀都不好略過這個環節。

再來，不論是天然災難還是人爲災難，偶爾也可以看見「有意」的跡象，而這經過「對味」的解讀後，同樣能夠旁爲證明上面的說法。好比二〇〇一年九月十一日所發生的被劫民航機撞擊美國紐約世貿中心的恐怖攻擊，造成四、五千人死亡。當時有美聯社記者在現場拍到一張相傳爲酷似撒旦的臉孔：

美聯社記者在事發當日拍攝到一張世貿中心冒出濃煙時的照片，初看照片時覺得它並無異樣，但當放大大樓頂的濃煙時，一個「鬼臉」卻駭然出現……美國幾份報章均以半版刊登這異象照片。有報導更指出，這「鬼臉」不但具備五官，額頭上甚至長有一對角，像極了一個睨視冷笑的魔鬼模樣……恐怖攻擊世貿的兩架飛機，第一架是攻擊北邊大樓，然後第二架才撞入南邊大樓，這張照片就是在南邊大樓起火冒煙時拍到的。（方迪遜，2005：64）

這在當時另有不一樣的解釋：「國際縱火調查員協會主席克拉特茨則指出，有人在濃霧中看到不尋常影像十分普遍，他解釋：『大火產生熱力吸入冷空氣，加上未燃燒的碎片在空中旋轉，導致雲層有些地方看起來濃一點，有些地方則薄一點。』」（方迪遜，2005：65）但很明顯的，這場「報復」式的戰爭本就不爲無意，而濃煙中出現的臉孔（不一定是撒旦）爲報復者所屬靈隊的神靈在進行「暗示」或

「警告」也是大有可能。因此，上述那一科學解釋只會徒增紛擾，對於該災變的蒙受並無任何「悔意」的必要付出（事後美國政府對背後可能施暴者的集團展開清剿，足以證明他們並不承認自己有錯），這就沒有從災變中得到教訓。此外，八八水災時，有人從衛星雲圖看到有個「巨人」在上空猛潑水（個人新聞臺，2009），這雖然屬於天然災難的範圍，但跟前者的人為災難一樣，靈異的顯現都帶有懲罰性。如果有人要斥為無稽，那麼他就會錯過從這些災難中學得更謙沖或更低調以對世事的經驗。

最後，每次災變所要帶走的倘若是特定的人，那麼其他可能被牽連的不相干的人或物除了萬不得已，不然照理都會被「阻止」陷入（靈界所採取的阻止方式，在人方面當事人可能都不知道，只有在事後才猛然醒悟「好險」或「似乎有點預感」），於是有人突然沒搭上失事的飛機或土石流來臨前湊巧離開現場；而物也是這樣，牠們會被及早驅散，這在旁為證明上面的說法上也一樣有「側面效果」。就以物為例，好比二〇〇四年十二月二十六日所發生的南亞大海嘯很少發現動物屍體，以及二〇〇八年五月十二日所發生的四川大地震前幾天有數十萬隻蟾蜍集體遷徙，這並不像有人所推測的是動物有預知能力（董更生編譯，2004；王銘義，2008），而是該海嘯和地震要帶走的是人，跟動物無關，所以牠們在災變前都被驅趕離去（不然很難相信比那些動物高等的人卻一點預知能力也沒有）。因此，這影像化跟前二項構成了一個兩面性的關係，合而「正顯」或「反顯」災難的刻意性；同時也反過來為相關災難影像的超經驗解讀提供有力的佐證。

五、避免災難的新靈異學觀點

從種種跡象來看，災難影像的災難性本身及其透顯的某些靈異現象，在在呈現了六度空間中的權力鬥爭。現實界中人只要不能仰體平衡的重要性的，都會引發這股爭鬥而給自己帶來跟靈界相衝突的張力。由於人多了肉體的負擔，所以在必要抗衡的時刻往往屈居下風，儘讓靈界的存在體取得掌控權；而這一旦人有所失策，那麼所得遭受的懲罰也就沒有迴旋的餘地。這也就是災難一再的發生而人也一再的喪生的原因。

因爲它的前提是「失衡的焦慮」，所以接著要設想的避免災難的策略也就得從這裡開始。這首先要爲災難的靈異學觀點定調：凡是不相信「有此一事」而執意我行我素的，都得促使他們重新思考巴斯噶「賭上帝存在」的類似作法而幡然悔悟，以便進入災難／靈異的警覺情境。當年巴斯噶的說法是：

上帝存在的問題是一團謎，我們對這個謎，最好先算計一下所冒的險，然後再決定採取什麼立場。假如我們用我們的生命賭上帝存在，那麼如果我們猜對了，我們就贏得了永恆拯救；而如果我們猜錯了，又會輸掉什麼？但如果我們用我們的生命賭上帝不存在，那麼即使我們猜對了，我們仍然無毫所獲；而如果猜錯了的話，我們就輸掉了永恆的幸福。讓我們來考慮一下賭上帝存在時的得和失吧！讓我們估量一下這兩種機會：如果你贏，你贏得了一切；如果你輸，你輸不掉任何東西。那麼毫不遲疑地賭祂存在吧！（希克〔J. Hick〕，1991：114-115引）

同樣的，我們賭災難的不爲無意性，也是擔心不如此則恐怕會失去想及更有效因應對策的智能，從此淪爲「亂無章法過活」的下場。其次要透過災難的靈異學觀點爲魔考或神考（周慶華，2006：268-273）找到解套的途徑。也就是說，災難所奪走的人命，在中性義上是魔考或神考的結果，倘若我們想保命，那麼就得讓魔考或神考無所作用，而這要從釋出或根本不取多餘的福分或過度的權力入手。這麼一來，靈界「欲懲罰而無由」，相關的災難自然就會減少。再次要從上述的靈異學觀點再行升轉到新靈異學觀點的層次，以一種高格教育的方式，勸戒太過浮濫的投胎轉世，輾轉爲減緩能趨疲的壓力效勞。換句話說，當今現實界擠了太多人（二十世紀上半葉全世界才二十幾億人，現在已經增至六十幾億人），物質需求浩繁，導致濫墾、濫伐、濫建和工業污染嚴重等而直接危及兩界的失衡（而必須由靈界發動災變來「矯正」）。這樣再持續下去，災難會更加不斷，所以歸根結底只好從減少人口著眼（在現實界的，肉體死亡後不要隨便「乘願再來」；而在靈界的，也不要「興沖沖」的趕來搶生世上），徹底斷絕耗用物質而使地球快速到達不可再生能量趨於飽和的死寂境地。這是必要行走的道路；否則，還會有更多更大的災難在眼前等著，再也沒有人有能耐予以化解。

第二部　靈療

第七章　靈異觀與觀靈異：

靈異研究的新模式

一、從排除檢證路上的障礙開始

靈異一詞，可以有三義：靈現異象、感靈駭異和神靈怪異。它們分別爲名詞、動詞和形容詞。（周慶華，2006：1-2）這是因應論說及其指涉需求而設定的，可以總攝兼分疏類如論者所隨文稱說的「靈異傳奇」、「靈異經驗」和「靈異世界」等現象。（黎國雄，1995；蔡信健，1996；劉清彥譯，2000；高橋宣勝，2001；康克林，2004 c）換句話說，靈異一旦進入「語言操縱」的情境，它所會分衍的就約略不出這個框架；而我們要爲它「論東道西」，也很難不從這個框架裡取則，以爲進入一個准神秘的世界。

對於這個准神秘的世界，講究科學實證的人，幾乎都會否定它的存在。（費鴻年，1982；許地山，1986；成和平，2007；勒埃珀〔F. A. Leherpeux〕，1989；齊達，2010）但這種否定，也只是緣於它的檢證不易或事涉虛幻，而無法對它的「質」從根本上予以清除。也就是說，科學可以檢證的事物的質和被宣稱爲無法檢證的靈異的質是相通的，它們都可以經驗，也都可以操縱（就靈異來說，不論它是被靈界操縱還是被現實界操縱，都不離本體成分）。倘若有人不承認這一點，那麼他就得面對有很多事物也仍無法檢證（如最小的物質和最大的宇宙之類）和有些人已經可以感應靈界事件的「弔詭」難題；更何況科學界也逐漸在探索靈異這個神秘世界而開始有成果發表（法林頓〔K. Farrington〕，2006；塔克〔J. Tucker〕，2008；史威登堡研究會，2010），旁人豈能一味的斷然否定靈異的存在？

其實，這裡面還有一個「要不要檢證」的科學心理學的問題。我們知道，在科學上不但相關知識的源頭無從確定（科學知識都有先肯定的預設或隱默之知，而新發現也需要大膽的猜測、預期和成見）（劉昌元，1998），連所有檢證過程也缺乏可靠的保證（不論是「事實」的觀察還是「眞實」的研判或是「實際狀況」的體驗，都是非難明）（李明燦，1989：162-166），所以科學知識也得排除有所謂絕對客觀的檢證標準。至於常人還對科學知識抱以可給予檢證的信念，那也不過是「誤」以檢證本身（最多只具有）的相互主觀性爲絕對客觀性罷了。這樣有關靈異經驗的檢證，也就沒有理由宣稱它不可能。舉凡人的感知、信念和後設思維能力等等，都可以成爲檢證靈異經驗的依據；而它同樣不具有絕對客觀性「缺憾」的自我察覺，則可以轉由高度相互主觀性的追求（而期待更多具有相同背景或相似經驗的人的認同）來勉爲「彌補」。換句話說，在一般的科學領域，對於無窮廣闊的銀河星海和極爲細微的物質成分（如原子、電子、核子、中子、質子、介子、引力子、光子、超子、層子、膠子、中微子、陽電子、夸克和超弦等非肉眼所能看到的東西）等都可以依經驗和想像而推測它們的可能性，爲何獨獨不能順從人有感知、信念和後設思維能力等稟「靈」經驗而去推想其他同質的外靈的存在？因此，靈異經驗已經不再是一個「可不可以檢證」的問題（因爲它「當然可以檢證」），而是一個「要不要檢證」的問題。（周慶華，2006：47-48）這「要不要檢證」的問題，所考驗的是我們「廣知」的意願和能耐，靈異經驗本身不一定會越級強求（但它可能會隨時「蠢蠢欲動」向人討情）。如：

> 當他們到達謝克因意外車禍喪生的地方，就放下普通的錄音機於草堆中，開始按下錄音裝置。一個鐘頭後，他們收聽到令人驚異的內容：「到這裡以前，我一直希望能和你見一次面，

誰知竟然發生了這次的意外……」足球選手一聽，果然是他的朋友謝克的聲音；而且謝克似乎就是在和這位足球選手訴説……「我愛踢足球，記得我在炎熱的太陽底下練球，竟因操勞過度而暈倒；那種疲累的感覺比我現在不知輕鬆多少倍。有生以來，頭一次我覺得這麼困苦、疲乏、喘不過氣……」這時謝克突然停住，只聽到來往車輛奔馳的喇叭聲以及秋天的蟲鳴；但奇怪的是，當謝克説話時卻都沒有被錄進錄音帶中，只有謝克來自靈界清晰的聲音。（赫伯金〔B. Hopkins〕，2004：85-87）

這是一位足球選手在聽聞一群科學家正在做「在死人當時死亡的地方，如果他的靈魂仍然停留在該處，就可以錄到他的聲音」的實驗後，特地請他們來爲他在車禍中喪生的夥伴做錄音。這可以視爲檢證了鬼靈的存在；而所藉助的電子器材則更有益於該檢證的信度和效度的建立。而此刻我們的信或不信，就看我們願不願意擴充知識向度到非現實經驗的領域；而該案例中所顯現的（當事人的）靈異經驗，則形同是在向我們「施壓」而得勉爲因應（以免自己遭遇類似的情況而不知道怎麼反應）。至於還有其他可以採擇的檢證途徑（如直接的心電感應、靈通、夢感、甚至執念信仰等等）（周慶華，2006：48-50），那就隨各人方便而毋須再詳加敘説。

所謂排除檢證路上的障礙，就是指這一心理袪疑。它所排除障礙後的接受認同，一如科學實證在相互主觀下的可以信賴。而這種信賴，在相當程度上是爲了相關知識的建構；當中靈異經驗的知識化，也就在這一波的類比科學中成形，沒有人有足夠的理由説那是「荒誕不經」或「無稽之談」！

二、靈異成為學問對象的理論基礎

古來所稱的靈異，不外指人見鬼神和人能行鬼神事。如「（干）寶兄嘗病氣絕，積日不冷，後遂悟，云見天地間鬼神事，如夢覺，不自知死。寶以此遂撰集古今神祇靈異，人物變化，名爲《搜神記》」（房玄齡等，1979：2150）和「耆域者，天竺人。周流華戎，靡有常所；而倜儻神奇，任性忽俗，跡行不恆，時人莫之能測。自發天竺，至于扶南，經諸海濱，爰及交廣，並有靈異」（慧皎，1974：388上）等，就是分別在說靈異的靈異性。當中人見鬼神一義，顯然不及前節所分辨的靈現異象、感靈駭異和神靈怪異等三義來得眞切；而人能行鬼神事一義，則爲人「鍊養」有成的必然歸趨，可檢證性如同前者。

雖然如此，這裡所著眼的「靈」和「異」，還是靈異要被知識化所不得不再予以分疏的對象。以「靈」來說，大抵不出神靈、人靈、鬼靈和物靈等範圍。它們彼此之間的關係，約略是神靈爲純不依附他物的自然靈；而有些自然靈遇機得著了肉體後就變成人靈；人靈在所寄存的肉體死亡後又恢復爲自然靈，但因爲它有過一段時間拘束在肉體內，已經痴重了，所以不再跟輕敏的自然靈同級而僅稱爲鬼靈（至於鬼靈因故而升級爲「神」格的，另當別論）；鬼靈沒有固定居所而一如現實中的流浪漢的，就姑且稱它爲幽靈；至於物靈，它也是由（不同層次的）自然靈轉來寄存於物體內，包括山魅、水怪、樹妖、石祟、蛇精和狐仙等尋常可見的稱呼（它們多半也會被合稱爲精靈；或者精靈另指物靈半附不附物體的自然靈）。而這可以一個簡圖來表示（詳見圖7-2-1）。

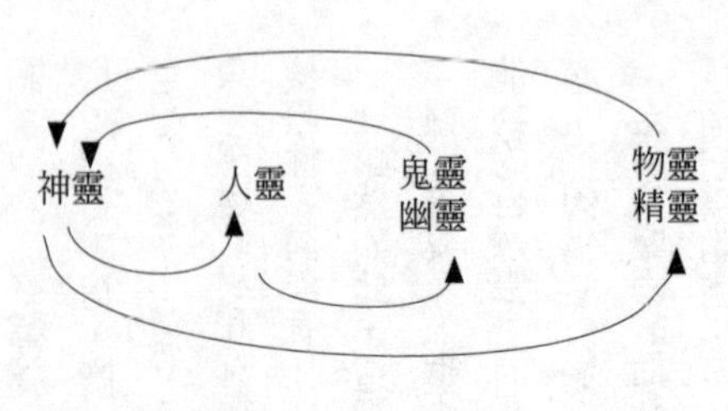

圖7-2-1　神靈／人靈／鬼靈／物靈關係圖

至於以「異」來說，則是特就人「見怪而怪」而說的（其他的靈也許無意爲怪）；它只針對衆靈超出「平常」範圍而被人感覺到的來作限定，此外就不保證它的靈異的同一認可性。還有倘若有人歧出「見不怪而怪」或「見怪而不怪」的話，那麼不妨將它視爲特例而隨意兼說，或者乾脆就予以「存而不論」。（周慶華，2006：9-10）而這一切要成爲學問對象，就得爲它找到理論基礎才有可能。

所謂的理論基礎，是指靈異成爲學問對象所要有的「條件」開列，以確保它的學問性不因爲配備不足而遭人訾議。而這基本上有兩個層次的說詞可以用來自我鞏固：第一，靈異經驗在提供理論建構所需的具「廣涵」和「深蘊」意義的資源上，已經不乏案例的佐證；第二，論者的企圖心強烈到能夠駕馭相關的靈異經驗而使它如期實現「著爲條例」，兩相進擊就無慮不成了。這麼一來，只要誰擁有上述兩個條件，他就可以構設一套別出異彩的有關靈異的學問。（周慶華，2006：8）此外，即使上述的理由都屬於勉強或精義不顯，我們也還可以有「最後一個辦法」，就是比照世學所寓含的「渴望某某成爲學問的對象」這一心理基礎（不然就無從採取行動去建構相關的學問）（周慶華，2005；2007 a；2009），而將靈異經驗學問性格化，期待因此也能夠「立竿見影」，從而激勵世人更新觀念以及施展相應的行動。而這可以亞洲鐵人楊傳廣生前被東王木公看上而成爲乩童來作「反證」：

> 楊傳廣自從揚名於世界體壇之後……有一次，他隨著衆人上香膜拜時，原本合什的雙掌，突然不由自主的抖動起來，他想停也停不下來……母親告訴他不要怕，這是附乩的現象。他聽了嚇得連連搖頭拒絕道：「我不要，我不要當乩童！」……第二天醒來之後，他立即告訴母親他不要待在臺東，要回高雄左營訓練營去住，因爲他根本不想當乩童……誰知道，到了高雄後，他就開始生病……結果他受不了，就在高雄一處供俸「關聖帝君」的廟中請示：神明告訴他一定要回臺東，回了臺東病就會好……曾經，楊傳廣也再三請示「木公」，詢問爲什麼不抓其他人當乩童而偏偏挑中了他？「木公」答覆他說：「因爲你已有相當的名氣，至少全中國人都知道有位『亞洲鐵人』叫楊傳廣，也爲你特別作過歌。爲了宣揚教化，勸善渡人，找像你這樣具有名氣的人更容易使人信服，而相信冥冥之中眞有鬼神存在。」（張開基，2000：71-85）

東王木公選中楊傳廣爲媒介而讓他廣示「神明的存在」及其「天理昭彰，報應不爽」的道德訓誨，這種「強徵」靈媒就範和我們「強使」靈異經驗爲學問的對象，彼此在「藉」質上並沒有什麼兩樣（都是「各圖所要圖」），以至這一情況的渴望「成眞」也就不必別爲「註冊登記」，它仍然以最低限度或最高期待的心理異動爲可數的價值保證。（周慶華，2006：10-12）換句話說，靈異經驗所以能夠成爲學問對象的終極保障是我們要「使它如此」，其他的理則都只能「從中助益」而無法眞正的讓靈異經驗的學問性格成形。

三、實際可以有的靈異觀的樣子

順著前面來說，神靈找人作爲祂的媒介，在淺顯的心理異動上免不了是認爲對方有可利用的價值（不論是取對方的名氣還是取對方的能耐或是取對方的順服度）；同樣的我們將靈異經驗排上學問建構的行程，也是相準它有可加以善使的價值。這種可加以善使的價值，以當代流行語言來說，它方便於構設「新」的話語以爲獲取權力；而該權力的主體性則已經大受肯定：

> 「話語」是現代和後現代社會將人作爲「主體」來進行組構和規定的一條最具特權的途徑。用當今流行的話來說，「權力」透過它分散的制度化中介使我們「主體化」：這就是說，它使我們成爲「主體」，並使我們服從於控制性法則的統治。這法則爲我們社會所授權，並給人類自由劃定了可能的、允許的範疇（這就是說，它「擺布」著我們）。實際上，我們甚至可以假定，權力影響著我們反抗它所採取的形式。（蘭特利奇〔F. Lentricchia〕等編，1994：77）
>
> 根據這個觀念，權力之外並不存在本質的自我；相同的對權力任何特定形式的反抗（也就是對任何散布的「眞理」的反抗），也是依賴於權力，而不是某些有關自由或自我的抽象範疇。（蘭特利奇等

編，1994：77）換句話說，我們所生存的世界，就是一個話語運作的場域，而權力則爲該場域終極的主體。這種主體，無妨貫穿現實／靈異兩界（神靈找人作爲祂的媒介，也可以比照思考），同爲總綰一切學問的樞紐。因此，爲了構設新的話語而選擇「險路」向靈異世界取材，也就跨進了深藏的另一心理異動層次而可以跟世人共商賞愛。（周慶華，2006：12-13）

這種共商賞愛，所能舉以示人的東西，就有靈、有異、有能參與運作的中介者、甚至包括旁觀的轉述者等（歐崇敬，2007；施寄青，2009；鮑黎明，2010；方迪遜，2005；布朗〔S. Browne〕等，2005；史泰格〔B. Steiger〕，2006）所構成的靈異學規模。而這種規模，也就是一個實際的靈異觀的樣子。它的權宜完形（基於權力意志而可能的），可以達致底下幾項效應：

首先是使靈異經驗成爲最新認知的範疇。靈異學的建構可以創新知識的規範，以體現知識／權力或權力／知識框架下再造另類知識的「自由度」和「新鮮感」，而使得「同理」爲更新知識論的企圖心有機會伸展。

其次是使靈異經驗成爲道德昇華的憑藉。近幾個世紀以來，由西方人所帶動的工業化／全球化浪潮，競謀人類物質生活的幸福而導致資源短缺、環境惡化、生態破壞和核武恐怖等後遺症，而這就得新一波的「還魂重現」的極力促動。這樣我們才能想到「靈體的過渡」問題，而去設想必要的因應「永續經營」要求的策略而使現實的道德得以昇華。這時帶進靈異經驗而讓它「適得其所」以及多方「發人警省」，也就有正面促進道德發展的作用。這樣靈異學的建構所能接續的功能，就是有關道德的昇華可以它爲憑藉，從而改變世人道德僅及於現實層面「盤算對應」的陳腐觀念。

再次是使靈異經驗成爲豐富審美的資源。同樣的從現代以來，西方文化傳統所形塑出來的美感結構的強勢凌駕而造成其他文化傳統的美感結構的萎縮或退卻，以至原有的「廣大」的美感結構逐漸狹小到幾乎接近單一化的地步。現在結合靈異經驗，正好可以藉機發掘原先不同的審美結構的「豐富性」。畢竟能夠進入現實世界和靈異世界互動的層次後，一切的審美判斷就要透顯它的「淵源有自」和「不能相強」特性。換句話說，靈異世界中總會有「古老」的靈體，它們左右或牽動世人的審美趨向一旦如願，那種有礙顏面的屈從或妥協行爲（也就是迎合異己的審美趣味）就很難想像。因此，建構成的靈異學也就有著新召喚多元審美觀的「神聖」的任務；它所要提供給所有審美心靈的是一份「自助助人」的機趣，永遠閃耀著多面無盡靈動的光彩。（周慶華，2006：13-19）

以上「使靈異經驗成爲最新認知的範疇」，是比照世學的認知經驗（有相對的眞假或是非可說）而擴充的，爲「知識化」的典型表徵；至於「使靈異經驗成爲道德昇華的憑藉」和「使靈異經驗成爲豐富審美的資源」等，則是比照世學的規範經驗（有相對的善惡或聖俗可說）和審美經驗（有相對的美醜或優劣可說）等而增飾的，爲「知識化」的准典型表徵。彼此爲「論理眞理」（名和實相符）和「本體眞理」（實和名相符）的分衍。也就是說，靈異經驗一樣有認知、規範和審美等功能；而它爲現實經驗所不及的地方，則是它的「疆界」廣涵，可以用來解釋現實經驗的知識性所無法碰觸的神祕領域。例子如：

發明現代小提琴弓的作曲家塔爾蒂尼，曾經遲遲無法完成一首奏鳴曲。一天晚上，他夢見海灘有個瓶子，裡面有個魔鬼懇求放他出來。塔爾蒂尼同意他的請求，條件是要魔鬼幫他完成這首曲子。魔鬼離開瓶子後，拿起小提琴，根據塔爾蒂尼的構想，演奏出「技巧完美的奏鳴曲，如此精緻，遠超過我最大膽的想像」。塔爾蒂尼一醒來，立刻儘可能地回想，抄寫下來，創作出〈魔鬼奏鳴曲〉。這是塔爾蒂尼最受人稱頌的樂曲；但他仍感嘆道：「這首曲子是我寫過最好的曲子；可是和夢中的曲調比起來，還是差太多了。」（克里普納〔S. Krippner〕等，2004：54）

這種藝術創作「如有神（魔）助」的情況，現實學問是難以窺盡它的奧妙的，只有依上述所形塑的靈異觀才有機會發現：它可以啓發人不盡遐想而頻生審美趣味以及一起兼爲提醒當事人從此要更謹愼謙沖於處世待人（因爲相關的成就不全是自己的能耐所致，理當不再動輒以才氣傲人）；而這種外靈介入開啓智慧的現象，如果不片面引精神分析學的「潛意識促動」說或唯物論的「文化積澱迸發」說來阻卻的話，那麼這就可以爲它確立一種可能的「外鑠」的知識，從而體現一種解釋和評價靈異經驗的新潮作爲。當中神靈怪異面所偏向創造觀型文化傳統的「創思」感應模式，我們將它對比於其他類型文化傳統的「不興此舉」（神人都是有限存在著，彼此互通，沒有「創」和「仿」的本體基礎），則又一併印證了前面所說的單一元相關學問不能妄自稱霸的必要堅持性。（周慶華，2006：20-21）因此，藉由靈異觀（特指像本脈絡所形塑的靈異觀），我們就有一套帶指標性的看待靈異現象的方式；而它所要擴展知識向度的強文化理想（爲權力意志的最大配備），也因爲「理據不乏」和「推衍可期」（詳後）而可以著爲典範。

四、用靈異觀來看待靈異現象的正當性

靈異現象，不論是指靈現異象還是指感靈駭異或是指神靈怪異，它在被指實時並非不證自明，而是需要由一套靈異觀來看待框限才能成立。在這種情況下，依理就可以再問所謂靈異觀的「正當性」如何可能？我們知道，正當性是任何支配形式的基礎或判準（韋伯，1991：21-27），而支配則是「一群人會服從某些特定的（或所有的）命令的可能性」（同上，21）；那麼一種靈異觀的成形又如何保證它會獲得大多數人的認同而取得它的正當性？這一點，我們自然無法透過普世性的調查來證成，但由於有如本脈絡所帶出的「理備」基礎，我們仍然可以「冀其擁有正當性」來間接保障發言權，並以「被檢證的無礙性」作為招徠關注的憑證，期待一樁可以拓知的美事有機會傳揚。

由這一端延伸開來，透過靈異觀所看出的靈異現象如果不「簡略」的區分為靈異的認知經驗、靈異的規範經驗和靈異的審美經驗等（見前），那麼它就可以比照世學的學科規模細分為許多靈異學次學科（這時有關靈異的認知經驗、規範經驗和審美經驗等就分派入靈異學次學科中）。正如我所曾經建構過的，包括靈異科學、靈異哲學、靈異心理學、靈異社會學、靈異宗教學、靈異文化學、靈異符號學、靈異權力學和靈異價值學等等。（周慶華，2006）它的標示如圖7-4-1。

這些靈異學次學科，因為都以「靈異」為限制詞，所以它們就有別於以世俗為限制詞的世學次學科；同時這些靈異學次學科所能解釋超現實事物的有效性，也使得它們在學問的拓廣上擔負著「開啓先鋒」的角色。換句話說，沒有一種學問像靈異學這樣可以對神秘領域深入的發言以及能夠提點理解的新

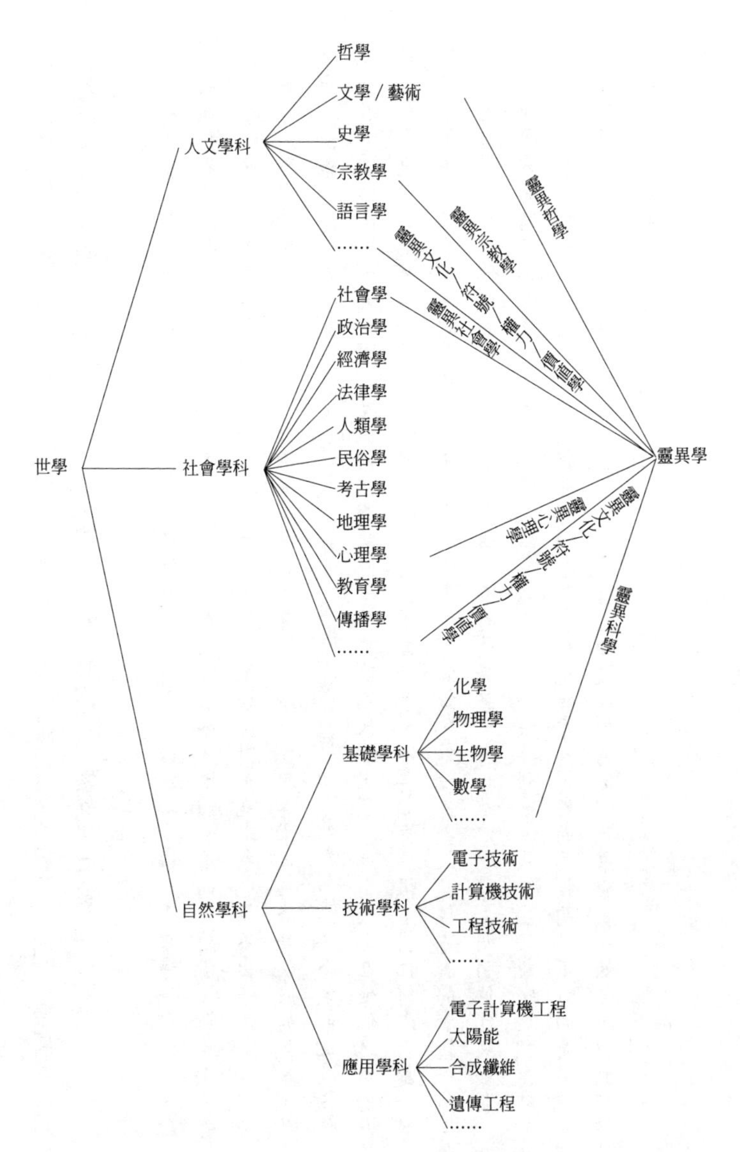

圖7-4-1　靈異學次學科圖

方向；以至它的正當性也就不待衆人來檢證（事實上也不可能做到這個地步），它的基進採取性已經爲它裝備了可被認同的基本條件。如底下這個例子，可藉爲試驗一下靈異學（靈異觀）的效力：

臺東市一對張姓兄弟，五年來飽受妖魔纏身，不時在耳邊騷擾；遍訪臺東寺廟和法師，但都無法順利驅魔離身，於是在報紙頭版刊登廣告，尋求大法師爲他們兄弟向天地借法斷孽緣、驅妖魔……五年來張先生曾向精神科和心理科醫生求診；衆醫生對靈異現象也說不出一個所以然來，大多以「壓力過大」開立處方，但情況並沒有改善……這起登報尋求大師降妖伏魔的故事，是臺東市一對張姓兄弟在五年前二人陸續無端發生哭鬧失態的行爲，於是向東王木公的乩童楊傳廣「請教」；但法力一過，附體鬼魂仍然繼續侵擾。鬼魂不只晚上鬧，連白天也在他們兄弟的耳邊碎碎念，說「我是有討令的，做人要甘願，前世因後世果，不要心存怨恨，找任何人來都一樣」等；張弟還爲閃避鬼魂的耳語出過車禍……張先生形容說，鬼魂作弄人就像電影的劇情一般，你到東他就跟到東；你閃到西他馬上就跟到西。有時是男聲，有時是以女聲；明明他已經離開，卻在你快要入睡時在你耳邊吆喝一聲，讓人心驚膽跳、精神快要錯亂。張先生又說，他被鬼魂侵擾多年，常常在想一個問題；靈界應該也有一套制度和規矩才對，好的是神明，不好的是鬼魂，那有神明管不了鬼魂，所以他要向全國發聲，尋求大師級人物爲他們兄弟驅魔伏妖，讓他們好好的睡一覺。（周敏煌，2003）

這討情的鬼靈以「有討令」（靈界制度中准予鬼靈隔世續討虧欠）爲理由而搞得當事人「求救無門」的兩界糾纏現象，就是一方權力意志太甚（指討情的鬼靈的「不討回公道」或「不達報仇洩恨目的」絕不終止）而一方也曾經有過同一行徑卻「欠深未償」（指當事人前世有意無意的凌駕或虐待對方到「不獲對方諒解」地步而延禍到此世）。這裡又隱含著一個「先投胎轉世」的靈體（不論是基於什麼因緣）卻不知道自己「犯過錯誤」的費解而不大影響權力論點的問題（當然它也可能是該鬼靈「誤認」而造成這種害人不淺的烏龍事件；而該有權核發令旗的神靈「忒昏聵」也難以原諒）。（周慶華，2006：258）我們知道，東方社會因受氣化觀影響多仿氣聚觀念以團夥爲生，關係網絡錯綜複雜，恩報仇報爲常態（相對的，西方社會因受創造觀影響多仿造物有別觀念以個體自主營生，關係網絡就較爲單純，恩報仇報機會自然就不多）；而上面的例子，就是在這個脈絡裡被報復的人「倫常有缺憾」而報復的鬼靈「美感崇高不起來」，乃屬兩界互動不順的典型徵象。而這都可以援引靈異權力學和靈異文化學的資源來解釋而使它「得以安置」，並且進一步去找出解決的良方（如借靈媒疏通或自我修善之類）。

五、靈異觀與觀靈異循環辯證發展的遠景

由上述可知，觀靈異是在靈異觀成形後才有可能；因此用靈異觀來看待靈異現象的正當性的確立，也就直接保障了這種靈異研究在相對上是一種「新模式」。雖然如此，這種新模式的單向性（靈異觀↓

觀靈異），還是會被雙向性（靈異觀↕觀靈異）所要求而進入「循環辯證」的新情境。也就是說，觀靈異在實際上只要有靈異觀所意外無法衡量的現象，就會反過來強迫靈異觀改變策略，而形成一個必要循環辯證給新取則的局面。

好比我所建構的前述那一涉及靈異科學、靈異哲學、靈異心理學、靈異社會學、靈異宗教學、靈異文化學、靈異符號學、靈異權力學和靈異價值學等環節的靈異學，自信已經頗顯「宏大」規模了，但在觀靈異上難免還會有新的發現而已形塑成的靈異學那套靈異觀卻嫌「派不上用場」，這時該觀靈異所得就可以回饋給既有的靈異觀，終而再行充實它的不足或缺漏。

就以災難現場常見的靈異現象（如有些生命的靈體被「帶走」而不相干的動物被「驅趕」之類）為例，這可以用靈異權力學來解釋，判定那是兩界失衡為回歸秩序化而作的調整（周慶華，2006：255-279），但對於災難種類繁多及死亡多樣化等，則所建構的靈異權力學卻還未能顧及；而這就得以它是代表靈界所採取的手段乃「多管齊下」為的是因應靈界分項負責者的不同能耐的新觀點來擴充靈異權力學的範圍。

因為有靈異觀和觀靈異的循環辯證情況，所以這裡面也就有再予展望它所能發展的遠景。對於這一部分，不妨以當今資源匱乏、生態失衡和環境污染嚴重等現象為試煉對象。而它可以姑且這般定調：這一切問題，都因為人多「需求過盛」所造成的，以至必須反向油減少人口↓減少破壞生態/暖化效應等後遺症；它的奏效，要在教化人不再留戀塵世而成功後才會出現。而這從此就可以別為構設「靈異災難學」和「靈異生態學」等新靈異學的次學科，以便一舉因應人類所面臨的最大的生存危機。而所謂靈異觀和觀靈異循環辯證發展的遠景，就是可以期待依上述這個進路而臻至它效能的高峰以及成就靈異學的新典範。

第八章　索討與寬恕的平衡點：

靈療的文化心理及其跨界難題的化解

一、所謂的靈療

晚近興起一些有別於科學醫療的「另類療法」（或稱「非常醫療」或「民俗醫療」），包括食物秘方療法（如食養、食療、帝王飲食、藥膳、濟世驗方、果菜祕方、治病秘方、水晶寶石療法、芳香療法、尿療法、色彩療法、花精療法和斷食療法等）、保健外功療法（如五禽戲、八段錦、十二段錦、外丹功、抛手功、回春功、太極拳、中國武術、元極舞、長生學、生物能療法、按摩療法、蜂針療法、整脊療法、刮治療法、棒擊療法、拔火罐療法、針灸療法、水療、熱熨療法、指壓療法、貼敷療法和腳底療法等）、生理內功療法（如道教內丹、佛教禪修、瑜伽、氣功、神功、道功、靜坐心法、昊功心法、法輪功、智慧法門、觀音法門和印心法門等）、巫術祝由療法（如祈禱、齋醮、咒禁、占卜、祭祀、降神、收驚、問世、補運、消災、祈福、牽亡和觀落陰等）和神算命理療法（如風水療法、擇日療法、星命療法、相術療法、卜卦療法、占夢和測字等）等。（劉還月，1996；陳玉梅，1999；鄭志明，2004；丹尼爾〔Daniel〕，2005）這些養生保健和祛邪去魔的食療、氣療和靈療等風氣，就在現實有所需求的情況下四處蔓延，而形成跟「正統」的科學醫療相競爭正當性的局面。

當中涉及改善靈體病兆的巫術祝由療法，特別神祕難理，也是社會普遍可見「求助」和「救助」的另一種互動關係。它在時尚中已經有所謂「靈療」的專門稱呼。（芙秋〔D. Virtue〕，2007；黎國雄，1994；林少雯，2004）這種靈體對靈體的治療，通常是源於屈居在肉體內的靈體自我養護不善或遭遇外靈侵犯而致遺傷害，需要藉助其他能夠診斷治療的靈體來排除禍根。（周慶華，2006：190）

倘若我們從靈體本身也是個活物而得跟周遭環境進行「質能互換」才能確保存在優勢（普里戈金〔I. Prigogine〕，1990）的角度來看，那麼應當可以想像得到所謂的「養護不善」的可能性。而這不妨從靈體需要「食氣」談起：

> 我得「靈眼」之後，有一次曾在佛堂誦經，見一物非常怪異……現身之後，把供桌上的食物之氣，一一吸光。食物仍在，但氣已不存矣……這是我和水龍公初次的見面。據說祂很靈，祂的廟經常演戲。（盧勝彥，2004 a：154-155）
>
> 在一座金碧輝煌的恩主廟，我見到一位神祇……祂吃食供桌上的果品，有人殺雞殺鴨的三牲來供拜，眞神都沒有下降來享祭，那文士先生卻一巴掌把雞腿撕下來大啃大嚼，一看到我看祂，卻又咧著嘴笑了。祂吃東西的饞相，實在是不敢恭維，雖然物品不動，但那些物氣全給祂吸光了……一股神靈之氣因食血緣故而渙散，平時無修功造德，業障深重，祂一失神身，就轉世投胎去了，由神變人一刹那之間而已！（盧勝彥，2004 b：106-109）

靈體藉由食氣來補充能量以成就所謂的「耗能結構」。它在人身上，肉體吃食物時，靈體則跟著吃食物的氣；而在獨立的靈體身上，就像上述那兩個例子一樣只吃食物的氣（大概只有少數避穀絕食「修鍊」有成的靈體，可以不必依賴食物而活）。由於氣的純駁不一，在靈體內所進行的「維生」效果自然也不盡一致；只要有「條理不順」的情況，就會發生滯傷癰症。至於涉及倫常有虧欠而導致靈體和靈體

「冤冤相報」或「強梁侵擾」情況所造成的禍延綿渺（摩斯〔M. Morse〕等，1994；望茲〔J. Wands〕等，2005；劉清彥譯，2000b；張開基，2005；林少雯，2005；向立綱，2010），也可以意會得到內裡遭外靈侵犯成傷的不可避免性。而這都得透過靈療，才能找出「病」因而期待治癒。（周慶華，2006：190-192）換句話說，靈療是針對靈體和靈體的相傷害而採取的對策；它在有肉體時或許也會「連累」到肉體的危殆（如病痛或躁鬱）而得一併處理，但主要還是在保障靈體的正常狀態。

雖然這裡所說的靈療是指對治屈居在肉體內的靈體自我養護不善或遭外靈侵犯而致遺傷害，但從上面的敘述來看也不排除有純靈體的養護不善或相互傷害而需要靈療的情況。這已經有成例可案（芙秋，2007；楊年強，1998；索非亞，2009），而可以爲祂們診斷治療的靈體也不限於神靈（也就是人靈也可以代勞），但在此地所指所能診斷治療者仍得以現實界的人靈爲主；至於靈界的存在體所需的診斷治療，那就委由靈界自行去仲裁，現實界的人靈嚴格的說是不好「撈過界」的。

二、靈療的社會背景與哲學觀點

既然靈療是指現實界人靈對人靈的治療，那麼這種另類治療的成形一定有特定的社會背景。我們知道，靈療所以成爲時代的風尚，固然有人性遭扭曲和塵世快速沉淪等「文明病」（布洛克〔A. Bullock〕，2000；史密士〔H. Smith〕，2000；威爾伯〔K. Wilber〕，2000）整體籠罩而待啓生機的刺激，但它本身所綿延不絕承續至今的事實卻也不能忽視。換句話說，靈病自古就有（而不是當今才發生），而相關的靈療也一直以或隱或顯的方式存在著（貝格林〔W. Behringer〕，2005；菲柏〔B. Phillpotts〕，2005；劉清彥譯，2001；馬昌儀，1999；宋兆麟，2001；林富士，2004）；只是當盛行的正統醫療（科學醫療）無能為力時它才開始有迫切的需求，而這到了當代隨著其他另類療法的竄起而日漸被重視。此外，舉世因應「科學的不能」而倏興的靈學的研究的風氣（貝克〔C. B. Becker〕，1997；法林頓，2006；西爾瓦〔F. Silva〕，2006；史威登堡研究會，2010；潘添盛，2005；周慶華，2006；歐崇敬，2007；張開基，2010），也不無催促靈療事業的透明化而使它不再受到政治力或其他妄自稱霸勢力的打壓。縱是如此，靈療所受來自堅持唯物論者和懷疑論者的「唾棄」和「鄙薄」，多少還是會危及它的存在性。（周慶華，2010：165-166）而這就得更進一步的從現實情境中缺少靈療不得的社會性確定，來提住這一已經實務遍歷的靈療的理論基礎。

一般不相信靈異而一併否定靈療的可能性的論調，都應了瞽目為說的現代版的故事：「從歷史看來，人類總是不情願接受新觀念。伽利略發現木星的衛星時，當時的天文學家完全不接受，甚至連看都不願看一眼，因為這牴觸了他們原先的信念。現在的心理醫生和治療師也是同樣情形，對前世回憶和肉體死亡後的生存，即使已累積了相當的證據，也不願檢視評估。他們的眼睛仍緊緊地閉上。」（魏斯〔B. L. Weiss〕，1992：3）而其實像「上帝，我們是在思考你的思考」的神祕呼喊（史密士，2000：10）、「任何新發現是科學和想像力並存互輔的成果」的神秘定格（李明燦，1986：7-8）和「不只全部大自然是一個神造的奇蹟，甚至每一個小物體都是」的神秘論證（武長德，1984：413）等等，無不對比徵候著靈異世界在我們廣知上的必要擴延；否則連一些我們所無法眼見的細物和無從窮致的浩瀚宇宙都不能談論，因爲那也是檢證不出的。再說所謂的檢證，也不能限於單一化，凡是靈體透過神的啓示或人的經驗或類比推理所能得著的檢證，就得許它以能夠變化遷貿的特徵，而爲此地所拈出的靈療一事奠基。換句話說，肯定過了靈體的獨立存在性，再來就是難免會有的「異常」演出，以至出現靈體和靈體的相互干擾的場面迭見現象；而這就到了必要靈療的階段：

一九九〇年農曆七月初一的中午時分，是陰年、陰月、陰日、陰時，又碰上雷雨交加，陰氣至爲凝重。馬來西亞的伐木工人戴進興尿急難忍，他冒雨衝到一棵大樹下小解。恰逢有孤魂野鬼附在樹上，不願返回冥府，而下凡捉鬼的雷神也正好放電劈鬼。戴進興湊巧替野鬼擋了一劈，使得野鬼得以逃之夭夭；而戴進興卻被打散了三魂七魄，從此成了活死人，沒有知覺、理智。後來按神靈的吩咐進行招魂，他才恢復正常。（黎國雄，1995：56）

多年前一位退休的英國地方行政官說了這麼個故事……這位地方官回憶起他年輕時，在當時名叫「黃金海岸」現改名「迦納」的非洲國家擔任殖民地行政官的一段經歷。他說，有一回，他派了一群人去修路。有天他親自去巡視進度，卻發現工人全都坐在一旁無所事事，停工的地方插著一個奇怪的標幟。手下告訴他，那個標幟是巫醫插上去的，這表示那個地方有災星惡煞擋路。他跟屬下說，解決這個問題的唯一法子，就是請巫醫作法安撫邪靈。他跟屬下說，這簡直是一派胡言……他一把拔掉標幟，順手扔了，然後命令工人繼續工作。隔天他就發高燒，直燒到華氏一〇三度，什麼方法都治不好。爲了安撫當地人，他送禮給巫醫，跟他握手言和。此後，燒就退了。行政官說：「打那時候起，我只要看到標幟，立刻停步，讓他們先跟鬼神談條件。倒不是因爲我信了他們那套鬼話。」他一飲而盡，作勢再來一杯，接著說：「只不過不想再發他媽的高燒罷了。」（弗羅姆金〔D. Fromkin〕，2000：317-318）

以上都是靈療的「成功」的案例。而不論當事人是否還會遭遇另一波的干擾，都無妨於靈體和靈體的位格對峙張力的續存性；這種續存性所保障的是個別靈體修持的必要性以及流轉互動過程的無礙性；而整體現實界和靈界的交涉也因爲有它的中介而得一再的受到額外的關注。（周慶華，2010：166-168）而這種關注的內部極大化（外部極大化還要到系統的差異上），就是我們還會發現：靈療所以必要，不只是前面所說的靈體有養護不善或遭受外靈侵犯而致遺傷害，它在更深層次還有靈隊的權益考量「從中作梗」，而造成所謂「靈異權力學」的事實。（周慶華，2006：255-285）但不論如何，這在相對上還是要依賴有能耐化解困厄的靈媒來加以排除。

所謂的靈媒，約有道術型的（如道士、法師和僧侶等）、巫術型的（如乩童、尪姨和巫師等）和方術型的（如地理師、風水師、占卜師和算命師等）等幾種對象。（劉還月，1996；鄭志明，1998）但基於果效靈驗要求，還得專門集中在領有神靈授予「執照」的通靈者身上（不論他是那一類型的）；就是這些奉命「執業」的通靈者在從事靈療的工作以及有意無意的拓展了所屬靈隊的勢力範圍。（周慶華，2010：717）如果說現實中人有生理疾病就會去求醫而構成「病人／醫生」的權力關係，那麼寄存在肉體內的靈體有了傷害去求助自然也構成「人／神」的權力關係。當中被選中專爲效勞的靈媒以及可能從中搗蛋的靈體（可能是鬼靈或物靈、甚至是其他的神靈）等，就成了綰結這一權力關係的「助手」或「觸媒」；而在更複雜的層次，所謂的靈擾其實都是爲了形成或鞏固該權力關係的戲碼，一旦儀式化後就可以從此結成大大小小的靈隊。這種靈隊摶塑儀式的顯明化（也就是透過靈媒來紐結人神的關係網絡），不啻是現實中因利益而成群結黨的翻版，彼此會在異時空裡「循環互進」。因此，靈媒所以必要，就是因爲有兩界的權力糾葛作爲「終極的保障」（至於當中所可能存在的「怨隙尋仇」一類較個別化的事件，那就比較微不足道，附帶看待就可以了），它的護教／護法式的色彩永遠透露著大家深處在必須不斷協商折衝才有得安居的情境裡，從而讓靈療一事成爲「跨界顯義」的樣板。（同上，171）換句話說，靈療的對象雖然說是在養護不善或遭受外靈侵犯而致遺傷害的靈體，但這種情況很難僅侷限於單純的個別事件而不上升到複雜的社會事件；以致最後靈療所要達致的效果，也就是試著去「擺平」它而恢復和諧狀態。

靈療的社會背景，就如上所述，它的被需求性原來都關係著權力網絡裡的競爭（這時靈體的可能養護不善，很容易就被外靈侵犯一併加碼而成了跨界全力場域的犧牲品）。因此，接著可以再從哲學的角度來後設思考「到這個地步」的靈療是否還有餘蘊可發掘？倘若說時代的危機和人心的浮動轉爲逼出靈療的公開化，同時也引導我們看見了靈療背後的「集體」性的權力欲求，這是靈療的深層的社會意義所在，那麼它還有可致疑的大概就是因養護不善而反致傷害的後續性靈療究竟要如何歸結的問題。這就得跟在表面上倫常有虧欠（實際上可能是神靈一手在導演）而出現的怨懟仇報「同等看待」；它的傷癰受阻依然可以視爲是靈隊收編成員過程的刺探考驗，在終極點上還是要接到人／神的關係網絡裡去試爲

「生效」或別思「悖逆」。這麼一來，我們將會看到或發現權力欲求的跨界重現的不可避免性以及靈療盛行的跟原爲對治文明病的歧出扞格。前者（指權力欲求的跨界重現的不可避免性），是指權力這種儼然是生活最眞實的形式對他人的影響力或支配力，它一旦在心中醞釀而形成一種欲望，很快地就會外發爲生活場域的強勁的競爭力；而這種競爭力在靈體的無止境的流轉互動過程中也一定是要不斷地跨界重現（甚至更「變本加厲」的循環互進）。至於後者（指靈療盛行的跟原爲對治文明病的歧出扞格），則是起因於靈療隨著爲對治文明病的另類療法興起而公開化後，並沒有回返「轉求自足」，反而在跨界重現權力欲求的當下加劇了文明病的蔓延；而這只要看看社會中靈療盛行而絲毫不減大家「昏茫奔競」的心理就可以會意一二。這樣靈療的應時性就不自覺的走到歧路上去。因此，「中止靈療」就成了不再重蹈覆轍的最高要求。（周慶華，2010：171-172）至於如何維持中止靈療的有效性，那就得容許再別爲計議（詳後）。

三、靈療推進到文化心理的理路實況

所以這樣中斷論述，是爲了再看看在中止靈療前還有什麼課題未了，不妨先將它們解決了，才好「再接著講」。而這總歸是靈療的文化心理問題。也就是說，靈療到底會呈現什麼形態以及各形態間的差異又是什麼緣故，這就無法只從社會背景或哲學觀點來理解，而必須再上溯到文化心理才能加以透視。

文化是人類表現創造力及其成果的總稱，而靈療的跨界實踐也在整體的文化氛圍裡，自然能夠藉由文化的架構予以窺知它所以「這般演出」的原因。而這個架構，以方便統攝材料為準據，無妨採一個已經被規模成形的文化五個次系統區分辦法。這是說在「文化是一個歷史性的生活團體表現他們創造力的歷程和結果的整體」（沈清松，1986：24）的界義底下，可以在分出終極信仰、觀念系統、規範系統、表現系統和行動系統等五個次系統。當中終極信仰，是指一個歷史性的生活團體的成員由於對人生和世界的究竟意義的終極關懷而將自己的生命所投向的最後根基；如希伯來民族和基督教的終極信仰是投向一個有位格的造物主，而漢民族所認定的天、天帝、天神、道、理等等也表現了漢民族的終極信仰。觀念系統，是指一個歷史性的生活團體的成員認識自己和世界的方式，並由此而產生一套認知體系和一套延續並發展他們的認知體系的方法；如神話、傳說以及各種程度的知識和各種哲學思想等都是屬於觀念系統，而科學以作為一種精神方法和研究成果來說也都是屬於觀念系統的構成因素。所謂規範系統，是指一個歷史性的生活團體的成員依據他們的終極信仰和自己對自身及對世界的了解而制定的一套行為規範，並依據這些規範而產生一套行為模式；如倫理、道德和宗教儀軌等等。表現系統，是指一個歷史性的生活團體的成員用一種感性的方式來表現他們的終極信仰、觀念系統和規範系統等，因而產生了各種文學和藝術作品。行動系統，是指一個歷史性的生活團體的成員對於自然和人群所採取的開發和管理的全套辦法；如自然技術（開發自然、控制自然和利用自然等技術）和管理技術（就是社會技術或社會工程，當中包含政治、經濟和社會等三部分：政治涉及權力的構成和分配；經濟涉及生產財和消費財的製造和分配；社會涉及群體的整合、發展和變遷以及社會福利等問題）等。（同上，24-29）

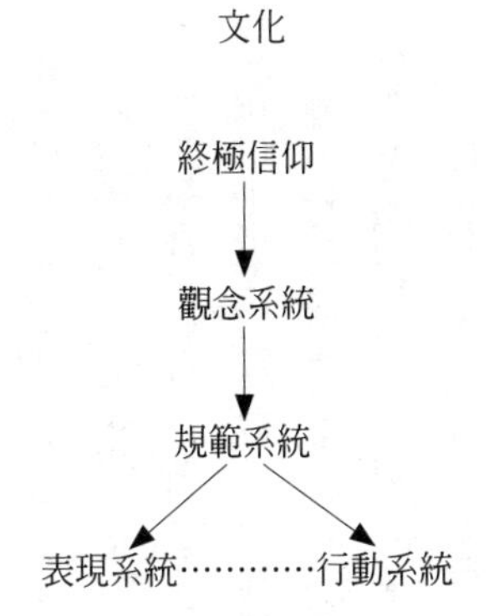

圖8-3-1　文化五個次系統關係圖

縱是如此，上述的界定並不是沒有問題。如五個次系統既分立又有交涉，要將它們並排卻又嫌彼此略存先後順序，總是不十分容易予以定位；又如表現系統所要表達的除了終極信仰、觀念系統和規範系統等等，此外當還有呈現它自身，也就是由巧技安排所形成的一種美感特色，而這都在一個「表現」（將終極信仰、觀念系統和規範系統等現出表面來或表達出來）概念下被抹煞或被擱置了。因此，倘若眞要勉爲理出一個「規制」化的系統來，那麼重新把這五個次系統整編一下，它們彼此就暫且可以形成圖8-3-1這樣的關係圖。（周慶華，2007a：184）

當中終極信仰是最優位的，它塑造了觀念系統，而觀念系統再衍化出了規範系統；至於表現系統和行動系統，則分別上承規範系統、觀念系統和終極信仰等（按：表現系統和行動系統之間並無「誰承誰」的情況；但它們可以互通（所以用虛線來連接），如「政治可以藝術化」而「文學也會受政治、經濟和社會等影響」之類）。這看來就眉目清晰多了；而隨後所要據以爲論述相關的課題，也因爲它「已經就緒」而不難一一取得對應。（周慶華，2007 a：185）此外，緣於各歷史性的生活團體所創發文化內涵的不同，而可以再加以「系統別異」，以觀念系統中的世界觀作爲區別標幟而分出世界現存三大文化系統，包括創造觀型文化、氣化觀型文化和緣起觀型文化等。它們的差異是：在創造觀型文化方面，它的相關知識的建構（及器物的發明），根源於建構者相信宇宙萬物受造於某一主宰（神／上帝）；如一神教教義的構設和古希臘時代的形上學的推演以及近代西方擅長的科學研究等，都是同一範疇。在氣化觀型文化方面，它的相關知識的建構，根源於建構者相信宇宙萬物爲自然氣化而成；如中國傳統儒道義理的構設和衍化（儒家／儒教注重在集體秩序的經營；道家／道教注重在個體生命的安頓，彼此略有「進路」上的差別），正是如此。在緣起觀型文化方面，它的相關知識的建構，根源於建構者相信宇宙萬物爲因緣和合而成（洞悉因緣和合道理而不爲所縛就是佛）；如古印度佛教教義的構設和增飾（如今已傳布至世界五大洲），就是這樣。而這就可以依上述五個次系統分別塡列內涵而標出三大文化系統的特色（詳見圖8-3-2）。

由此也可見，三大文化系統的文化形式爲一而文化實質卻大有差別。這如果還要進一步了解爲什麼西方有所謂的政治民主和科學發達等而非西方則否的問題，那麼就可以這麼說：西方國家，長久以來就混合著古希臘哲學傳統和基督教信仰，這二者都預設（相信）著宇宙萬物受造於一個至高無上的主宰，彼此激盪後難免會讓人（特指西方人）聯想到在塵世創造器物和發明學說以媲美造物主的風采，科學就這樣在該構想被「勉爲實踐」的情況下誕生了（同爲古希伯來宗教後裔的猶太教和伊斯蘭教，在它們所存在的中東地區因爲缺乏古希臘哲學傳統的「相輔相成」，就不及西方那樣成就耀眼）。至於民主政

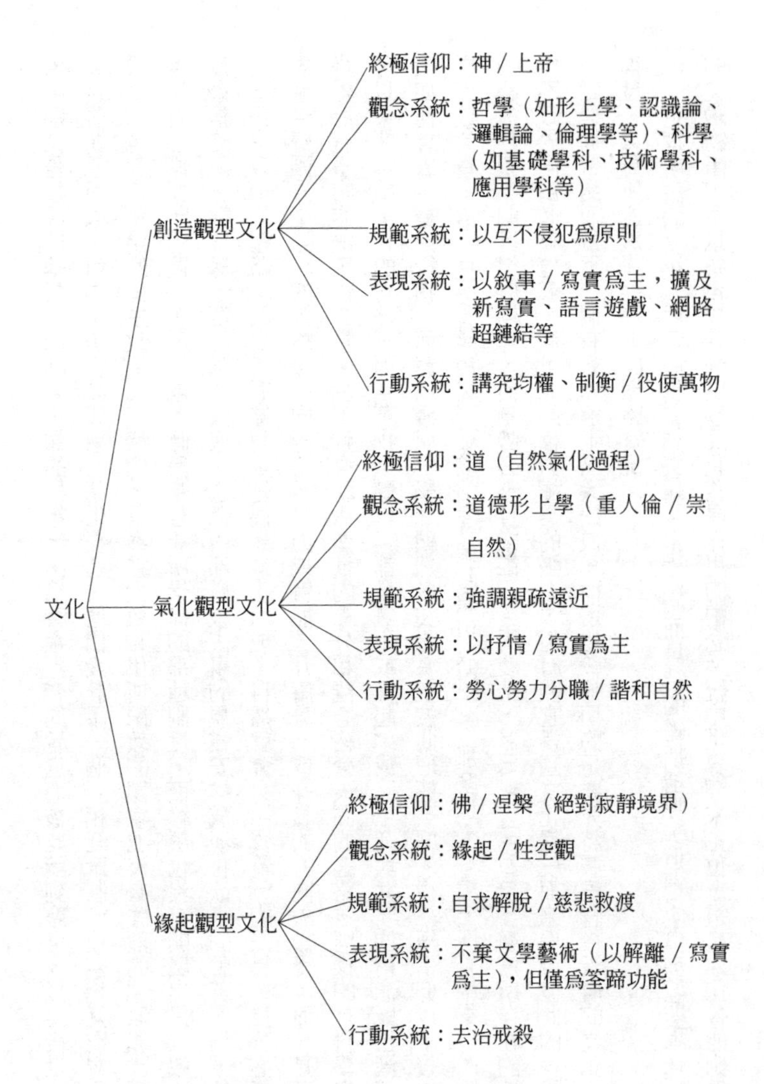

圖8-3-2　三大文化系統特色圖

治，那又是根源於基督徒深信「人類的始祖」因爲背叛上帝的旨意而被貶謫到塵世，以至後世子孫代代背負著罪惡而來；而爲了防止該罪惡的孳生蔓延，他們設計了一個「相互牽制」或「相互監視」的人爲環境，也就是所謂的民主政治（一樣的，信奉猶太教和伊斯蘭教的國家並沒有強烈的「原罪」觀念或根本沒有「原罪」的觀念，所以就不時興基督徒所崇尚的那種制度，而終於也沒有開展出民主政治來）。反觀信守氣化觀或緣起觀的東方國家，它們內部層級人事的規畫安排或淡化欲求的脫苦作爲，都不容易走上民主政治的道路。因爲人既被認定是偶然氣化而成，自然就會有「資質」的差異，接著必須想到得規避「齊頭式平等」的策略以朝向勞心/勞力或賢能/凡庸分治或殊職的方向去籌畫；而一旦正視起因緣對所有事物的決定性力量，就不致會耽戀塵世的福分和費心經營人間的網絡。同樣的，科學發明沒有可以榮耀（媲美）的對象，而「萬物一體」（都是氣化或緣起）或「生死與共」的信念既已深著人心，又如何會去「戡天役物」而窮爲發展科學？顯然各文化系統彼此形態不同，從終極信仰以下幾乎沒有一樣可以共量；這一旦要有所相強（被強迫者倘若想仿效對方，那麼也不過是「邯鄲學步」，終究要以「超前無望」的憾恨收場），前景勢必不會樂觀。（周慶華，2007 a：185-188）靈療所存在的情境，雖然不致於同爲必有這般充滿可能的權力衝突的張力，但有關它得隨文化系統而來看待彼此的差異，卻也不好含糊帶過而留下一個有效理解上的大缺口。而這比較迫切的是要先將靈療背後深層的文化心理予以揭發，以見所能透視推進上的理路實況。

這裡所謂的文化心理，原是包括整體文化內涵而具結的總括稱呼，但爲了有別於顯現在行動系統的經驗物事，所以要再提升到區別文化差異作用的觀念系統中世界觀來定位，這樣才比較能夠看出靈療

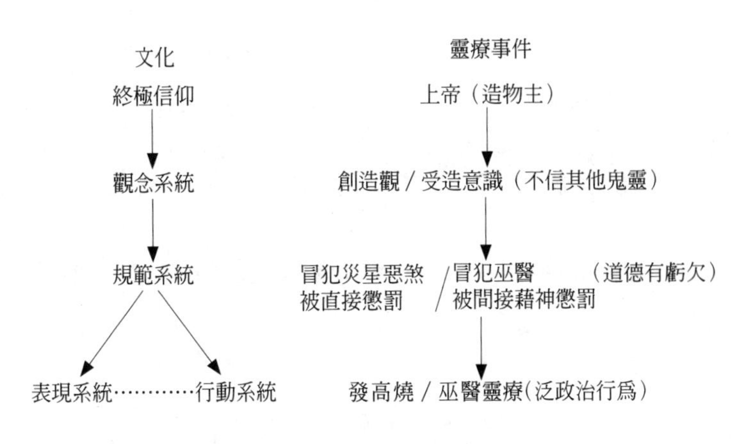

圖8-3-3　發高燒靈療事件圖

的系統別異現象。換句話說，靈療實務的泛政治性是在行動系統位置，它必須再往上（內裡）追溯到觀念系統（終極信仰中已經內在當中，所以不必再上推），方能一舉覷見該靈療的必然性及其跨界特徵。至於前面所提及靈療的集體性的權力欲求，則僅位居規範系統而可以「過渡性」看待。

現在就以前節所舉兩個例子來作印證：首先是那個英國地方官被懲罰而發高燒的現象，它的「接受」靈療的理路在文化情境中可以標示如圖8-3-3。

該英國地方官表面雖然不信其他鬼靈（圖中以虛線連接，表現觀念系統並未下貫到規範系統），僅爲他只信單一神的緣故；但他停止冒犯實質上已經等同信其他鬼靈了，所以靈療仍然有效。而這在氣化觀型文化這種泛靈信仰中（按：緣起觀型文化也肯定泛靈，只因爲它以逆緣起解脫爲終極歸趨，不務此「凡俗」事，所以此地不舉爲證說），就不太可能發生，因爲此中人幾乎不會這麼「莽撞」行事。其次是戴進興無意中代他鬼受過而遭神懲罰的現象，他的聽從指示靈療的理路在文化情境中也可以標示如圖8-3-4。

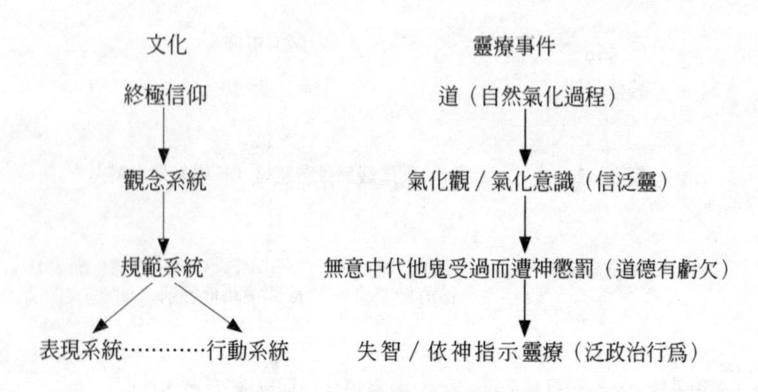

圖8-3-4　失智靈療事件圖

這是信泛靈的必然結果（冒犯和靈療都以信泛靈爲前提）。反觀創造觀型文化中人只信單一神，自然就不會相信有他靈從中「播弄」而必須靠靈療來化解危機（在他們的文獻裡實際上也未見這類被雷殛而進行靈療的案例）。依此類推，所有異系統中的靈療事件，都可比照上述方式而探得它們背後最深層次的文化心理。至於這裡面所蘊涵的「爲什麼有這種跨域難題」一理，那就得再出一節予以細緻的說明。

四、相關跨域難題的形成

前面提到三大文化系統不可共量的事，其實已經在點明靈療的跨界特徵一定會延效到跨域中，而可以成爲一個比較靈療的課題。這是從「靈療推進到文化心理的理路實況」分衍出來的，它在相關靈療的文化心理裡未及細講的部分，都必須在此一起給予結穴，而讓靈療的非「一個模樣」性得以確立。

倘若以前面的論說爲準的，那麼靈療在各文化五個次系統中都位在行動系統該一最低層級，它們的進行方式會有某種相似度（也就是都要跟外靈接觸，並且經由必要的協商程序而達致預期的療效）；但繼續往深一點的地方看，卻又會發現在大多時候並不是「這麼一回事」。也就是說，彼此的靈療策略相距甚遠，幾乎快要到了實質性的不可互通地步。就以底下這段敘述爲例：

> 許多來電者都是童年曾經受虐的成人，而那些已故的施虐者想要有所彌補。在這些通靈諮商中，我會協助客戶和施虐的父親、叔叔、兄弟或是祖父對話。如果我的客戶願意寬恕她的施虐者，祂們的靈體就會離開，由天使或是「另一邊」已進化的摯愛親友陪伴離開。靈體離開時，我的客戶會有劇烈的身體感受，彷彿身體四周是眞空的，並伴隨強烈的舒緩感覺。通常她會發現死去施虐者的離開，可以減輕沮喪、焦慮、失眠和過食之類的強迫症狀。（芙秋，2007：210）

這跟中土社會所見的靈療都是在協商索討者（不論是爲索命還是爲索情或是爲索債）原諒的情況大異其趣。換句話說，中土的靈療都是在化解外靈執意於對當事人的索討（紫衣，2007；江敬嘉，2008；沈嶸/米蘭達，2009）；而西方的靈療則是呈相反狀態，旨在化解當事人對外靈的不寬恕（布朗〔S. Browne〕等，2005；拉菲爾〔M. Raphael〕，2006；芙秋，2007）彼此的靈療形式爲一而靈療的內質則南轅北轍。這種差異現象一樣可以放在文化五個次系統的架構來理解（詳見圖8-4-1）。

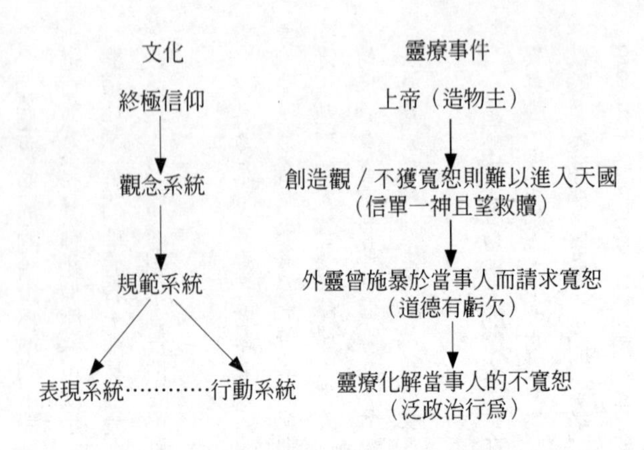

圖8-4-1　化解當事人不寬恕的靈療事件圖

這是西方的情況：外靈干擾人是爲了尋求人的寬恕，終極目的無非是擔心無法見容於靈界（得不到上帝的救贖），顯然這完全來自單一神的信仰。而同樣的，靈療也是要從反向去告訴當事人「不原諒他人、上帝或自己，是最常見的身體疾病的根源」。（芙秋，2007：347）因此，靈療的禱文也就盡在這個關節著力：「聖靈，（客戶名）正經驗到痛苦，他需要祢的幫助來療癒帶來痛苦的想法。我們知道痛苦是不眞實的，因爲上帝不曾創造痛苦，所以我們一定是選擇了不眞實的思想。我們想經驗平靜而不是痛苦。請現在進入我們的心裡，並幫助我們用另一種方式來看待這個情況。請修正我們所有的思想好讓它們跟上帝的眞理調諧一致。我們請求我們錯誤思想的所有影響，在時間裡被每位相關者遺忘。」（同上，354-355）而這又緣於他們普遍研判寬恕是神性，也是人所能自我昇華的唯一歸宿。所謂「當你把對別人的寬恕交到上帝手中時，必須了解這不是求祂代你復仇，上帝不會報仇，你所獲得的是平靜，在靈

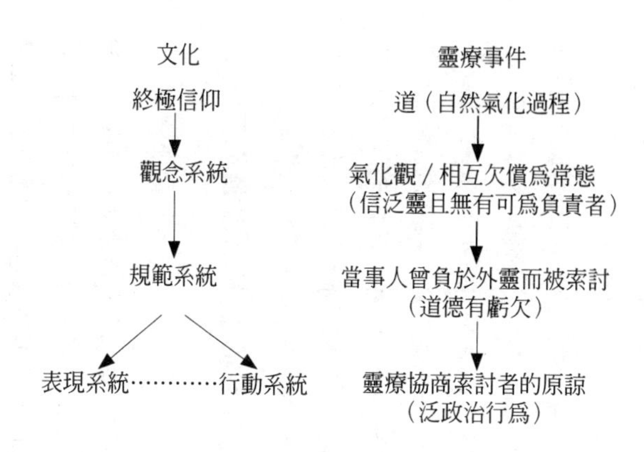

圖8-4-2　協商索討者原諒的靈療事件圖

魂深處的平靜，一切只有祂才能給予」（布朗等，2005：127），就是在說這個道理。而這在中土，則因爲受氣化觀的制約而走的是另一條路（詳見圖8-4-2）。

在創造觀型文化中因爲有上帝作爲「最後的仲裁者」，所以一切都會去設想祂所准許和不准許的事（即使有不信上帝的人，在西方社會中也會受感染而比照或擬似行動）；但在氣化觀型文化中，則只有人和外靈的關係（人和外靈都是精氣，位階相同，差別只在有的有肉體而有的沒有肉體），沒有額外可以對它負責的對象，所以一切就只見人和外靈的糾葛。而這也馴至氣化觀型文化中人相互欠償且可能任其惡性循環的難以避免性（佔便宜的可以無所愧悔；而吃虧的不甘願就會索討到底），終究不同於創造觀型文化中人在必須面對上帝時的「自制」察覺。

由此可見，靈療在跨域後，它的不可通約性立即顯現，而我們也無從得知是否有不同文化系統中人相互求助於對方的靈媒而還能得到有效的靈療（也許還沒有成功的案例）。這當中的關鍵就在上帝信仰的有無以及整體文化氛圍所影響他們的認知；凡是參不透這個層次的人，看靈療就會被它們表面的炫異現象所迷惑！因此，所謂「相關跨域難題的形成」，也就基於終極信仰及其形塑的世界觀的互不相容而底定，任何人都難以奢望它們彼此跨域「顯能」。此外，如果還有其他變數（如跨文化學習而可以游走承效於兩邊之類），那麼它已經不關緊要（僅是少數能夠）而可以暫且存而不論。

五、化解靈療系統差異的方案

探討靈療到跨域難題的形成，無異在預告「化解差異」的善後方案（不然只告訴讀者差異現象，意義不大）；但這種方案於理上又幾乎不可能存在，以至要化解靈療的跨域難題就得「別作思維」。我們知道，從世界現存的三大文化系統來看，它們各自將終極信仰下貫到其他次系統，所知彼此並沒有可以迴旋融通的餘地（詳見圖8-3-2）。雖然它們最早是怎麼出現的已經渺不可知，但一旦各自確立了終極信仰及其世界觀、倫理道德規範、美感形態和管理開發模式等系統性後，就再也很難轉移或另尋增補，以至影響到靈療的必然的攜異判分。而這卻要在論說快告一個段落前，爲它亟思可能的化解方案，豈不很弔詭？但又不然！我們還是可以有一些權宜的作法。

首先，中西方的靈療，一個是在解決當事人正欠外靈而別爲協商更高的神靈給予外靈某些權益承諾；一個是在解決外靈反欠當事人而直接協商當事人放棄執念寬恕對方，這明顯是無法互換的。但我們卻可以進行諭示：在中土給鬼靈承諾／不虧欠周遭人（免得遺害延到另一世）；而在西方則生前就寬恕／不給施暴機會（修養自己，諒對方也會對你無可奈何）。這樣就等於爲靈療廣開了一個「進階」取鏡的途徑，而疏通到了中西方靈療的必要「雙雙稱盛」點。換句話說，經過這一差異的反思而能夠深爲相互借鏡，至少也化解了一部分跨域不能「知曉對方」的問題，從而在往後可能「協同出擊」的時刻發揮作用。

其次，西方從早期的獵殺靈媒（巴斯托〔A. L. Barstow〕，1996；薩爾曼〔J. M. Sallmann〕，2004；凱特琳等，2006），到晚期的靈學研究倏興（孟羅〔R. A. Monroe〕，1993；希爾曼〔J. Hillman〕，1998；紐通〔M. Newton〕，2003；舍明那拉〔原名未詳〕，2003；望茲等，2005；史威登堡研究會，2010），始終都跟一神信仰有關。也就是說，獵殺靈媒只是忌諱他們會跟撒旦同謀而抵銷了對上帝崇拜的專一性，根本跟他們被訛傳會「呼風喚雨，淹沒農作物；召喚雷電，摧毀房屋樹木；降下冰雹，打落青麥和葡萄。在他們的詛咒下，牲畜不會產仔，男人不會勃起，女人不會懷孕，不明原因的災難接踵而起。他們把人骨磨成粉，做成毒蠱放在井裡害人，在牆裡和門把塗上散布瘟疫的油脂」（薩爾曼，2004：54）沒有必然關係。而這在中土泛靈信仰的環境中從來不會發生這麼慘絕人寰的事（靈媒在中國古代還有正式的官職），兩相對照，中土所接著肯定靈療的功用必然會超過西方，而它正好可以提供西方靈療一個對比系以爲尊重此方靈療的專業性和靈驗性。這麼一來，對於靈療系統差異的「知解距離」的縮短也不無幫助。

再次，西方有一種類似靈療或間接靈療的催眠術（魏斯，1992；紐通，2003），它的成功率可以看成是建立在無意間接到神靈提供協助，讓被催眠者發現他的前世經歷而解除現世的一些躁鬱或病痛症狀。這也是形同前面所述西式靈療奉勸當事人寬恕外靈的作法（只不過他是轉由當事人自己發覺「前因後果」而放下累世的執念），基本上不太適用於中土社會（國內有人引進催眠術（陳勝英，2006），但比起像魏斯《前世今生：生命輪迴的前世療法》的記載來看卻頗爲簡略，恐有作假嫌疑）。依此也可見，實際有人正在從事跨域靈療而卻未能「一舉見效」，顯然靈療系統差異的問題還沒有得著有效的化解；但這卻可以引導大家更看清楚事實的眞相，而進一步想到雙方新被範限的相通點都得「延續到靈界」。也就是說，如前面所述，中土給鬼靈承諾／不虧欠周遭人，西方生前就寬恕／不給施暴機會，而這可以在觀念上加碼互轉使前者「間接不給施暴機會」而後者「間接不虧欠周遭人」的諭示，讓大家生生世世不必輾轉再誤觸坎陷，而致使索討和寬恕等擾人事件不斷！由於這是從催眠中所得到的靈感，以至可看成靈療系統差異的類化解。

就整體來說，化解靈療系統差異的方案，主要是爲了確立靈療的非一個模樣性。它固然有點「以不化解爲化解」的詭論意味，但事實上當靈療的非一個模樣成爲最新的認知對象後，接下來彼此的勉爲「自我調適」一定也會跟著發生。因此，以不化解爲化解，其實也就是化解了；雙方如果有意要合作來「出奇致勝」，這爲索討和寬恕等靈療系統差異現象所找到的平衡點，就可以提供最實際有用的資源。而再轉進一層，靈療本身因爲無助於文明病的救治，勢必要退出權力場域（才算明智），以爲呼應前面所說「中止靈療」的倡議，所以最後「靈療的目的是爲了終止靈療」這一可以高懸的標的（周慶華，2010：172-173），也就能夠幽然浮現，而爲整個靈療體系劃下「不宜再持續」的句點。至於有關它的有效性，則由大家深爲知道靈療不能再行依賴（必須靠自己的修爲來改善處境）而獲得最終的保證。

第九章　給靈病把脈：

靈療面面觀

一、從靈異到靈療

靈異是可觀察的，靈病是隱藏的，但每當有靈異出現，大概就會有靈病發生；而有靈病，就需要靈療，所以談靈療就不得不從靈異說起。這當中的理路還蘊涵有靈療本身得反向回應靈異的發生，才能給當事人「一個提示」而有助於靈療的進行。因此，靈異和靈療就幾乎是正反向因果兼具的關係項，它們共同「營造」了一個神祕療方的場景。

由於靈異在正向因果關係裡具決定性的力量，以及相關靈病結果的歸結也得對靈異給出因應，以至先將靈異帶出來討論也就有邏輯上的必要性。我們知道，靈異向來都被當成「神怪」（臺灣商務印書館編審委員會編，1978：2285）或「靈妙不可思議的事」（丁福保編，1992：2978）；而它在發作時，是由非肉體式的實體「靈」和它所顯現的超常行爲「異」所一體共構的。（周慶華，2006：1-2）前者（指非肉體式的實體「靈」），約略有神靈、鬼靈和精靈（如山魅、水怪、樹妖、石祟、蛇精和狐仙等）等；而後者（指靈所顯現的超常行爲「異」），是特就人「見怪而怪」而說的（其他的靈也許無意爲怪），它只針對衆靈超出「平常」範圍而被人感覺到的來作限定，此外就不保證它的靈界的同一認可性。（同上，9-10）就因爲這靈異的可變動性（「異」隱含的必然變化），干擾到人的正常營生，導致人體內的靈出現被侵犯的病徵，而開啓需要其他有能力化解的靈媒直接介入予以診治的靈療紀元。因爲那靈病是刻意要讓它成形的，所以靈異在理據上就成了「必要手段」；它展露時被察覺的怪異現象，是一個類似現實的權力機制所發用的，因此它永遠都具有社會心理學所說的「刺激→反應」（杜加斯〔K.

Deaux〕等，1990：14-15）性徵。而這個性徵，也帶出了那個會被捉弄的「靈」的異質色彩，必須好好的了解它。

這是說靈療的根本在於「靈」會遭受挫折，以至試爲掌握靈的形製及其能耐，也就變成「當務之急」。對於這一部分，一般科學經常要「越俎代庖」而有所說詞，但都僅及靈體的物質性。如有的說靈體是「神經位元的作用」；有的說靈體是「眞空能量的虛擬震盪作用」；有的說靈體是「不起延續作用的可能的原質」。（祖卡夫〔G. Zukav〕，1996；沃爾夫〔F. A. Wolf〕，1999；克里克〔F. Crick〕，2000）這除了不易安插靈體的精神性，而且還不承認靈體有「形體」（一般科學只承認人的意識這一總括精神性的表現爲「物質的作用」）。這樣一來，所有外靈的警示以及內靈離開肉體後的種種自主現象等都會被抹煞掉。因此，有必要回返長久以來宗教所提供的一些資訊，認眞的將它們納進來「妥爲安置」。（周慶華，2006：162）換句話說，靈作爲一種實體（以下直接稱靈體），具有獨立性；而這已經有各宗教在爲它作定位，無妨就據以爲論說。

首先，依創造觀型文化傳統中的宗教所示，靈體是神／上帝所創造的。它在比較具體的說法是神造了肉體後所賦予的：「神用地上的塵土造人，將生氣吹在他鼻孔裡，他就成了有靈的活人，名叫亞當。」（香港聖經公會，1996：2）這樣靈體就是「生氣」了；但後人在重新理解設想上卻喜歡用「稀薄細微的物體」或「精神性實體」或「內在宇宙」或「較高的自我」一類高度抽象的詞語來指稱。（柯西諾〔P. Cousineau〕主編，1998；麥克勞林〔C. Mclaughlin〕等，1998；呂大吉主編，1993）然而，不論是生氣還是其他指稱，都要接著肯定它有思感等能力才能「成就」所謂的靈體；而這在該宗教中同樣可以把它歸功於神的能耐的分衍賜予，從此靈體就是具備部分神性的存在體。

其次，依緣起觀型文化傳統中的宗教所示，靈體是因緣和合而成的。它以神／識（按：神和識在漢譯佛典裡是互釋詞）的形態存在：「神也者，圓應無主，妙盡無名，感物而動，假數而行。感物而非物，故物化而不滅；假數而非數，故數盡而不窮。有情則可以物感，有識則可以數求。數有精神，故其性各異；智有明暗，故其照不同。推此而論，則知化以情感，神以化傳。情爲化之母，神爲情之根。情有會物之道，神有冥移之功。但悟徹者反本，惑理者逐物耳。」（慧遠，1974：31下）而這種神／識，則一樣受緣起法的制約。所謂「若法因緣生，法亦因緣滅。是生滅因緣，佛大沙門說」（施護譯，1974：768中）、「此有故彼有，此起故彼起……此無故彼無，此滅故彼滅」（求那跋陀羅譯，1974：92下）等等，所說的萬法緣聚緣滅情況，都包含著神／識這個對象。這把靈體無限的推衍而不預設第一因，甚爲費解；而靈體所具有的思感等能力也還有舊習／新薰何以可能以及染／淨如何同體或擘分等複雜難了的課題未曾解決。（周慶華，2004a）雖然如此，該靈體仍然內具在同爲因緣和合的肉體中而不實質反起緣起作用，它的相對獨立存在性也得到了理論的保障。

再次，依氣化觀型文化傳統中的宗教所示，靈體是流布於天地間的精氣。天地間有陰陽二氣（它是從混沌中判分而出現的）；而陰陽二氣又有駁雜的部分（就是一般的氣）和精純的部分。當中精純的部分，就是所謂的神靈（陽精爲神，陰精爲靈）：「陽之精氣曰神，陰之精氣曰靈。神靈者，品物之本也。」（戴德，1988：508-509）這神靈交感（陽精和陰精遇合），則可以化生萬物：「二氣感應以相與……天地感而萬物化生。」（孔穎達，1982a：82）而人的肉體自然也在這一化生的範疇裡：

「凡人物者，陰陽之化也」（高誘，1978a：260）、「天地合氣，命之曰人」（白雲觀常春眞人編纂，1995a：720）、「氣凝爲人」（王充，1978：202）。在人肉體內的陰陽精氣，又被稱爲魂魄：「魂，人之陽精也。陽精爲魂，陰精爲魄。」（高誘，1978b：70）人死後，魂魄消散，又恢復爲神靈。不過，魂氣固然還原爲「神」，魄氣卻又多出一個「鬼」名：「體魄下降於地爲鬼」（戴德，1988：509）、「存亡既異，別爲作名，改生之魂曰神，改生之魄曰鬼」。（孔穎達，1982b：764）而這魄氣只能歸地（而不像魂氣可以升天），從此跟魂氣分異。這把肉體視爲靈體的孳生，頗不同於前兩類的說法。只是它的細碎化（如分神／靈、魂／魄之類）以及相關的化生說等，依舊難以想像。縱是如此，靈體在這裡也同樣獨立自存，不跟唯物論相混淆。

以上這些靈體說，用來指涉實際對象都有一定的效度；但彼此所用詞的差異卻會妨礙旁人重爲對靈體的描述。如果要作點選擇，那麼「精氣」說是可以考慮的。也就是說，「生氣」一系不是嫌準度不夠就是嫌抽象難解；而「神／識」一系也嫌過度萃取（只就靈體的能耐立說而已）；只有「精氣」一系把靈體的形質一併有效的道出了（精氣一詞將靈體的「實體」及其「能力」都說脫含蘊了）。（周慶華，2006：162-164）而確立精氣就是靈體後，所謂的靈病和靈療的可能性，也就在這一精氣的消長曳引中。

二、誰需要靈療

換個角度看，由於靈體的形質是精氣，所以它也有重量：「美國的唐加爾博士，在一家醫院裡做了一項特殊的實驗：他將一名即將嚥氣的肺病患者移放到一架很大但非常靈敏的光束天秤上，經過了三小時四十分，病患的面部表情遽然消失，一刹那間光束發生了偏移，有二十一．二六克的重量失去了。這一發現令他興奮不已，在以後的兩年半裡，他又對五名臨危病患進行了驗證，這些病患在死去的一瞬間失去十．六至四十二．五克的重量。這似乎說明，除了靈魂離開了人身，沒有其他的解釋。」（方迪遜，2005：77）這種輕微的重量（各靈體彼此之間還會有體形量度上的差異），再配上靈體的氣動性質，使得靈體可以有飛昇、快速運動和縮脹（脹的部分是指收縮後可以再恢復原形）等肉體所不及的本事。但這要說到它還有論者順著（氣化觀型文化傳統中的宗教所示的）魂魄分合觀而說人有三魂七魄，死後七魄（尸狗、伏矢、雀陰、呑賊、飛毒、除穢、臭肺）歸地、三魂（爽靈、胎光、幽精）一受祀一投胎一守護（守護投胎的靈體）（葛洪，1978；白雲觀長春眞人編纂，1995c；馬昌儀，1999），則太過離奇而難以置信。靈體可能會因爲自力或他力破壞而傷殘，卻無法想像它還可以分化。這不妨藉底下三個「互通」的例子來說明：

我發現自己來到了離我的寓所二十里路遠的一座公園裡。小時候我常到這個公園來玩。我感到無比的興奮，身上充滿著源源不絕的能量……刹那間，我想起來我的身體還在二十里處外。

剛剛我正在試圖練習靈魂出體，而我眞的辦到了。我已經脫離了軀體，我興奮得不可自持……二話不說，我抬高雙手像火箭一樣地飛將起來。以前我曾經多次作過飛翔的夢，但這次的感覺不一樣；這絕對不只是我的想像而已。我正在飛著、轉彎、翻騰，從「巷塘公園」的樹梢上呼嘯而過；我的正常意識完全存在，此刻正體會著這次嶄新的經歷……我覺得該回去了，於是閉上眼睛，往後一靠，對自己說：「回到布朗克區，回到布朗克區。」我感到一股風馳電掣般的速度，並發現自己已經回到了我的身體裡……過了一兩分鐘，一切才回復正常，我終於安全的回來了。（史塔克〔R. Stack〕，2004：4-6）

月印養有一條狗，十多年了，頗有靈性。每當月印誦經時，一敲木魚，這條狗必定搖著尾巴前來聽經……後來這條狗忽然不知染上什麼癩病，皮毛脫落而且身有臭氣；但依然每日前來聽經如故。有一天，月印突然告訴他的徒弟說：「這老狗染病頗令人討厭，你們把牠拉出去殺了！」徒弟聽了都驚訝萬分，莫知其意；但因月印平素莊嚴持重，弟子都不敢違逆，只好將狗叫出。但又不忍心殺牠，只得暫時將牠拘禁，不使前往聽經……過了三天，這隻老狗乘隙又偷跑出來聽經。月印看到不禁大驚失色，對他的徒弟說：「你們沒有殺掉這條狗，可能因此壞事了！」於是趕緊命令他的徒弟趕到某村某姓人家去探問。果然發現有一大腹便便的孕婦，生了三天還生不出來，生命垂危，連醫生也束手無策。月印得知後，告訴他的徒弟說：「你們不忍心殺狗，難到忍心殺這婦人嗎？這條狗不死，婦人腹中胎兒就無法出生！」因此，命令徒弟殺掉這條狗後，立刻再去某家探詢，果然那位婦人已經生下一個男孩了。月印跟他的徒弟說：「這條狗因爲聽經得善果的緣故，將託生爲某家的孩子，以後會有小祿位；我可能看不到，你們或許可以作個見證。」……等這個孩子長大後，果然做了小官，家中也頗有積蓄；到了晚年，就常常寄宿在廟中，並大力出資整修老舊傾圮的寺廟和供養廟中的和尚，後來活到七十餘歲才離世。（蔡文華，1995：96-98）

曾問三山九侯先生：「老師，爲什麼佛祖的金身有如此多？是不是全省各寺院的佛祖是同一個佛祖，但又如何保佑全世界的眾生？靈山寺的佛祖和祥雲寺的佛祖有什麼不同？」三山九侯先生對我說：「蓮生，這當中的奧秘，我若說出來，你就明白了；若我不說，眾生永不明白，只知其性理，不知其實理。佛祖靈光永駐世間，這永駐世間乃是佛子行如來聖事，此人就是佛陀再世一般。今天全省各地的寺院，佛祖可說是一個佛祖，因其佛性一也；但也可說不同一個靈身，因其靈個個有差別也。」「這如何說？」我甚奇怪。「佛祖法身永駐佛國，其神通不可思議，眾生佛性都由佛出。今天佛祖靈光見眾生有善根緣者，在世行八正道、修十善、證涅槃樂、直超佛國，佛祖親自迎迓，親自教導諸佛子；而後領其佛靈從空中而降凡間，駐寺院，受人類萬代香火的供養。一一佛靈從人而來，一一佛性同也；而一一佛靈則各個有差別了。如此你明白了嗎？」「這眞是太不可思議，我終於明白了。」（盧勝彥，2004a：52-53）

第一個例子中的出體經驗，印證了靈體的飛昇和快速運動等本事；第二個例子中的入胎轉世情況（即使該轉世主體是物靈），印證了靈體的收縮本事（隨著肉體的成長，靈體再恢復原形）；第三個例子中的靈界存在體自道「假分身」說，印證了靈體的無從分化性。所有靈體的「變化」本事大抵如此，這只要稍作調整就可以據以爲說。（周慶華，2006：164-168）而順著這個理路，一些由人死去而靈體回復爲精氣的，祂們要像底下這樣被定位也是情有可原的：

> 蘿絲瑪莉開始對我身旁的珍珠奶奶，還有麥可身邊的已故父親說話。我開心地看著工作中的蘿絲瑪莉，並且發現她和靈體溝通的風格和我雷同。然而，當我問她「靈體」的事情時，她嚴厲地糾正了我的用字。「你稱他們爲『靈體』，」她說，「可是我們稱他們爲『人』。」她當然是正確的。一個人儘管卸下了肉體軀殼，他的靈魂也仍舊是人性的，而「靈體」這個字眼暗示他們不如人類。（芙秋，2007：207-208）

祂們仍然是「人」，只是少個肉體而已，其餘都跟人活著時一樣思感等。這顯示靈體的精氣形質及其自主性，已經無法再由一般科學來獨霸論述；它得完全反向認定靈肉分離，而同意靈體自顯且有獨立運作的能力。

在上述這個前提下，我們才能夠進一步問靈體的獨立運作出了狀況不順而「生病」時那靈療的時機以及「誰需要靈療」等一系列相關的問題。換句話說，靈療是建立在獨立靈體會受挫的基礎上，而「誰需要靈療」的發問則是深入去挖掘靈病「爲什麼是在你而不是在他」的課題。這有邏輯的一貫性，也有論述本身求精密「自我管控」得宜的優先要求性。總歸一句，是要讓靈病「全然曝光」而得以找出有效的對治策略。

因爲靈療和靈異處在一種相互辯證的情境中（如前所述），所以靈病這一中間變項的發生也就有可以跨向兩端的能動性。這種能動性，一方面顯現了靈病的冀求治療；一方面則隱含著靈病在人的特定選擇。而正是這一「特定選擇」，使得「誰需要靈療」的問題浮現而開始尋找它的對象。如果從靈體的獨立存在性角度來看，那些已經在靈體的世界而卻不相信有「靈現異象」或「感靈駭異」或「神靈怪異」該一靈異經驗（周慶華，2006：2）的人，那他就患了一種「無知」的靈病而有需要接受治療。且看有人無腦或無頭還可以活著的例子：

在美國佛吉尼亞州，有一位名叫安德普的男孩，他從生下來起就沒有大腦……這個孩子如今已安然地生存了五年，而且當他看電視節目時還會發出咯咯的笑聲……而在一九八〇年，精神病學家洛博教授也在塞非爾德大學發現了一個沒有大腦的學生……但他的行爲卻跟普通人沒有兩樣，而且他還特別精通數學，曾得過數學競賽優勝獎……在六世達賴喇嘛倉央嘉措的秘傳中，就記載了這麼一件他親身經歷的見聞：「……有一天到一戶人家裡歇腳，在他家中我看到了一個無頭人。向他家人打聽原因，他們告訴我說，此人原先就患有頸項病，後來頭就斷掉了。這種情況已持續了三年，現在他依然活著……不大一會兒，就見他開始用手捶打胸前，我便問他的家人他要幹什麼。有一人回答說此人餓了，要吃東西。這個無頭人儘管已沒有了頭顱，但他脖子上還留有兩根管道，家人就將用瓶子盛裝的糌粑湯順著管道倒下去……」（慈誠羅珠堪布，2007：

20-22）

無腦或無頭依然可以視聽食息，顯然那是靈體尚存（靈體就跟肉體一樣規模，有頭、軀體、四肢和五官等，只是它是精氣形態而非肉體）；倘若靈體被帶離肉體而不返，該肉體就會死亡。這樣那些篤信人的精神純爲「物質的作用」的唯物論者，他的無知病就很需要療癒，才能正常的參與這個世界的運作。此外，過度相信靈病可以根治的人，基本上也是被牽制而同樣需要更多的智慧予以救渡。好比底下這個例子所示的：

> 靈療就是所謂通靈的人借重神佛的指示或幫助，以一種玄秘的力量替人治療病體……在我的學生中，很多人患了千奇百怪的病，找遍中西醫都無法治癒，結果因練靈而把一切病苦解除……幾乎每位受邪魔攻擊者，我都能予以治療。同時我的靈力也因先天師父的教導而更上一層樓。
>
> （鍾易遠／嚴中成，2001：127-131）

這身爲靈療者卻沒有自己的研判能力，只一逕相信神佛可以在這中間「擺平一切」，顯然他有一種單因果的迷思，而不知道人際／神鬼際等關係網絡的複雜性。因爲這是通於靈界的愚行表現，所以也算是靈病而有待別爲治療（如自我悟及悔改或由更高明的神靈給予啓導更向）。除了上述這光譜兩端的情況亟須納進來應數，還有中間地帶最常見的靈體受挫（包括靈體自我養護不善或遭外靈侵犯）所顯現的靈病待治現象。這一般都比照生理病而期待靈療奏效（拉菲爾〔M. Ra-phael〕，2006；芙秋，2007；史威登堡研究會，2010；蔡果億，2007；蔡君如/許汝紘，2008；施寄青，2009），其實這種「依賴」觀也跟上面所說靈媒過度相信神佛萬能一樣的患了闇昧症，它所需要被靈療的地方並不缺少。可見不論是否定靈異還是太過信賴神佛或凡事希冀靈媒排解，都成了需要靈療的對象。

三、靈療的前提及其問題

雖然如此，要改造唯物論者腦海中的觀念或警示唯神佛能耐是從的人，可能都得曠日費時而不見得有絲毫效果。因此，談靈療就難以把它們焦點化；更何況還有一種已經在從事靈療工作卻又視靈療為假相的說法呢！如「靈療這個詞事實上是個矛盾修飾法，因為從靈性層面來癒療，你首先必須知道，沒有任何東西是需要療癒的。療癒並不是為客戶增加任何東西，反倒是幫客戶除去那些引發病痛或受傷經驗的信念」（芙秋，2007：335-336），像這種輾轉相信只要當事人願意原諒來騷擾的外靈而已身靈體受挫就會自動解除所「如此堅信有效」的例子，我們要如何告訴他「你仍不改執迷（對所片面信守事）也得接受靈療」？這麼一來，靈療一事可以深談的，就只剩靈體實際遭遇挫折這一部分。

靈體實際遭遇挫折而需求於靈療，這最基本的前提固然緣於靈體是一個完整的個體（先能思感等，接著才會有挫折感覺）而無法絕對自我保護使然，但會造成這種「無法絕對自我保護」的情況卻還在於靈體本身的相對脆弱性及其思感所及的不能不跟他靈有衝突而反受牽累。因此，靈療的介入，只是為縱橫捭闔這一切的「干擾源」和提示「養護」的途徑罷了，它會相對有效，但無法絕對冀望。

正因爲靈體本身有它的相對脆弱性，所以才會造成接續的跟他靈衝突而反受牽累的後果（也就是說，如果靈體本身不相對脆弱，那麼他靈就傷不了，所以關鍵還在它的相對脆弱性）。以至提住「相對脆弱性」一點，也就至關重要。而這首先要解決的是靈體何以如此具相對脆弱性的問題。以現存三大文化傳統中的宗教所提供的解答來說，似乎都還是難見成效的「事後之見」。因爲實際上所謂的創造、緣起和氣化等推測，所要保障的不是肉體和靈體的存在問題，而是自我對肉體及靈體的管控問題。也就是說，各文化傳統中的宗教分別以創造觀、緣起觀和氣化觀等來操縱肉體及靈體的生發演變故事；它們不但擁有了解釋權，而且還得到了信仰者的擁護，從而自成一個龐大的神聖兼世俗的論說體系。因此，我們所找出的反證（以資證明那些說詞有所缺漏），嚴格的說也無法進一步用來指摘什麼；而所謂的補救，也不過是「別樹一格」罷了。這種別樹一格的情況，其實早就有了。比如有人用進化論來反轉大家有關「差異」存有物形成的觀念（道金斯，1997；馬吉利斯〔L. Margulis〕等，1998；泰特薩〔I. Tattersall〕，1999）以及用外星人的「傑作」來推衍存有物的空間感（丹尼肯〔E. V. Däniken〕，1974；巴克萊〔D. Barclay〕，1997）等等，都是同一個理路。但它們也只是「別樹一格」而已，並沒有眞正解決原來的問題（畢竟它們還是會遇到「原始的存有物如何可能」以及「外星人又是怎麼來的」等相對的質疑）。如果還有「拚思」的餘地，那麼我們也可以採用一些科普書的「大爆炸」說（伯金斯〔D. Perkins〕，2001；霍金〔S. Hawking〕編，2005）來臆想當初存有物從混沌中爆炸「散化成形」的情況。但這也只能間接幫各文化傳統中的宗教所信守的創造觀、緣起觀和氣化觀等再往前推到「不定創造」、「不定緣起」和「不定氣化」等境地，而無法就此「定為一尊」。換句話說，我們只要為各文化傳統中的宗教所信守的創造觀、緣起觀和氣化觀等補充說明那些創造、緣起、氣化等的不確定性，它們依然可以「成說」（而毋須再另立一說來取代它們），因為別的說法也得這樣自我往前推而「無所止境」。（周慶華，2006：195-197）這樣有關靈療的前提就只能建立在實際的靈體所難以改變的形質本身的非完美性，而無從再推求它的根本緣由。

其次要解決的是靈體所具相對脆弱性本身還有質差的問題。這沿著上述的系統別異說，可知倘若各文化傳統中的宗教只能以不確定創造、緣起和氣化等來為存有物的存有作保證，那麼它們也無法繼續以原有的觀念來解釋肉體和靈體的品質差異問題。也就是說，肉體和靈體的品質所以會有差異，那是不確定創造、緣起和氣化等的結果；而相關宗教所示的那些觀念得經過「補苴罅漏」後才能重新援以為說。換個角度看，在可以觀察的範圍，肉體的形貌、大小、強弱以及靈體（除了是原始精氣「不知所肖」，其餘當也跟肉體一樣「體製」）的思感、變化、飛昇等等的差異，的確不是宗教透過「事後之見」（不論那些「事後之見」是否內涵有神的啓示）所能夠一一解說清楚的。因此，有關創造的不確定性、緣起的不確定性和氣化的不確定性等等，仍然是該差異性命題的不得已也是合理的推論前提。至於有人要以靈體的級別來定學習修行的層次（如用「初級靈魂」、「中級靈魂」和「高級靈魂」等一類的區別方式）（紐通〔M. Newton〕，2003；黃凡，2002），這可以解釋不同次元的靈體的存在形態（越高級的靈體越有能耐進入高次元或多次元的世界），但同樣無法解決原始的差異問題。換句話說，我們可以也必須認同靈體有增智／累慧／積才的可能性（相對的肉體也可以向純美／強健／高雅的途徑昇華），但最根本的「稟質」緣何而來卻不是那些後設知見所能道著的。以至上述的不確定創造、緣起和氣化等說法，還會是可以用來「搪塞」的合適的解答。（周慶華，2006：197）只不過這種解答也同樣受限於它的無以向前追溯源頭，而使得靈療的前提「不能究竟」化。

再次要解決的是靈體的受挫比較嚴重的傷殘如何有效救助的問題。這關係到靈體是否會死亡的課題而直接危及靈療的終極必要性，不可小覷。也就是說，如果靈體的傷殘成立的話，那麼它到最嚴重的階段就有可能崩解。因此，有關靈體的傷殘的治療，就是避免靈體死亡的唯一辦法。但這中間還有一些疑問：也就是靈體是否眞的會有傷殘；而有傷殘的靈體不予治療（甚至經過無意的撞擊或刻意的摧毀）是否就會解體消失？從各文化傳統中的宗教所賦予靈體的神聖性及超物質性來看，靈體的死亡是不可想像的；但它們卻看不到靈體眞實「受傷」（以至於可能面臨死亡）的情況。因此，我們必須假定靈體會遲鈍傷殘；而遲鈍傷殘是因爲「食氣不當」以及「困折太久」等造成的。但它可以療傷復原（不然「只會受傷」就會讓人難以理解當中的道理）；至於嚴重時靈體會不會死亡，這就沒有實例可以見證。倘若以靈體的「精氣」性來說，它的密度已經高到不可測度的地步（更何況它還可以變化、飛昇等等），崩解死亡總是一件很費解的事。一般有所謂靈體對靈體的「讓你魂飛魄散」一類的恫嚇，聽來似乎很恐怖，但實際上誰又見著了「實情」？宗教所可能提供「修補」靈體的秘方大多不離潛修積德一個路數，而對於從傷殘到死亡這一延緩或回復的思維幾乎都未能顧及；以至上面的「提點」能否成立，也只好「姑且一試」了。（周慶華，2006：199）這樣靈療就得處於疑信參半的階段；它的保證不了「完全治癒」的前提，依然要被重視。

根據上述，靈療的可信賴度是有限的；而前面所說的「它會相對有效，但無從絕對冀望」，也就必須援爲重新評估靈療的終極依據。換句話說，靈療所因應的靈病已經難以究詰，而它實際的療效又受制於它對自己來歷的「莫辨所以」，以至沒有人可以在這個環節給出保單以完構「不帶疵病」的論述。這是從它的前提所窺見的問題，有必要試爲加以解決。

四、解決問題的方向

原則上，靈體會受挫，除了自我養護不善，其餘大概都是跟外界互動不順所造成的。因此，在相對上有些靈體就會遭到傷殘；而相反的，有些靈體也可能特別受到保護而一直維持存在的優勢。後者本來沒有靈療的問題，但因爲需要靈療的人都沒有他們那種機緣，所以也不妨透過它們的存在狀況而來推測需要靈療的人所遇到困擾「要怎麼解決的問題」。

倘若說靈體的獨立存在性必會延世發生效應（不然很難想像靈體會往那裡去歸屬），那麼它在輪迴轉世的過程中就可能出現一些法則以爲確保「基本秩序」。這些法則，使得輪迴轉世的徑路，有的出於自由意志；有的被外力強迫；有的經過雙方的商議決定。雖然到目前爲止還無法確定這些法則的具體運作情況，但總可以想像有一些特定的對象要被保障來流轉以便畀予重任；於是這裡就有所謂的「相應的法則」問題。但即使是這樣，各文化傳統中的宗教也說不清楚這種輪迴轉世的「具體」情況。當前有一種說法涉及到這種機制：「每個人都是受了感召而降生人世的。這種觀念來自柏拉圖，見於他的代表作《理想國》結尾處的『厄耳比喻』：『我們每個人出生之前，個人的靈魂就獲賜一位獨有的堅守神代蒙，靈魂選好了各自要在人世活出來的圖像和樣式。伴守著靈魂的代蒙就帶領人降生。但人一出生就忘記先前的事，以爲自己是空手而來的。代蒙一直記得你圖像的樣子以及樣式的內容，所以代蒙帶著你一生的定數。』新柏拉圖主義大師普勞蒂納斯解釋說，按照神話，我們選擇了適合自己靈魂的肉體、父母親、出生地、境遇等，而這一切條件都屬必然。所以人生境遇（包括我的身體、可能令我痛恨的父母親在內）都是我的靈魂自己選中的。因爲我把這回事全忘了，所以不明白這個道理」。（希爾曼，1998：8-9）這種守護神以及自由選擇流轉的觀念，很明顯不具有普遍性（不然那些短命、猝死、罹難、病故的人，他們又被保護了什麼；還有很少人會知道他在輪迴轉世中有過什麼「抉擇」的歷程）；但它無意中卻透露（碰著）了這裡存在的一些秘辛。這些秘辛，關涉的是靈界的權衡策略（需要某些靈體在一世又一世的流轉中「爲其效命」或「藉便教化」）。縱是如此，它的「隨機挑選」還是有可能（也就是誰會被選中，也難有一定的譜牒可以遵循）；以至靈界也無從訂出什麼金律鐵則。宗教在這個環節無法多所置喙，原本也是這個緣故。而這一推測，實際上不能代替宗教圓說什麼，只是權爲找一個下臺階讓它有個退路。（周慶華，2006：198-199）因此，當靈體受到外靈侵犯而出現的靈病，就有可能是缺少護佑所造成的（雖然那些被護佑的靈體未必恆久如此，但總是有護佑才會顯出存在優勢）。而這經常在「哀鴻遍野」的災難中，更見這種被任意「推來推去」的靈體的無辜兼無奈狀態。

靈療在這個時候，應該是最顯無力感的。它對偶爾「突襲」優勢靈體而來的侵犯，只能「事後補救」而不見得有用（因爲傷殘已經鑄成）；而它對始終淪落在被「衆凌辱」情境的弱勢靈體，也不過是佯裝一下協助誠意，終究無能改變現狀。因爲它所面對的是一個權力折衝無了時的大難題，隨時都有挫敗在考驗著。

顯然靈療所難以面對的這種權力折衝現象，在現實界可以顯現於個人和個人、個人和團體以及團體和團體等層面；橫跨兩界後則會變得更爲複雜。也就是說，它除了可能見於靈界單一存在體對單一個人以及靈界集體存在體對單一個人和靈界集體存在體對集體群衆等類似模式的衝突，還有可能因此而轉牽動靈界的局部或全體存在體的相互抗衡。（周慶華，2006：268）因此，靈療最後究竟要如何安頓它（爲它想出解決乏效問題的策略），也就得先穿過這一棘手的關卡。而這不妨從靈界的「神爭」或「魔鬥」開始談：東西方都有長篇的文學作品在敘寫上古時代天上衆靈的戰爭，一個是古希臘時代出現的《伊利亞特》和《奧德賽》史詩所描述特洛伊戰爭前後諸神的互爭地盤；一個是中國明代出現的《封神演義》小說描述周武王討伐商紂時諸神仙佛妖的鬥法助戰。這些容或有荒唐怪誕的成分（緣於個人認知的不同）；但一定要說成那都是「將人類社會翻版後再賦予維妙維肖的各種超自然能力」就太過「自以爲是」了。我們知道，西方一神教興起後，類似上述的「神爭」一轉變成「神和魔鬥」且更爲劇烈的傳聞，始終沒有從人心中剔除；顯然那並不是心理投射的結果，而是兩界循環互進經驗的點滴遺留。相對的，東方世界所特有的神仙佛妖等靈物，也一直是該傳統中人崇祀感應的對象，小說所框架舖陳的未必盡屬胡謅。而其實，這一點還不是最重要的；最重要的是裡頭所蘊涵的「神爭」或「魔鬥」的緣故都跟爲了搶奪對「人」的支配權有關。這顯示了在兩界的互動中自居於優勢的靈界存在體終於找到了試煉「具體」或「實在」支配本事的場域（人有「肉體」可供凌辱毀滅，遠比衆靈間「相互比劃」不痛不癢來得有成就感）；而現實中人自覺鬥不過靈界存在體的，只好尋求依附以便苟活。這也就是靈界要不斷「染指」現實界而現實界老是忙於「溝通」靈界的原因所在（詳見第五章第二節）。可見要因應靈療難過魔考這一關，就得認眞的思考靈療所該自處的位置。換句話說，靈療不一定要「執意而爲」，而當「徒勞無功」後才來懊悔！本來它的介入，只會造成兩界更加忙亂或躁動；而現在發現效果有限，才又埋怨權力關係太過複雜，豈不是二度在錯估靈療的功用？因此，爲靈療的乏效問題所能找到的解決方向，就在「反向去執」上。

五、最終止於靈療

所謂的「反向去執」，乃是重新爲靈療找到所該自處的位置。因爲靈療的必要性已經可見不是緣於它的相對於靈病的存在，而是它會被利用來參與「神爭」或「魔鬥」，導致靈療的剩餘價値經常要跟權謀連結在一起，因此它的最好歸宿就是「反向去執」（以爲擺脫一再被利用的命運）。而爲了這反向去執的倡議能夠廣生效應，還可以再深入一點的回到「神爭」或「魔鬥」情境來一窺內幕實況。

好比有一個西方人所喜愛的假設說：「如果每次祈禱都靈驗，會引起種種的問題。例如兩個崇信同一個上帝而交戰的國家都向同一個上帝祈禱獲得勝利，上帝要聽那個國家的話？如果崇信的不是同一位上帝，那麼人間的戰爭會不會變成一個上帝和另一個上帝之間的戰爭？有些祈禱的願望是無法都達到的」。（巴伯〔I. G. Barbour〕，2001：X）這證諸西方的一部戰爭史，似乎都有了解答。也就是說，如果是前面那一種情況，那麼西方人已經有「上帝利用戰爭來控制人口」的自我解嘲：「我記得在一九七一年，有一回我從丹麥乘船回到美國，在挪威輪船伯京佛德號上遇到一位虔誠的天主教徒。她憤怒地批評現代人墮落，信教的人日漸減少；並抨擊家庭計畫和避孕習慣都是『人類避免人口膨脹的不虔誠方法』。她談到這個社會政策時說：『我們都不相信上帝，爲什麼？上帝自有辦法控制人口啊！』我問她上帝如何控制人口。她回答：『戰爭、饑荒和疾病。』很懷疑我怎麼提出這麼愚蠢的問題。我無力地答道：『或許人類的不虔誠的方法還好些。』」（波伊曼〔L. P. Pojman〕，1997：153）而這再連到《聖經》史料所記載的一次又一次上帝試圖毀掉祂所創造卻不滿意的「劣質子民」（香港聖經公會，1996），不就「一起」逼得那位隱藏在背後的實際的上帝（承認祂的存在，但不必連同西方人愛吹噓的「全真／全能／全善」性也一道接受）不這麼去「主導」每一場的戰爭也不行了。而如果是後面那一種情況，那麼不同族群（或國家）所信奉的神靈不一樣，打起仗來那些神靈當然要「各護一方」（這時戰爭傷亡可能會更加慘烈），這還有什麼好懷疑的？可見人和人的戰爭，也就是人和神的戰爭（人要仰賴一神去鬥另一神或乾脆賭神站在自己這一邊）；而人和神的戰爭，結果都被收攬爲神的優爲「權控」而成就了人的必然弱勢「待宰」。（周慶華，2006：270-271）

縱然情況「這麼不堪」，但人也不是不知道「反抗」；以至另一場魔考的權力折衝戲就上演了。所謂的魔考，是指「不合理」或「不合情」或「不合法」的支配考驗。當中的魔，原可以等同於創造觀型文化傳統中所慣稱的惡神「魔鬼」或緣起觀型文化傳統中所常指的異教「外道」或氣化觀型文化傳統中所屢示的祟禍「邪靈」（卜倫〔H. Bloom〕，2000；賴亞生，1993；周慶華，1999a；岳娟娟等，

2005）；但基本脈絡所著重的權力衝突面也可能發生在「正神」的主導中，所以才這樣不限定它的屬性而僅以「行爲」論斷。這種「不合理」或「不合情」或「不合法」的考驗，對弱勢的被考驗者來說當然是無與倫比的身心煎熬；但對強勢的考驗者來說卻也未必可以輕易得逞：

> 神要試驗亞伯拉罕，就呼叫他說：「亞伯拉罕！」他說：「我在這裡。」神說：「你帶著你的兒子，就是你獨生的兒子，你所愛的以撒，往摩利亞去，在我所要指你的山上，把他獻爲燔祭。」亞伯拉罕清早起來，備上驢，帶著兩個僕人和他兒子以撒，也劈好了燔祭的柴，就起身往神所指示他的地方去了。到了第三日，亞伯拉罕舉目遠遠地看見那地方。亞伯拉罕對他的僕人說：「你們和驢在此等候，我和童子往那裡去拜一拜，就回到你們這裡來。」亞伯拉罕把燔祭的柴放在他兒子以撒身上，自己手裡拿著火和刀；於是兩人同行。以撒對他父親亞伯拉罕說：「父親哪！」亞伯拉罕說：「我兒，我在這裡。」以撒說：「請看，火和柴都有了，但燔祭的羊羔在那裡？亞伯拉罕說：「我兒，神必自己預備作燔祭的羊羔。」於是二人同行。他們到了神所指示的地方，亞伯拉罕在那裡築壇，把柴擺好，綑綁他的兒子以撒，放在壇的柴上。亞伯拉罕就伸手拿刀，要殺他的兒子。耶和華的使者從天上呼叫他說：「亞伯拉罕！亞伯拉罕！」他說：「我在這裡。」天使說：「你不可在這童子身上下手，一點不可害他！現在我知道你是敬畏神的了；因爲你沒有將你的兒子，就是你的獨生兒子，留下不給我。」亞伯拉罕舉目觀看，不料有一隻公羊，兩角扣在稠密的小樹中。亞伯拉罕就取了那隻公羊來，獻爲燔祭，代替他的兒子。（香港聖

經公會，1996：19）

西方一神教裡的上帝，爲了絕對的掌控權而以這種「獻子」的方式來考驗子民的忠誠，固然達到了目的，但那裡知道它不會激勵了對方生出「終有一天要棄祂而去」的貳心（只要人還有「理智」而不純粹停留在「情感」認同的階段，這一「抗命」的事件一定會爆發）？因此，上帝一手策畫導演的忠誠大考驗戲，只會更添增祂自己的不安和疑慮，根本無助於權力的伸展或持續。（周慶華，2006：271-272）

此外，我們看到許多通靈人的被神靈選中啓靈的過程所充滿的「迫病」或「意外事故」一類的劇情（舍明那拉，2003；張開基，2000；盧勝彥，2004；連銀三，2004），焉能不想到這就是一場權力折衝後的「落敗者的儀式」？即使像有些突然罹患憂鬱症到如同背後有「鬼使神差」在操控的地步而始終堅拒不爲所動的人（史泰隆〔W. Styron〕，2001；歐文〔P. L. Owen〕，2003；張開基，2004）他們也不過是從反面證成了那一落敗者的儀式的「恆久待君」性。換句話說，有不同質性或不同位階的靈體存在就有權力支配；而有權力支配就有反權力支配；而有反權力支配就有敗北的可能。這是兩界共有的「無可奈何」的事；而總有人要「不幸」的受到靈界存在體在暗中強爲支配（不然祂們的強勢又要「何處用武」呢），屆時他們更得「徒呼負負」！（周慶華，2006：272-273）因此，靈療在這個關係網絡中難免會變成犧牲品，大家「消費」它也不過是爲了它的可藉便性，事後很快「用完就丟棄」，全然不會讓它延伸到自己的生活內部（以免干涉到私領域）！

上述這一權力折衝所劃歸管轄的是靈療的社會變數，而它所該終止靈療的原因就在它的幫襯作用無法取代第一級序的主導權，與其被布棋操縱，不如自我反向超然去執，以維持不給使弄而回返未發生前的原初秩序。至於還有比較微不足道的養護不善部分，它雖然也有可能被接軌到靈界的權力衝突的「波及」上（周慶華，2010：171-172），但它還是可以保留相當的個別的如實性，以至它所不免期待於靈療的，也就同樣「失去準度」，畢竟這仍然是一個不可深爲寄望的會「鬆脫」的環節。當然，這種靈療在大多時候會有一定的療效；而說實在的，現實裡無意中受不好的氣場干擾或外靈強附而致「病」的人悉數不盡，他們仰賴於靈療師的地方會甚過（無知而求助的）一般醫師。但換個角度看，藉助靈療終究只能治標而不便稱作「久長之計」。因爲關鍵在於靈質弱才容易受不好的氣場干擾而本身倫常有虧欠才會被外靈強附；而自我解決（改善）不了這些問題，靈療只是「濟一時之窮」，日子久了病因難保不會復發，屆時靈療師就得「不勝其擾」的再行急救了。（周慶華，2006：193-194）可見不論通常的靈療多麼「神效」（靈療的發生，很多時候都得依靠靈療師商請神靈出馬救助，給予當事人福佑或帶走附靈，所以那是神靈的功勞），最好的靈療應該是「止於靈療」。這在宗教都不敢說的（說了宗教就沒有「賣點」），我們當作新的信念。這樣我們才有機會認識靈體可能存在的另一個面相：

爾後，我們的靈魂碰到了奇怪的東西……我們這才知道，在靈魂的燦爛光華之外，另有黑暗存在，危險得不容否認；常常挾帶著狂亂的風暴，疾掃而來，壓得人站不住腳……然而，靈魂的磨難所以出現，也可以像希爾曼說的，是因爲心靈「擁有自動製造疾病、憂鬱、反常、折磨的能力」；所以他繼續寫到，心靈就會製造出「苦惱、老弱、脫離現實、失落、純眞、靈悟、抑鬱、沮喪等等刻面，緊緊嵌在靈魂裡面」。這些是否就是靈魂在半途遇上人世的憂傷時，所會呈現的另一面乖戾的本性呢！（柯西諾主編，1998：232-233）

這個面相別有戰爭、侵佔、強暴、墮胎、入獄、心碎和崩潰等崎嶇的道路要去經歷，不靠自我治療蛻變而要靠靈療救渡倖進，這個世界「焉有寧日」！（周慶華，2006：194）因此，雙雙靈療的遠景，在「止於靈療」；所有的靈病，都應該返回不生靈病或無所謂靈病的階段。

第十章　啟靈方案：

新靈療觀

一、靈體究竟出了什麼問題

世上除了唯物論者和懷疑論者不信靈肉分離或懷疑靈肉分離，其餘大概都會肯定靈肉的不可一體性。這從許多出體、降靈和招魂等許多案例中（孟羅，1993；白克雷〔D. Brinkley〕等，1996；紐通，2003；望茲等，2005；庫比〔C. Kuby〕，2005；拉菲爾，2006；芙秋，2007；史威登堡研究會，2010；張開基，1999；蔡佩如，2001；施寄青，2004；黃子容，2007；秀慈，2008；索非亞，2010），已經可見一斑；現在還可以透過「換魂」來印證：

有一個商人的兒子去世，放入棺木中馬上就要埋葬了。然而，就在鄰人們正要挖掘墓穴的時候，死人突然復活，在棺木中呻吟……但更不可思議的事還在後頭。經過了兩三天，這個兒子的病痊癒了，然而他的樣子卻變得相當奇怪；他變得完全不認識家裡的一切……還不僅是如此而已。「這裡不是我的家，我家在隔壁的村子裡，快點送我回去吧！」這個兒子如此說著……由於兒子把鄰村家的名字都說出來了，爲了愼重起見，家人便派人前去那個家詢問究竟，結果令他們相當訝異。那個鄰村人家的兒子，也在同一天去世，並且已經火葬了……看到此一情景，復活的年輕人很著急的說道：「既然你們這麼懷疑，那麼我就證明給你們看。」……於是就大聲說道：「我說了這麼多，你們還不相信嗎？那麼你們回去把佛壇下的抽屜打開來看看，裡面有我生意往來的備忘錄。」……因此，雙方的家人再次商量的結果，認爲這個奇怪的年輕人並沒有精神錯亂或被狐狸迷住，於是便讓鄰村的人家帶回去，兩家就以親戚的關係交往。（赫伯金，2004：

81-84）

換魂的可能性，不只見證了靈肉的「終須一別」，還同時顯示靈體的獨立自主性。而就因著這獨立自主性，靈體終究要歷經「屬靈」的考驗。換句話說，不論靈體是屈居在肉體內還是等肉體死去而重返自由靈體，它都會因為「靈靈互涉」或「靈靈互槓」而不得不面臨專屬於靈體的內外在衝擊。

由於靈體在各宗教的說法早已有「精氣」一系可以提領（周慶華，2006：162-164），所以它的形質及其思感等能力也就可以據為接著說它所會遭遇的問題。首先，靈體本身有如人形（史泰格，2006：163）；它曾被形容成接近奶油棉布或被揉爛的衛生紙（劉清彥譯，2000：28），但還是說它是「精氣」（精純的氣）比較省事。這種形質縱使已經是「精神性」自主了，但它的「物質性」部分仍然有可能因為自我養護不善或遭到外力干擾而受挫，使得靈靈互涉在時間流中必會起不能完美化或深受網絡牽制的效應。其次，靈體在靈界的獨立運作情況，跟在現實界屈居肉體內的思感等運作情況類似，會有貪婪、瞋恚和痴妄等情緒流露，以至可能遭遇反制、怨怪和欺負等互動不順的憾事。再次，靈體在兩界流轉的過程中所可能累積的靈靈互槓不絕如縷的糾葛，導致索討者持續在靈界「暗中」行動而造成被索討者精神上極大的負擔；這種非正面衝突可以協商化解的相斥現象，是此中最難纏的部分（其他大概都屬「點」或「短暫」脫軌）。以上這些，在靈體應付不了的，問題就出現了。

此外，靈體從何時存在一事，固然早已不可究詰，但它的「流轉不息」倘若能夠確定的話，那麼它的另一種「為什麼要讓它流轉」的考驗就會跟著發生。這一般都以輪迴圈的「必然如此」來自我寬慰

（石上玄一郎，1997；羅德喇嘛，2001；舍明那拉，2003；慈誠羅珠堪布，2007），其實這裡面牽涉著更深的問題：也就是輪迴跟上面所說的靈靈互涉或靈靈互槓經常羈絆在一起，彼此形成一個經驗的辯證關係。因此，當一個靈體自己對輪迴認識不清，就有可能一再的有「犯意」而馴至靈靈互涉或靈靈互槓的更加白熱化。這種白熱化的相互報復不已，所牽動的兩界忙亂或付出慘痛代價，還是得回到靈體的自度解決上；而靈體在這個環節的無能爲力或不知著眼，一樣也會出現問題。再說靈體流轉在當今所見失衡耗能的現象（大多投胎轉世到現代），已經變成大家的共業，不可能是一個只關注當世的策略所能解決。

二、出了問題的靈體需要靈療

靈體的精氣性，會因爲「純度」的關係而有質差。這種質差，終於在相當程度上劃分出了才愚、窮通、壽夭和貴賤諸等級。這雖然又是一個「何以如此」的無解問題，但正視它的不能一致性，總有知道怎麼「對症下藥」的好處。也就是說，靈體的質差性是造成靈體有應付不了問題的一大關鍵（否則靈體都一樣質精優秀了，又怎麼會有相互傾軋的困折呢）；它的形質及其思感等能力，都在這個癥結點上一併分化。因此，前節所標舉的「靈體究竟出了什麼問題」，追根究柢就是緣於這一質差的必定貫徹影響。

以靈靈互涉或靈靈互槓來說，它的潛因在貪婪／反制、瞋恚／怨怪和痴妄／欺負等心理機制的運作中，而這種潛因的根本來源就是靈體的質差性。倘若不是有質差「從中作梗」，那麼誰會對誰貪婪／誰會加以反制、誰會瞋恚誰／誰會予以怨怪和誰會給誰痴妄感覺／誰會乘機欺負等心理反應也就不可能成形。因此，靈體自己解決不了這一質差問題，就得深陷靈靈互涉或靈靈互槓的權力泥淖中。

又以靈體的流轉不息來說，它的恐懼、逃避或仇恨、追討等跨世執念這一「延續性潛因」，也正是靈體質差的滲透作用：不然靈體都已經向上精進了，又怎麼會累世索討不已？雖然這種質差並沒有保障靈體自己可以詳知流轉的歷程，但對於靈靈互涉或靈靈互槓的迭代演現，卻都有潛在的憂慮（這只要從許多人勤於「懺罪」或「補愆」的行爲來看，就能窺知一二）。而這也可見，對於某些「死後去處」全無現實那些糾葛（包括痛苦、邪惡、沮喪和悲傷等等）的說詞（偕寇比〔B. Jakoby〕，2006：87；戴斯特法諾〔A. DeStefano〕，2010：12），這就可以發揮「駁斥」或「糾謬」的作用。畢竟這是一個靈體在兩界過渡的共同時空，沒有人（或其他神鬼）有能耐在解決質差的問題前把它「搞好」。

所謂「我也從和死者的談話中得知，人死後並不會和在世的他們截然不同。是的，他們對於愛的重要性以及物質收穫的無關緊要有了更豐富的領會。然而，死亡並不會自動提升小我，而人們也多半本性難移。通常在我敘述他們已逝摯愛親人所說的話時，我的客戶會驚呼『那聽起來就像是我認識和喜愛的愛德娜姨媽』一類的話」（芙秋，2007：212），這除了可以用來印證上述的論點，還可以藉爲說明另一個重要的問題，就是靈體如此穿梭於兩界，誰來教導他們脫離這種流轉的折騰或苦痛？如果像這個例子所示，亡靈這樣「執念」不斷的結果，勢必會無窮盡的輪迴下去，直到自我參透去執爲止。因此，像另外兩個例子，可能就是比較好的示範：

祖父說他虐待過安東尼的父親，而這個虐待的循環一直持續到下一代。「我非常、非常抱歉！」祖父說。「這全是我的錯。」安東尼一邊啜泣，一邊向我解釋他祖父生前曾是個對許多人造成極大痛苦的黑手黨老大。這次的諮商令人動容，而安東尼和他祖父也化解了數個世代的怒氣、憤慨、恐懼和不寬恕。（芙秋，2007：215）

有一次在禮拜學校，老師講了一個竊賊的故事。有個竊賊在某個「下班」後的晚上發現他自己的公寓被闖了空門。老師向我們解釋，由於他意識到他的不誠實，所以他允許並創不誠實的事發生在他自己的生命裡。但這故事有個好結局：這竊賊了解到他充滿罪行的生命創造出令他自己公寓被竊的心智狀態；當他發現他成了自己犯罪形式的受害者後，他決定洗心革面。（同上，42）

所以說這是比較好的示範（而不說是最好的示範），是因為在整體的關係網絡裡，各種衝突會一波波的興起，當那些已經取得較優存在位置的靈體，一旦再度被挑釁或自我墮落而無意待在靈界時，就又會嚮往現實界，從而再重新「歷劫」一次。依此類推，輪迴轉世就無有了時。就像底下所選敘的情況：

我曾經決定不當靈媒、離開道場後，我這派的鬼神就一起被趕出去挨餓受凍。祂們不敢跟著我回家，就在道場附近晃。有一次我經過時見著祂們，看到這情景，我哭了，祂們也哭了。可是我不想繼續當靈媒，就帶祂們去行天宮，請恩主公收留。（索非亞，2009：112）

祂們大部分的時間都在討生活，有些受雇於人或其他無形眾生，有些則是從事第一級產業自給自足……爲了生存，祂們會成群結黨，形成角頭幫派；能力強的自然成爲領導者，弱的就幫忙壯壯聲勢。祂們也有些許學習能力，因此人類的生活也會影響祂們……（索非亞，2010：29）

凡是感覺不如意的靈體，只要有機會「換界重生」，大概都會考慮應命或自我勉力一試；以至靈體在兩界來來去去，永遠找不到最後的出口。這麼一來，誰能夠教導靈體不受制於輪迴圈，也就成了跟靈體所遇的「一體兩面」問題。而這通常都會冀望於靈療來搞定一切；此外似乎就沒有人有辦法再「思及其他」。

三、現有靈療的功能與侷限

一般所說的靈療，大多以治療明顯可見的「受挫」的靈病爲主，對於上面所指出的終止輪迴以爲釜底抽薪或從根本上解決靈病的觀念並未有相應的理解。因此，靈療的從淺層性到深層性的理路發展，實際上還懸著有待開啓；使得「出了問題的靈體需要靈療」的課題，還有一半要積極規模以爲另闢新局面。

如果說靈體有物質性而無法避免受挫，而相關的精神性也因爲質差而難以一致思感等導致靈靈互槓禍延綿渺（見前），那麼這「雙重」的靈病所得治療的情況，也就可以藉機看看現有的靈療究竟治得了多少。換句話說，靈療的因應靈病而起，本來是「無可置疑」，但當它的「事後諸葛」的療效未必通全時，我們就得加以檢討而找出必要調整的策略。

大家知道，靈療在現實裡大多以靈媒爲中介來進行。而靈媒本身是被選中作爲外靈的代表，專職溝通兩界的「代言者」角色。他在未經社會需求時是否一樣存在並不清楚，但只要有社會需求他就會出現且不忌公開化。也就是說，靈媒一旦公開化，就一定有群衆心理的需求事先在裡面「催生」。而這種催生所雜陳的「不確定需求向度」，又會導致靈媒的分化。這一分化，使得靈媒出現了幾種類型，包括道士型（如道士、法師、僧侶等）、巫術型（如乩童、尪姨、巫師等）和方術型（如地理師、風水師、占卜師、算命師等）等。（劉還月，1996；鄭志明，1998；黃文博，2000）但這樣的區別，顯然忽略了那些靈媒是「緣何而來」而得另外再尋找「實質」分類的依據才行。這本來是有困難的，但想到所有靈療相對應的靈異經驗都不出靈現異象的描述、感靈駭異的體驗和神靈怪異的定位等範疇，所以這裡就有了一個權宜的解決辦法，也就是將靈媒區分出能夠描述靈現異象的、能夠體驗感靈駭異的和能夠定位神靈怪異的等三大類型。這三大類型的靈媒，再也不以他們所司的職能（如作法、起乩、牽亡魂、觀落陰、相命、看風水、靈療等等）爲判別依據，而是以他們的能解決一般人的靈異困惑爲分類標準。換句話說，只要有能耐描述靈現異象的（而非轉述傳聞）或有能耐體驗感靈駭異的（而非片面想像）或有能耐定位神靈怪異的（而非純爲理測），他就是靈媒。這種靈媒，一方面帶著來自靈界所示相關經驗的印記；一方面又薰習著現實界所分布的意識形態，合而成就了他特有的靈異觀。（周慶華，2006：152-153）縱是如此，靈媒只要涉入靈療的行列，他的功能就會受到許多考驗。

好比靈病所緣於靈現異象、感靈駭異和神靈怪異等經驗如果是大家所關心的，那麼有能耐通靈的靈媒的靈異觀也多少能夠提供所實際經歷的部分；它可以因此而解答大家的疑惑，同時還有餘力引導大家怎麼跟靈界互動。這中間當然有可能以「假通靈」來行騙遺禍而造成社會反靈媒的風潮；但這並不是通靈的過錯，社會對靈媒的需求也不會因爲有使詐的案例而從此終止不應。更何況大家對靈媒的需求還有一個終極目的，就是如何讓自己也能夠通靈（或眞實感應外靈的存在）；這是每一個人面對未知或所料想有限的靈界暗藏的最大的期待。因此，靈媒在社會中所扮演的角色，也就不如大家所想像的有多麼吃重、甚至有時候還敵不過非靈媒最終要變成靈媒的「蠢蠢欲動」（而想「自我膨脹」）的凡衆。畢竟大家只是在表面上藉重靈媒，實際上則是要窺盡靈媒所保有的靈異經驗；這樣才能轉爲增加自主的本事而準備長期游走於兩界。（周慶華，2006：153）在這種情況下，靈媒所實施的靈療，其實就不可能功效十足，大家只是在疑信參半中勉爲接受。

又好比靈媒所從事的靈療，不論是協商鬼靈不再干擾侵犯當事人（在東方社會爲常見）或力勸當事人寬恕鬼靈過去的施暴行爲（在西方社會爲常見），理當都會有一點效果，就像底下兩個例子所顯示的：「……看吳先生辦事，眞是大開了眼界，不但沒有像道士那樣的作法，也不像乩童那樣被靈界上身，更不必祭拜、燒紙錢，只需要用意念相互溝通，幽靈就順從的願意被渡走」（林少雯，2004：1-31）、「……她突然間樂意和這個她鄙視已久的男人說話。他們兩人仔細地談了這件事，珊卓在第一次諮商時就釋放了她對馬可仕的諸多不諒解。在那次諮商的尾聲，馬可仕因爲有機會彌補而感到寬心。祂向我們兩位表示歉意……在第一次諮商後，我們就再也沒有看到馬可仕或是聽到祂的消息了」（芙秋，2007：212-213）。但這卻難以「全然」樂觀！因爲這種糾纏的「累世性」或「網絡性」會不斷地發生（也就是去了一個又會來一個），而靈療的一度性是永遠顧不到所有「後續的發展」（當事人即使發現「沒效」，他也不會回去找同一個靈媒，而會想再試試別的靈媒；致使靈療的乏效性成蔓延式擴展）。這也就是社會中靈媒頻繁被需求而數量快速增加的原因（當今靈媒還有往博碩士高學歷發展的趨勢）。換句話說，靈媒激增，所徵候的是靈療的效果不佳；而一般不明究裡的人還以爲社會中沒有靈媒，靈病就得不到妥善的治療呢！

又好比靈療的形式邏輯是：人的靈質羸弱或倫理有虧欠而被鬼靈欺凌或索討（在西方是反求人對鬼的寬恕），而求助於領有「執照」的靈媒請神靈協商化解鬼靈對人的干擾侵犯。這似乎是「自然」得很，但別忘了在這當中神靈都是有限的存在者，它們的「神力」也有職能區分（並非萬能）（盧勝彥，2006：32-37；向立綱，2007：57-58），以至這一切的求助／協助都受到相當的限制；何況還有「領旨清算」的情況（人在前世的結怨對象，到靈界控訴你的罪行，獲得勝訴後，取得向你清算的「合法資格」，類似現實界法院的「執行命令」一樣）（向立綱，2007：246），其他神靈根本不能插手干擾，導致靈療更無從保證它的絕對效能。因此，在這個過程中，還會出現另一個形式邏輯，就是自己拙於鍛鍊靈質或短於倫理修爲，才會引發鬼靈的欺凌或索討；這樣對靈媒的需求，只是圖僥倖依賴，完全無助於自我靈質的改善昇華，終究不會從靈療那兒得到實質的好處。

正因爲靈療的效果讓人疑信參半、靈媒的中介經常徒勞無功和藉助靈療的依賴性形同無效等侷限，所以使得靈療僅有的短暫性療效和可安慰人心等功能突然變得微不足道！這樣倘若還有人在寄望靈療，那麼它就是一個「盲目行爲」而無關靈療本身的可期待性。因此，前面所說的靈療還有一半要積極規模以爲另闢新局面，也就得再過渡到下一節次來「延續」處理。

四、一種啓靈的新靈療觀

基本上，輪迴圈是一個無止盡的權力場域。根據布爾迪厄的說法，場域不是四周圍以籬笆的場地，也不是領域的意義，而是一種「力場」。這是由各種社會地位和職務所建構出來的空間，它的性質決定於這些空間中各人所佔據的社會地位和職務；而不同的地位和職務，會使建立於職務佔有者之間的關係呈現不同性質的網絡，因而也使各種場域的性質有所區別。這種場域觀，又源於「社會空間」的概念。布爾迪厄以「社會空間」來指涉社會世界的整體概念。在他看來，社會空間就像市場體系一樣，人們依據不同的特殊利益，進行特殊的交換活動；而社會空間是由許多場域的存在而結構化的，這些場域如同市場一樣，進行多重的特殊資本（包括經濟、文化、社會和象徵等資本）的競爭。換句話說，人類活動的目標在於各種不同資本的累積和獨佔，以維護或提升在場域中的地位。因此，社會生活本身就是一種持續的地位鬥爭，而每一個場域都成了衝突的地方。也由於場域中每一個行動主體都具有特定的份量或權威，所以場域也是權力的分配場（詳見第五章第一節）。而這在兩界循環互進的輪迴演現中，靈靈互涉或靈靈互槓的權力衝突，也因爲靈體本身的質差而不可能廣爲化解於無形。因此，相關的解脫（不限於佛教式的槁木死灰或不起念頭），也就要在這個「空檔」來規模出路。

這總說是一個強爲啓靈的策略，先在前提上確立靈體的相對自主而非依附性。而這可以有架構作爲思慮的依據：就是將任何一個存在體所能顯現的質能，區分爲強勢強者、弱勢強者、強勢弱者、弱勢弱者等四種類型。當中強勢強者只極少數人爲可能（且不免於結夥壯勢）；強勢弱者爲現實統治階層的常態；弱勢弱者則見於普羅大衆；只有弱勢強者爲社會中的菁英所扮演。這樣靈體要保持自己的存在優勢，就只能排棄依附（強勢強者和強勢弱者都在這個範疇）或自我闇昧（弱勢弱者所屬），而往最少攀援或最多本事的路途邁進。它雖然必須游走邊緣以取得多邊權力位置，但在沒有更好的「自處之道」前這還是唯一的選擇。

以弱勢強者的姿態面世，即使無法跟強權（就是強勢強者或強勢弱者）抗衡，但它至少保存了可以緩和輪迴的壓力而不再栖栖惶惶於心計。這麼一來，相關的「啓靈」工作也就可以從不受靈靈互涉或靈靈互槓的靈異制約開始。它依次要練就幾樣本事：

第一，相敬兩安。這是指靈靈在「互不侵犯」的原則下可以維持一個相當和諧的局面；而再進一層到「相互禮敬」的地步則不啻要更穩定兩界的秩序化互動。平常的靈靈互槓，有相當部分起因於互敬的缺乏。現在人想要維持「正常」的生活營運，捨棄先敬靈界存在體的禮數（反奢求靈界存在體先敬人）而冀得「兩安」，顯然是不大可能的事。換句話說，先敬靈界存在體的禮數到了，靈界存在體大概也沒有什麼理由不理會這種禮數而反變本加厲的凌虐人。

第二，無求自高。這是指外靈所以要給人製造痛苦或恐懼的機會，在某種程度上是料定人「有所企求」而應機盯上以索得被利用的承諾；而只要無所企求，中間的「紐帶」自絕，相關的靈異禍害自然就難以施展。這在現實中已經是一種人倫的鐵律，轉向跟靈界互動後理當一如「常態」。也就是說，求人所徵候的自己能耐不足以及位卑勢微等汗顏事，無異是一則自降格調一則屈服取辱，都會讓自我處在隨時任人操控的情境而不得自在。反過來，無所求助一旦獲得堅持，所保住的尊嚴也必然會自我提高身價。這樣的規範延伸到靈界，諒必也會自成一種理則；而所有的靈異恐懼，也就因爲能夠如此自制而自動減去，從此不再「心虛以對」（人有所企求就會駭怕靈界存在體「反噬」）、甚至莫名其妙的「坐以待斃」。

第三，修養護體。這是指靈異恐懼所可能被加害的「己身」在修行鍊養有成的情況下，會因爲體健得以「自保」而無形中化解了來自靈異的種種壓力。當中修行所帶有宗教性的，也許會得到靈界存在體的庇佑而反使自己「有恃無恐」；而練養所摶成的「氣盛靈活」姿態，也有可能阻絕異物加身而使自己更有信心不再恐懼靈異。這是緣於靈靈互槓的機制面的控制所不能免除的一種「釜底抽薪」式的作法，一來保護自己不受他靈所害；二來還有可能成爲回饋靈界存在體的典範性表現。換句話說，在「靈靈互通」的前提下，自己一旦鍊養有成，爭相學習模仿的效應勢必會從現實界延伸到靈界，從而爲自己樹立起一個可以被爭睹歆羨的楷模。而這個得意事的「持續發燒」，也就是自我轉優勢且立於「不敗之地」的一大保障。

第四，練才全身。這是指靈異恐懼所擔心失去的東西（如親情、愛情、生命、財富、地位、甚至從他人處感染來的恐懼等），都可以由練得的才能得著彌補而從此大可「縱身大化」中；這時已經到了生命本身最富足的階段，應該是最有「本錢」不憂不懼的了。縱然才能的「累世」益增性（也就是靈體的恆久存在性會讓才能經驗隨著不斷地過渡)可以保證每一次第的存在都享有榮光，但它的確否「益增」卻是全身的一大考驗。倘若說「人上有人」(或「一山比一山高」)是相對上成立的話，那麼努力晉身為人上人的標的永遠有效。而就憑著這一「永不懈怠」的自我試煉才能，導致所締造的成就(如文學藝術的創作、科學技術的發明和各學科知識的建構等)可以睥睨一切。這樣一個人來到世界的使命(姑且這樣認定)，也就有著充分且完美的達成，人/神/鬼等都會同感雀躍(即使中間夾有嫉妒成分，終而也會因為該成就的光芒耀眼而被稀釋或被掩蓋過去)。所有的靈異恐懼在此刻一定會減到最低、甚至自動消失於無形。(周慶華，2006：123-125)

從相敬兩安到無求自高到修養護體到練才全身等，乃全然不期待外援和不夥伴作威作福的弱勢強者的表現。這是一個新靈療的方案，著重在「預防」勝於「治療」的啓靈美學，讓原靈病的註定悲劇性轉成自我療癒的文化崇高化(它的剩餘心力可以用來參與文化的創新)。因此，如果說既有的靈療都無法有效的化解靈病的困擾，那麼新啓靈式的靈療觀則可以「後出轉精」來塡補該空白而取得最佳的療效。

五、新靈療觀的前景

大體上，靈體的質差已經無法弭平，所有靈體只能依上述的方案踐行而自我優質化。這樣在儘可能的範圍內沒有了需要頻密靈靈互槓的機會，輪迴就會緩和下來而不再急切更迭(彼此為了索討或寬恕而勤於穿梭兩界)、甚至還可以減少因為逃避或恐懼等因素轉世過多而造成兩界傾圮失衡的弊害。至於有可能的靈體傷殘情況，如「西方靈學研究這方面死亡的報告甚多，他們認為自殺或他殺會產生靈魂的暈迷和創傷，變得靈魂萎縮和靈魂痲痺，將來倘若再轉世為人，是一位先天傷殘的畸型人，或是兇狠粗暴無人性的人」（盧勝彥，2006：160）這段話所述，這都屬於養護不善的範疇（不像其他靈靈互槓所隸屬倫理虧欠的範疇），其實也可以由上述的新靈療方案去試為改善（包括有些因「執念」過深而釀成相關的傷殘一直不去在內）。此外，有關兩界失衡使得現實界人口過剩而耗能無度的問題，也因為大家識見新具而讓輪迴得到舒緩一併加以解決了。

如此可以預期成效的新靈療觀，在必要據以為展望其他進益的前提下，它的在同一文化內部的促使更新欲求或跨文化的新願景規畫，也就要跟著浮上檯面。這一點，不妨從跟宗教最深關連的終極歷事談起：在西方一神教的信仰中，只要人心中「橫梗」著一個造物主（不論認同或不認同），就會有意無意的演出一齣對不認同他所「認同或不認同造物主」的人的實質性的壓迫悲劇。而這在絕大多數都有著同樣信仰的西方人那裡，更老早就「信用」出缺了。因為他們的宗教教義所示人因應回歸天國的對策中，已經隱含著（濁惡）塵世的必要唾棄，這樣信徒就毋須留戀塵世。而實際上有很多這種信徒正在無度榨取（利用）塵世的一切（西方長期以來極力發展物質文明，就是天國觀底下「不必珍惜塵世所有事物」心態的明證），導致現實生存「窘迫」的危機。而從另一個角度看，這類宗教要信徒懺悔尋求救贖所明陳的「裹脅式」籲請，無異是在暗示信徒得有一些積極行為，才能「保證」救贖的有效。但這跟前者「同一理路」，也就是都以塵世為生命的中途站，將它勘破、耗盡、甚至毀壞也不足惜！這樣一來，越後出的人就越無資源可用，也越深陷於「不得久留」的苦境中。這顯然是過度自私的表現，結局不但無從想像後出的人還有「生」可以規畫，更不知道塵世一旦陷入死寂，是否就不再需要尋求救贖（屆時還有什麼可以作爲「憑藉」呢）（周慶華，2005：283）

當然，其他類型的宗教（包括東方的中國傳統的儒／道教和印度所發展出來的佛教等）也不是沒有問題。如佛教，它所提點的輪迴觀，並不以描述生命的流轉現象爲已足，最終還是要引人終止輪迴而證入涅槃，不然也得爲善以避免墮入惡道（如畜牲、地獄、惡鬼等）。問題是活著終止輪迴「仍然不免一死」，這時靈體已經在輪迴的「路上」，如何讓人相信「終止」說是可靠的？還有爲善以避墮入惡道，也隱含著背後另有趨力，不全由「己力」所致，這不但違背業因自招（緣起）說的「原義」，也跟終止輪迴可憑己意相矛盾。再說它另有慈航倒駕（修成正果後回返現實普渡衆生）的濟渡勝義，如果眞能實現，那麼該行爲本身在當下所顯示的執著（於渡人）相，又如何避免再墮入輪迴圈？上述兩種爲善說（平常的善行要求和修成正果後的濟渡期待），落實後都會導致更激烈的生命的流轉（當今一般受感化的在家衆，常常「督促」自己做善事；而出家衆也自比佛菩薩「努力」在慈悲救渡，讓人間充滿著另一種紛亂，就可以想見一斑）；殊不知「不善不惡」才是終止生命流轉的上策！佛教敢「依理」這樣標榜嗎？如果不敢，那麼它就註定無法超脫俗流太多（不保證它的存在具有什麼優位性）。又如儒／道教，他們所執意的「唯生是務」說，必然帶來積極性的「重視現世經營」和消極性的「求長生不老術」等後果。當中「重視現世經營」部分，稍一不愼或逸出，就會混上一神教信徒力求「現世成就」的作爲（證諸當今國人拚命「造福人群」、「享受生活」而不知正參與耗用地球有限資源的行列，就可以會意一二。但這又跟一神教信徒有一天國可以嶄嚮不類，終究只能在現世中忍受「得和失」的輪替不定的煎熬）。而「求長生不老術」部分，已經證明難以成功（歷來的藥物和術數的嘗試，不見延續，顯然是今人不願再冒「失敗」可能導致賠上性命的危險）；但它的可能性還在，總有一天大家會再回過頭來做起「活著成仙」的美夢（只要現世還有一點值得大家留戀的東西）。只是如果當眞人可以不死了，那麼接著要怎麼過生活？「前途」又將是那一種樣子？還有繼續出世的人，又要拿什麼來「收容」他們？難道「活著成仙」只合是個夢想（而根本不必「進一步」想及上述的問題）？倘若是的話，那麼我們為何要做這種無謂（無法保證什麼）的夢想？儒／道教也沒有準備好回應這些問題，以至我們仍然不知道要怎麼「活法」比較好。但整體來說，如果不是一神教的強勢凌駕和直接間接的「誘引沈淪」，這兩類宗教也不必急著解決上述那些問題「以便應世」（它們仍然可以「無害於世」的帶著那些問題而大方的存在著）。因此，所要規模的文化願景，也就是結合所有的宗教傳統一起貢獻所當貢獻的力量。而這個趨向，總提一句就是因應新能趨疲時代的需求而把生活場域中的資源的利用降到最低程度。換句話說，不必競謀人類的物質生活的幸福而「生產過剩」或「無謂浪費」（當今有太多食品、物品、設備的生產和製造，都是「供過於求」而被銷毀或棄置；長此以往，地球勢必要加速到達能趨疲的臨界點）。這就得改變「重視現世成就」和「為人類謀眼前福利」的觀念（不論是一神教式的還是佛教式的或是儒／道教式的），而以簡樸、清雅、閒適及少競爭的規約來共勉營生。這時原被遺忘或脫略的佛教的「不善不惡」的觀念將被重新召喚回來，而其他兩類宗教「必要塵念」也要別為賦予「確保生生相續」和「不留後遺症」（包括不破壞生態、不製造污染和不兵戎相見等等）等先決條件。這樣的新宗教觀，就不全是憑空創設，它仍然有「現實」的基礎；也就是它是將現有的宗教加以「改良」而成，理當牢靠且易行的。至於靈體的過渡問題，只要「相信」它會繼續存在或可能輪迴轉世，那麼兩個世界無不要「相仿」互通，「永續經營」的要求依然適用；也就是靈體所在的世界（依然在肉體所在的空間中），規模和運作情況還是同於肉體所在的世界，更何況靈體還可能回返來延續另一波的有肉體的生涯呢（如佛教所說的）。（周慶華，2005：283-286）

顯然人只要不甘倒退或停滯不前（不進則退），就勢必得在同一文化內部的「基進求新」上或在跨文化願景的「睿智規模」上展現強烈的企圖心，才能夠有所「突破現狀」而進階到懷抱文化理想的「人上人」層次。（周慶華，2005：286）而這所導致的輪迴就會自動「限量發展」，有關的靈靈互涉或靈靈互楨也會轉為「相互扶持」，共同致力於扭轉能趨疲的危機。

第三部　延伸配備

第十一章　佛教科學與科學佛教：

以緣起觀為中介的參世之旅

一、佛教與科學

從形式上看，佛教不論怎麼翻轉都跟科學無涉，因爲一個在指引出世的道路而一個則入世深掘且爲無限榮華。但如果將科學當作一個可變項，准予脫離所發源的系統，那麼佛教自有它的科學觀而可以跟並世的其他科學觀對話。這並不是要消融原有的科學觀，而是想發展另一種科學觀，以便爲更能益世修築坦途。

現在所指稱的科學，根據論者的考證，有相當程度的廣包性：「拉丁語詞Scientia（Scire，學或知）就其最廣泛的意義來說，是學問或知識的意思。但英語詞『science』卻是natural science（自然科學）的簡稱，雖然最接近的德語對應詞Wissenschaft仍然包括一切有系統的學問，不但包括我們所謂的science（科學），而且包括歷史、語言學及哲學。」（丹皮爾〔W. C. Dampier〕，2001：8）只不過這「包括一切有系統的學問」，早已以自然科學爲典範或乾脆就侷限在自然科學內，強調「從經驗事實中推導出來」（查爾默斯〔A. F. Chalmers〕，2007：11）或「實證性」（羅森堡〔A. Rosenberg〕），不再跟其他學科相牽扯。

縱是如此，科學的經驗性或實證性還是受到了不少質疑。如巴柏（K. Popper）就認爲可驗證性是荒謬的（因爲它的範圍太大了），因而主張凡是可以被否證的對象，它就是科學的（巴柏，1989）；又如費阿本（P. Feyerabend）也認爲可驗證性太過獨斷，同時它也沒有什麼特殊性可以在本質上優於其他學科（費阿本，1996），儼然都是一副不肯盲從的樣子。此外，還有人覺得科學也帶有點非理性成分（孔恩，1989；海金〔I. Hacking〕，1991）、甚至對它經常要作僞而感到不耐（布羅德〔W. Broad〕等，1990；葛羅斯〔P.R. Gross〕等，2001），導致科學的「學科」地位並不是那麼穩定。這麼一來，有關科學的科學性就得重新看待了。

這原則上無法取得一致的見解，只能說在某個範圍內，大家所說的科學會有一些交集或衍生論點，而就以這交集或衍生論點的總合爲科學的（新）定義，並據以爲有所區別於其他學科（否則就得取消科學和其他學科的分際，一切從「零類」談起）。好比有人說科學是一種系統性的知識（布魯格〔W. M. Burgger〕，1989：470）或科學是在尋求實在界一些普遍性的定律或原理且能經由實驗加以檢驗（高斯坦〔M. Goldstein〕等，1992：6-7）或科學是獲得系統化知識的過程和成果的總稱（歐陽鍾仁等，1980：3-4），而這就可以把它整合爲一個科學名下的衆成分如「科學是指有系統地獲致知識的方法、活動和結果，而這種情況又可以透過實驗予以測試」（周慶華，1999：122）冀以能夠方便統攝相關材料。

就這一點來說，佛教跟科學是大不相侔的（尤其是爲了探究物質，科學可以藉所發明的精密儀器以爲輔助，以及透過技術更新不斷向人類智能的極限挑戰，而佛教根本就不時興這一套），但因爲佛教也自有系統性的獲得離世知識的方法，所以它不妨在內涵上減卻或轉向共享科學的名。這種互通性，不是像有些論者所強爲對比拈出的科學有的佛教也有那類「假相」，而是佛教自己確是可以依照相關知識規模別立一種科學觀。前者常會「老王賣瓜」式的吹噓佛教比科學還科學，如：

佛教對於物和物、心和心、心和物的種種關係，都有精闢的理論。科學的研究對象，只限於物和物的關係，我專就這一個關係，把佛教和科學比較，覺得現代的科學正在用實例證實佛教的理論。只可惜科學對於後兩種關係還沒有進行研究，所以無從對照。（太虛等，1986：45）

科學雖然和佛教同是在探討宇宙和人類的關係，但科學的知識是從感官而來，是變幻無常的，今日的定律也許會被明日的定律所推翻，並非永遠不變；而佛教的教理，卻是佛陀以至高無上的般若智慧所證悟發現的自然法則，這個「法」是宇宙本有，歷久彌新的眞理，具有普遍性、永恆性。所以佛學的提倡不僅和科學沒有牴觸，反而對科學的方法和效用上提供更精確的檢證。（星雲，1999：65）

就是這類說了沒有什麼人會信的典型論調；後者則以非通則的方式自樹科學典範，只要大家知道它的淑世高明處，就會衷心欽服而從此走上跟目前西式科學相對反的途徑。

二、緣起觀作為佛教科學的標幟

所有的科學，都可以追溯到世界觀（背後的終極信仰會內在這裡面），正是它提供了科學「看待事物」的方式和「研究事物」的興頭。好比西式的科學，就是稟自創造觀這種世界觀，才開啓詳究上帝所造物「如此奧妙」以及如何再「發明創造」以爲榮耀上帝的科學紀元（施密特，2006；諾格爾，2006；

皮爾絲〔N. R. Pearcey〕等，2009；凱勒，2010）；而其他系統（包括佛教在內）並沒有上帝造物的信仰，所以它們就很難想像爲何「科學」是一件那麼重要的事。有論者不了解這一點，硬要拉近佛教和科學的距離：

> 佛教是一種藝術，是要讓每個人以各自的方式去發現、實踐和表達的，所以佛教也是一門科學。你可以說佛陀做了一個實驗，邀請其他人以自己的感官證據去測試，然後自己證明，所以佛陀的觀點是非常科學的。（賈許〔G.Gach〕，2006：381）

這除了無法給佛教增價，還容易引人誤會佛教也是相應科學而發生的。殊不知佛教的世界觀是在預示解脫路，並非對西式科學一類的「執著」行爲感興趣。因此，論者繼續所做的一些類比，就顯得不倫不類：

> 佛教是一種非常科學的方法，且一如科學有不同的方法學派。上座部佛教的方法是觀察和探詢……禪宗強調直覺……淨土則強調在無限的宇宙中，有受限的人世關係。金剛乘和上座部同樣強調有條理、有方法的過程，它把先前在上座部電子顯微鏡下所分析的貼著「自我」標籤的分子拿來，讓它跑過粒子加速器。（賈許，2006：382）

如果說佛教眞有什麼可以類比，那麼我們就會因此而發現這種類比只有一點理論的旨趣，對於解脫急務則毫無用處；更何況實情卻不是這樣，因爲佛教所說的方法都是爲了反俗見，豈能在一如西式科學那樣窮究事物的原委後還能自渡超脫？

顯然佛教沒有西式科學那一路數，它自有一種可以反轉入世取向看法的世界觀，名叫緣起觀。這種世界觀，以爲宇宙萬物的出現和消失，都是因緣和合所致。換句話說，有造成宇宙萬物存在的原因或條件，才能夠促使宇宙萬物的實際存在；反過來，沒有造成宇宙萬物存在的原因或條件，也就不能夠促使宇宙萬物的實際存在（或者當造成宇宙萬物存在的原因或條件消失了，宇宙萬物也要跟著消失）。而由此衍生出人生是一大苦集，最後要以去執滅苦而進入絕對寂靜或不生不滅的佛（涅槃）境界爲終極目標。（周慶華，2005：99-100）所謂「若法因緣生，法亦因緣滅。是生滅因緣，佛大沙門說」（施護譯，1974：768中）、「此有故彼有，此起故彼起……此無故彼無，此滅故彼滅」（求那跋陀羅譯，1974：92下）、「所謂此有故彼有，此起故彼起。謂緣無明行，乃至純大苦聚集；無明滅則行滅，乃至純大苦聚滅」（求那跋陀羅譯，1974：18上）和「是故經中說：若見因緣法，則爲能見佛，見苦集滅道」（鳩羅摩什譯，1974a：34下）等，就是在說這些道理。由此可見，佛教的緣起觀是在解釋宇宙萬物的所從來，跟其他世界觀嘗試據爲解釋宇宙萬物的因緣同一位階；只不過佛教僅以它爲俗諦，聖諦則在逆緣起觀，這就不是其他世界觀所能相比的了（也就是其他世界觀定就定了，不會再以它爲所要逆反的對象）。換句話說，佛教的世界觀是隨世說的，它的旨趣則在反向以爲離世（不離世則恆陷煩惱痛苦的深淵）；而其他世界觀則盡在入世挖深，終究是兩相歧路。

爲了看出佛教這種世界觀的取徑別異，不妨再詳爲舉實其他世界觀來對照。比如在西方傳統中所有的創造觀，我們可以藉底下的一段論述來想像它的樣貌：西方歷來的世界觀（宇宙觀），表面上繁複多樣，實際上卻有相當的同質性，就是都肯定一個造物主（神或上帝）以及揣摩該造物主的旨意而預設世界所朝向的某一特殊目的：如古希臘人認爲世界是由神所創造的，所以它是絕對完美的，但它並非是不朽的；世界本身就含有衰退的種子。因此，歷史自身可以視爲一種過程。在這種過程中，事物的原初秩序在黃金時代裡，一直保持著完美的狀態，只有在往後的歷史階段中，才無可避免地陷入衰退的命運。最後當世界接近終極的混沌狀態時，神又再度介入而恢復原初的完美，於是整個過程又重新開始。這樣歷史就不是朝向完美的一種累積性進展，而是一種由秩序邁向混亂的不斷交替。這種觀念影響到古希臘人對社會究竟要怎樣建立秩序的理念，如柏拉圖、亞里斯多德相信，最好的社會秩序乃是變動最少的社會：在他們的世界觀裡，根本未存有不斷更動和成長的概念。因此，他們最大的心願，就是儘可能保持世界的原狀，以留傳給下一代。又如基督教的歷史觀主宰著整個中古世紀的西歐，它認爲現世的生命只是朝向下一個世界的中途站而已。在基督教的神學裡，歷史具有開創期、中間期及終止期的明顯區分，而以創造、救贖及最後審判等三種形式表現出來。這種世界觀認爲人類歷史乃是直線型而非交替型的。它並不認爲歷史正朝向某種完美化狀態前進；相反地，歷史被視爲一種不斷向前的鬥爭，當中罪惡力量不斷地在塵世播下混亂和崩潰的種子。在這裡，原罪學說已經徹底排除了人類改善生活命運的可能性。對中古世紀的心靈來說，世界乃是一個秩序嚴密的結構。在這種結構下，上帝主宰著世上每一事物，人類根本沒有什麼個人目標；只有上帝的誡命，值得他忠實的服膺。基督教的世界觀，提供了一種統一化且含攝一切的歷史圖像。這種神學綜合世界觀，個別人根本沒有一席之地。人生在世的目的，並不在於「貪得」，而在於尋求「救贖」。基於這種目標，社會就被看作一種有機性的「整體」（一種上帝所指引的道德性有機體）；而在這種有機性的整體下，每一個人都有他一己的角色。又如從十八世紀以來，以適當、速度和精確爲最高價値的機械世界觀，經培根、笛卡兒、牛頓等人的大力推闡，早已席捲了全世界的人心。機器儼然佔有了人類生活的全部，而人類的世界觀念也因爲機械而結合爲一。大家把世界看成是永世法則，由一位至高無上的技師（上帝）所推動的一部龐大無比的機器。由於這部機器設計得極爲精巧，以至它可以絲毫不差地「運作自如」；而它運動的精確度，可以小到N度來核計。人類對自己在世界裡所看到的精確性深感神迷，進而冀圖在地球上模仿它的風采。因此，歷史乃是工程上的一種不斷地實習。地球就像一個龐大的「硬體庫」，它由各式各類的零件所構成，而人類必須將這些零件裝配成一種功能性的系統，並且有永遠做不完的工作。這樣歷史已被視爲由混亂而困惑的狀態，邁向井然有序且全然可測的狀態的一種進步旅程；而中世紀追求後世救贖的目標，也成了過時之物。於是爾後所取而代之的是追求今世完美的新理念。在這種機械世界觀的啓示下，人們也紛紛展開探索這些普遍法則和社會運作之間關係的工作。如洛克試圖將政府和社會的運作配合於世界機械模型；史密斯試圖在經濟領域裡進行類似的工作；而斯賓塞及所謂社會達爾文主義者更試圖把自然淘汰的概念轉變成適者生存的概念，來強化機械世界觀（自利將促進物質福分的增加），從而促成更高的秩序（雷夫金，1988：32-65）。以上這些世界觀（包括古希臘時代的「神造」世界觀、中古世紀基督教的「神學綜合」世界觀和十八世紀以來的「機械」世界觀等，可以統稱爲「創造觀」（神/上帝創造宇宙萬物觀；底下再分三系，則是緣於著重點的不同〕），長期以來一直支配著西方的人心，並在十九世紀以後逐漸蔓延到全世界。

又比如中國傳統所有的氣化觀（自然氣化宇宙萬物觀），以爲宇宙萬物爲陰陽二氣所化生（自然氣化的過程及其理則，稱爲道和理），所謂「道生一，一生二，二生三，三生萬物。萬物負陰而抱陽，沖氣以爲和」（王弼，1978：26-27）、「夫混然未判，則天地一氣，萬物一形。分而爲天地，散而爲萬物。此蓋離合之殊異，形氣之虛實」（張湛，1978：9）、「無極而太極。太極動而生陽；動極而靜，靜而生陰。靜極復動。一動一靜，互爲其根。分陰分陽，兩儀立焉。陽變陰合而生水火木金土，五氣順布，四時行焉，五行一陰陽也，陰陽一太極也，太極本無極也。五行之生也，各一其性。無極之眞，二五之精，妙合而凝。乾道成男，坤道成女。二氣交感，化生萬物。萬物生生，而變化無窮盡焉」（周敦頤，1978：4-14）等，都在說明這個意思（各文中另有陰陽二氣所從來的推測）。傳統中國所見這種世界觀既然以宇宙萬物爲陰陽二氣所化生，那麼宇宙萬物的起源演變就在「自然」中進行；這不無暗示了人也該體會這一「自然」價值，不必做出違反自然之理的事。道家向來就是這樣主張的，而儒家所強調的道德形上學（所謂「夫君子所過者化，所存者神，上下與天地同流」〔孫奭，1982：231〕、「盡其心者，知其性也；知其性，則知天矣」〔同上，228〕、「天命之謂性，率性之謂道，修道之謂教」〔孔穎達等，1982：879〕等，可爲代表），也無不合轍。傳統中國人信守這樣的世界觀，所表現出來的多半是爲使自然和人性、個人和社會以及人和人之間達成和諧融通、相互依存境界的行爲方式和道德工夫。

圖11-2-1　三大世界觀光譜儀

上述兩種世界觀，分別展現了勘天役物和同體洽物等體性（周慶華，2005：96-99），跟佛教的緣起觀（因緣和合宇宙萬物觀）各有長短不等的距離。如果以光譜儀來標示，那麼創造觀會是在光譜的一端，氣化觀居中，而緣起觀則是在光譜的另一端（詳見圖11-2-1）。

緣起觀所以會在光譜的一個極端，是因爲它所隱含的逆緣起觀（見前）著重去執，全無塵念（既不勘天役物，又無同體洽物心想），最爲離世別繫。因此，從世界觀制約下的科學角度看，佛教的科學顯然是以非別系科學模式存在的；它要在衆科學氛圍中自鑄一種反「有執」（不論是征服型的還是諧和型的）的科學面貌。

三、從佛教科學到科學佛教

佛教以緣起觀作爲反有執型的科學的標幟，它的同樣可以有系統的獲取知識的方法，乃在於確立以透視緣起法而趨入佛（涅槃）境界爲綱領：「一切法無相，一切法無體，一切法不可修，一切法無所有，一切法無眞實，一切法空，一切法無性，一切法如幻，一切法如夢，一切法無分別」（實叉難陀譯，1974：85上）；而後拈出衆生都有佛性來保障該透視的可能性：「以依正不二故，衆生有佛性，則草木有佛性。以是義故，不但衆生有佛性，草木亦有佛性也。若悟諸法平等，不見依正二相故，理實無有成不成相，假言成佛。以此義故，若衆生成佛時，一切草木亦得成佛。」（吉藏譯，1974：40下）從此就能臻至絕對寂靜的解脫極境：「諸根如幻，境界如夢，一切諸法，悉皆空寂，此名空解脫門。空無空相，名無相解脫門。若無有相，即無願求，名無願解脫門。如是三法，與空共行。涅槃先道，當如是學。」（日稱等譯，1974：966下）反過來別有憐憫或有所不願如此的，就得半付慈悲心困已或墮入輪迴圈以爲痛苦煩惱所深纏：

> 所謂菩薩見諸有情，受於苦惱，飢渴貧露，衣服垢弊，孤獨無怙，無所依止，遠離福業，無所趣向，由此菩薩作是思惟，起慈愍心：我爲利益彼有情故，發阿耨多羅三藐三菩提心；此諸有情，受於苦惱，無歸無怙，無所依處，流轉生死，我當何時爲諸有情，爲歸爲怙，爲所依處。由是菩薩，慈愍纏心，於常常時，於恆恆時，隨所有物，施彼有情。雖有饒益衆生善根，終不恃此起於高慢，是名菩薩成就慈愍施。（達摩流支譯，1974：286下）
>
> 一切世界，始終生滅，前後有無，聚散起止，念念相續，循環往後，種種取捨，皆是輪迴。未出輪迴，而辨圓覺；彼圓覺性，即同流輪；若免輪迴，無有是處。譬如動目，能搖湛水；又如定眼，猶迴轉火；雲駛月運，舟行岸移，亦復如是。（佛陀多羅譯，1974：915下）

至於心存「撿便宜」而想歸宿佛國淨土的，自然也會被設想出來：「何等是淨佛國土……諸菩薩莊嚴佛土，爲令衆生易度，故國土中無所乏少。無我心故，則不生慳貪瞋恚等煩惱。有佛國土，一切樹木常出諸法實相音聲，所謂無聲無滅無起無作等；衆生但聞是妙音，不聞異聲，衆生利根故便得諸法實相。如是等佛土莊嚴，名爲淨佛土，如阿彌陀佛等諸經中說。」（鳩摩羅什譯，1974 b：708 中）只不過這已經另生枝節，離「純粹」解脫欲求有點遠了。由此可見，佛教自行擁有一套棄世的知識系統，它雖然少了強而有利的踐行印證（偶有佛菩薩們展露局部的實相），但一樣不會短缺應有的指引功能。

這種指引功能，在西式的科學上是以「改善人類的生活或謀求人類的幸福」爲前提（歐陽鍾仁等，1980：1），而以「描述、解釋和預測」功能爲律則（洪文東，1999：4-5），終而提供可爲「利用厚生」的有用地圖：「科學理論曾被比成地圖。即使是最仔細的地圖也不能把一切都標示出來：每一株樹或每一片草葉，每一岩塊或每一窪泥坑……地圖上只留下道路、城鎮、公園，及其他一些重要特徵……道路的曲折、轉彎處並沒有都顯示出來，只是把大致方向指出。但地圖這樣就夠用了。」（高斯坦等，1992：273）雖然如此，該科學的持續高度發展，無疑造成人類文明的昌盛，同時也改變了人類的思想觀念和生活方式。所謂「現代科學思想、科學方法、科學精神、技術成就，時時刻刻都對人們的思想觀念發生作用……此外，科學還促進了人類生活方式的進步。電子計算機、控制機的普遍使用，大爲減輕了人們的腦力勞動、體力勞動的強度，使人們有更多的閒暇時間。家用電器進入千家萬戶，使人們減輕了家務勞動，豐富了精神生活，從而提高文化素質，調節心理狀態，保持身心健康，延年益壽。作爲人們主要的交往媒介現代化的交通、通訊工具使世界變小了，人們的閒暇活動空間不再侷限於家庭，並增強了個人活動的獨立度和自由度」（潘世墨等，1995：27），這說的頗爲實在。然而，它沒有顧及的層面更多。如生物學的發展和醫療技術的精細化所引起的諸如對遺傳工程、精子倉庫、無痛死亡、性別的人爲選擇及複製人、植物人等一系列倫理道德的爭論；化學和物理學的鑽研被用於製造武器互相殘殺而使人類瀕臨自我毀滅的邊緣；而整體科技的無止境突破帶來環境汙染、生態失衡、能源短缺、耕地銳減、土地沙漠化、溫室效應和臭氧層破洞等後遺症，這都比前者要令人驚異！以至接著而來的相關的呼籲也就特別多，如：

科學不應該是自身的目的，也不只是滿足人類自然欲望的工具，更不單單是達到以科技爲目標的方法。科學應當跟合於人性的價值體系以及行爲原理相配合，而這些體系和原理應當容許一次又一次的嚴格檢查和修正。（孫志文主編，1982：51）

自負於擁有現代科學技術的人類，現在已是顧此失彼、禍端四起，再也不能急功近利地濫用科技了。剩下的時間已經不多了，當今的人類必須從全球的觀點出發，重新審視自己的行爲方式，愼重地規畫未來。（華玉洪，1995：26）

自從十七世紀理性啓蒙以來，人類就形成了一種以人類本身利益爲中心的世界觀；而從十八世紀以降，它更以「科技」、「進化」、「理性」這樣的概念來合理化人的一切作爲。及至二十世紀後半，這一切又被狹義的統攝到「成長」這個名目之下。人類對自然的掠奪終於完成了終極理論的建構……今年開始，地球大反撲業已正式展開，氣候異常，劫難當前……當年的復活節島由於是個封閉系統，它完整的演出過一個文明毀滅的全程；而今天整個地球系統，不正以一個更

大的規模在演出當年復活節島的故事嗎……願我們都能從當中得到警示。（萊特，2007：南方朔推薦序9-11）

以上這些都是批判兼提藥方，冀望情況不要繼續惡化下去。這不啻暗示著「利用厚生」這件事，還得一併考慮滿足道德和永續存在的要求；否則，屆時連「起碼」或「基本」的利用厚生也無緣遂行了。（周慶華，1999 b：227-228）而這在科學佛教方面，普遍講究修鍊冥想、瑜伽術以及其他的冶鍊等行爲而將能量的消耗降到最低限度，特別能夠促使人類反省到救渡危機就在這一「減少耗能」的觀念及其具體作爲上。因此，它的指引功能，也就從可以反西式科學支配而保證人類恆久存活處顯現出來，遠爲現有的利用厚生而實不能「如願」的取徑所不及。

四、科學佛教的獨特處

很明顯的，佛教以緣起觀解釋宇宙萬物的由來，跟其他系統的世界觀並列，充分顯示它自有科學的一面；而從其他系統的世界觀來看佛教緣起觀這種世界觀，在淑世或益世上又有它「不增負擔」的獨特處，從而凸出它在這「特定層次」上更爲科學的一面。換句話說，科學的存在如果也爲淑世或益世的話，那麼科學佛教的成形在這一點上不啻更有時代的意義和濟渡功能。

前面提到的佛教科學是靜態存在的，它以如上所述「自有科學」的身分面世，還看不出它有什麼特殊作用（也就是它僅爲科學的一種）；但到了科學佛教後，就開始動態起來，它已經可以藉爲介入現實事務而容許有一段參世的旅途。這是從佛教本身也是在世存有以及就面對未來人類的前景來說佛教也無從自外於淑世或益世的行列等立場所發微的；而在這條參世的旅途上，大家會發現捨佛教無以談濟渡的問題。那麼佛教用科學來限定它而成爲具有運作動能的科學佛教後，又怎麼顯現它「濟渡」上的獨特處？這「一言以蔽之」就是它不熱中現實事物可以到完全不給地球增加負擔的地步。

我們知道，佛教的緣起觀，不論在系統內部如何的衍生出十二緣起（無明、行、識、名色、六入、觸、受、愛、取、有、生、老死）、業感緣起（身口意等業因的召感）、阿賴耶緣起（阿賴耶識變現宇宙萬物）、如來藏緣起（如來藏自性清靜心開啓眞如和生滅兩門）、法界緣起（法界的事法都成爲一大緣起而不單獨存在）和六大緣起（萬法爲地水火風空識所構成的佛法身的顯現）等（周慶華，2004 b：61-87），它都以逆緣起爲終極解脫依據，全面去執離世。這雖然不免於「高調獨唱」（事實上人有資質稟性以及悟力和毅力的差異，縱是都有解脫潛能，但不保證都想或都可以臻至解脫極境），但它懸爲標的還是足以顯示一種有效濟渡世界的方式。而這從現存其他兩大世界觀所發用的情況來比較，就能明瞭科學佛教的獨特處。

現存其他兩大世界觀，如前所述，一爲創造觀而一爲氣化觀。創造觀著重在勘天役物，它所發展出來的科學在基本上乃是爲「探究造物主的傑作」（巴伯，2001：1）或爲「榮神益人」（皮爾絲等，2009：41），並據爲媲美造物主（神／上帝）而冀以優先獲得救贖「重回天國」，因此該科學的主導者就不在意地球資源被耗盡（因爲他們的終極歸宿在天國）。而氣化觀原著重在同體洽物（見前），

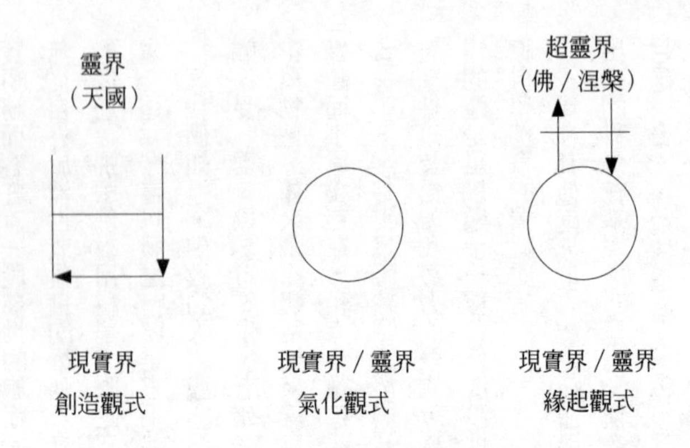

圖11-4-1　三大世界觀的科學知見差異

以節欲態度對待世界而有所區別於前者的縱欲形式，但它稍一滑溜就很可能向縱欲面向靠了過去，一如當今海峽兩岸勤於仿效西方的生活模式所體現的，這麼一來它的濟渡功能就轉同前者而趨近於零。只有緣起觀在運作上可以去執消無，讓地球獲得比較好的休養生息，終而達到禁欲濟渡的功效。（周慶華，2006：306）這種差別，不妨以圖11-4-1來表示。

由此可見，創造觀式的科學知見，是要把人帶向來處「天國」，塵世終將被棄置；而氣化觀式的科學知見，乃在引人雜混於塵世而又不免於隨波逐流；至於緣起觀式的科學知見，則以生死俱泯的姿態面世（所趨入的佛／涅槃，僅為一「生沒有生的感覺，死沒有死的感覺」的絕對寂靜境界，而非一實體世界），最見濟渡實力。因此，科學佛教的戛戛獨造性，也就在此刻為淑世或益世上而彰顯出來了。

當今現實世界因創造觀式的科學知見所帶動的窮耗資源，導致地球千瘡百孔，大家不但苦無拯救的對策，而且還在盡發一些「天眞」的想望，直教有識之士扼腕嘆息！如「在二十世紀末，還有一股力量掏空了『進步之塔』的基部，那就是全球環境的破壞。科學所催生的西方工業模式，仍在不斷耗竭、污染自然資源，而讓地球生命面臨可能倏然寂滅的威脅。儘管人類已經大幅修正運用自然的方式，讓地球得以免受萬劫不復的傷害；但西方工業模式的『優越之處』要全人類所信服，似乎已是不可能的事。即使是最了不得的科學成就，對環境似乎也同樣會產生不得了的破壞。比如糧食產量的大幅提升，摧毀了自然棲息地，讓大片土地不再肥沃；比如電力和高速移動工具，雖然讓生活大爲便利，但因爲會排放廢氣進入大氣層，最終卻造成全球暖化的駭人結果。弔詭的是，從反抗現行的全球經濟模式，並爲它尋找替代之道的角度來看，環境既讓人絕望卻又伴隨著希望。因爲資本主義體制的裂縫，就在自然環境這裡裂了最大洞。自由市場或許有能力做到許許多多事，但保護環境絕對不在其中。以企業間的競逐利潤爲基礎建立的體制，必然無法保護地球的自然資源。如果環境要受到保護，不當利用資源的行爲要予以遏止，並讓那些即使不是對未來最樂觀的人都認爲，整個二十一世紀，人類社會可享有今日的經濟成長率，那就勢必得靠國家和超國家的機構來安排、規範」（布雷瑟〔C. Brazier〕，2002：212），類似這種期待國家或超國家機構來安排、規範世人的行爲尺度，就不啻是癡人說夢！如果國家或超國家機構眞有這個甘冒失去競爭力的「危險」而來從事這種自我「削減」工作的膽識和能耐，那麼大家也不會至今還在滔天大浪中掙扎。可見這已經不是「約束」行爲的問題，而是根本上「去執」以求解脫的問題。這時佛教就得再度的發揮功能，從下到上或從上到下的每一個層面去展現它的影響力；同時也正告世人，佛教才是一帖值得依賴的良藥。（周慶華，2004 b：192-193）這條參世濟渡的旅途，縱使還要徵得普世的信從而離奏效日期還很遙遠，但如果沒有佛教出來領航，那麼連想像世界會有轉好的一天也不可能了。因此，就自顯獨特處而可以運作顯能的科學佛教來說，就眞的是要特深寄望而不可能再有更佳選擇了。

五、解救生態危機藉以從中動員

雖然一開頭曾表示過「如果將科學當作一個可變項，准予脫離所發源的系統，那麼佛教自有它的科學觀而可以跟並世的其他科學觀對話。這並不是要消融原有的科學觀，而是想發展另一種科學觀，以便爲更能益世修築坦途」，但只是爲抗拒力預留空間，實則是希望佛教的科學觀可以取代其他的科學觀而爲舉世的新典範。這是從其他科學觀已經沒有能力挽救生態危機來斷定的；佛教的科學觀不論是僅取少量資源（成佛過程）還是乾脆捨棄所有資源（成佛後），都能夠在參世的旅途上蔚爲一種高度和諧生態的風采，未來世界還是需要它來匡扶，以免繼續陷落。

這並不是說其他科學觀都沒有警覺生態危機的嚴重性而亟思加以改善，而是說只有佛教的科學觀始終都不增加地球負擔而最足以解決生態破壞失衡的問題。況且其他科學觀的後繼者所想出來的對策，都是以新科學救渡舊科學（而不是揚棄）有如「以火救火，以水濟水」，只會加深生態劫難，根本無助於地球的復原再生；尤其是已經享受豐厚物質生活且佔盡優勢地位的西方國家，更不可能退卻而把「榮光」拱手讓給別人。好比「美國是世界最大的汙染國之一，這是當前美國行使自由所帶來的不幸的副產品。單獨行動，美國人不可能遏制氣候變遷。但除非美國行動起來，否則有效應對這個全球威脅的可能性幾乎爲零」（巴塞維奇〔A. J. Bacevich〕，2010：199），很顯然美國是不會反向而行的，因爲它早已以造物主支配世界自居，怎麼可能眼睜睜看著「大權旁落」？所謂「上帝的力量在於祂所引發的崇拜。一種宗教的思想方式或儀式，倘若能促使人們領會到高於一切的超視，它便是強大的。對上帝的崇拜不是安危的法則，而是一種精神的探險，是追求無法達成的目標的行動。壓抑高尙的探險希望，就是宗教滅亡的來臨」（懷德海〔A. N. Whitehead〕，2000：276），宗教滅亡也就是大帝國滅亡；而在沒有別的好處可以取代的情況下，這是不可能那麼容易「任其發生」的。可見相信西方人以新科學（如倡導再利用和開發新能源之類）救渡舊科學的有效，就像相信以火撲火或以水堵水也能見功一樣，再也沒有比這更不切實際的了。

在地球這一封閉的系統內，資源逐漸枯竭、環境生態汙染失衡日益嚴重、聖嬰和溫室效應造成恐慌以及一直存在的核武恐怖等，已經讓人類眞正的感覺到「無所逃於天地之間」而就要坐以待斃了！這時只有「無所求於地球」的佛教能夠出來挽救危局。這種挽救所要普遍動員，可能引致另一種「精神死寂」或別的物種過盛而造成新的生態災難的疑慮，這就毋須在現時「及早憂心」，畢竟佛教的科學觀要成爲全人類的共識不會是一朝一夕的，它只能「冀其點滴生效」，而無法確保它必能「終極見成」。而所以要有靠它解救此一信心的，毋乃是當人類別無良策挽回頹勢又不想同歸於盡時，就有可能從佛教這裡尋得解藥；而現在先規模好「形勢」得朝著佛教的科學觀走的道路，一旦相關意識啓動了，大家就可以立即上路而不必徬徨於歧途狂找出口。

第十二章　後生態時代的佛教修行：

逆緣起解脫與非乘願再來

一、佛教修行的新時代考驗

佛教為一神秘型的宗教，靠玄奇性的逆緣起體驗來達到解脫的目的。這種解脫，對比於執著「靈體永生」或「肉體不死」來說，有著本體論上的超然性，可以向世界求得「一無所縛」的自在位置。

考察佛教所以會以解脫為蘄嚮，是因為它假定了「一切皆空」，而能相應於這種觀念而不想不願的，就可以解脫成佛。所謂「觀一切諸法，皆悉空虛，是謂名為空三昧……一切諸法，都無想念，亦不可見，是謂名為無想三昧……於一切諸法，亦不願求，是謂名為無願三昧。如是比丘有不得此三三昧，久在生死，不能自覺悟。如是諸比丘，當求方便，得此三三昧」（瞿曇僧伽提婆譯，1974：630中），就是在說這個道理。但因為世多凡夫，不能悟及此一「眞理」，所以解脫論也就開始有販售求賣的賣點：「一切凡夫，憶想分別，顚倒取相，是故有縛……諸法無解，本無縛故。常解脫相，無有愚痴」（鳩摩羅什譯，1974c：637下）只有智者可以免受解脫論的啓導而自行了生脫死。

再進一步看，解脫論中從所緣起到逆緣起的過程，其實就是一個意識或意志能力的還滅表現（而無關什麼抽象的「般若智」的介入作用）；它的關鍵，在於「概念」的棄執：

所緣起（會引發苦惱）的部分，唯一可以確定的是「概念」；至於「事物」，則無法確定。因此，逆緣起，可以進入一個渾然忘我的狀態，就形同解脫。但在某特定情境中一度的逆緣起後，還得在另一特定情境中又一度的逆緣起，以至於無窮盡。於是所謂的解脫，就是「機緣」，不可能有「恆常如斯」的現象。在這種情況下，人所能以清晰的意識或意志能力運用概念辨知事物的存在，就成了一個可以鬆動或轉移的對象……因此，逆緣起就是自我解消概念的束縛，「重返」不知不覺事物存在的狀態。倘若不是這樣，也許就會繼續被概念所困，而看不透概念世界在自己先行設定又受其制約的弔詭「眞相」了。（周慶華，2004b：85-86）

因此，佛教的修行也就在消極上「捨棄概念」或「不執著概念」和積極上「活用概念」或「善於對待概念」而不爲所困的兩極間自渡或兼渡人（周慶華，2004b：86），以完成一種「無所求」式的在世存有形態。而這如今因爲人類益加耗能和環境生態快速惡化等病徵，使得相關的佛教修行要面臨新的考驗。

二、新時代的考驗在生態觀念的轉折上

這種新的考驗，主要是人類存活的場域越來越艱困，而佛教修行又要如何著力且預告前景，也就成了一件棘手的事。我們知道，耗能和環境生態破壞的末路是能趨疲到達臨界點而使地球陷於一片死寂，這時的佛教修行或再強調佛教修行又有什麼意義？因此，它勢必是一個「重新出發」式，才能繼續挺立於天地間而無所愧悔！而這就得看看所謂新時代的考驗要怎樣化解。

很明顯的，新時代所要考驗人類的，就是資源枯竭、環境破壞、空氣污染、水質污染、殺蟲劑氾

濫、酸雨、臭氧層破洞、溫室效應和生物滅絕等問題擺在眼前而難以因應。這自然是緣於西方科技發達和殖民征服而造成全球一起自毀沉淪的後遺症（背後則又是西方一神教信徒的原罪觀所體現的「塵世急迫感」在醞酵）（周慶華，2006：250-251），但舉世不願意凜於能趨疲的時代急務而改爲素樸過活，卻是這一波有史以來最大生態浩劫的根本原因。換句話說，全世界盲目的走向締造高度物質文明（不論是主動發起還是被動尾隨）而使自己逐漸處於不利地位的舉動，難怪會無法擺脫滅絕陰影；而大家所能想出來的生態論述或綠色經濟，則又因質屬「以水濟水」或「以火救火」而無濟於事！

先前有許多科學家聯名發表文章說「我們正在快速接近地球的多種極限。當前的各種破壞環境的經濟行爲不能再繼續下去了。我們只是在一定程度上對人類大規模的干預行爲給關鍵性的生物系統可能帶來的不可預測的破壞有所了解。如果人類想要避免巨大的災難，如果我們想要我們的地球家園不必遭受無可挽回的毀滅，人類就必須徹底改變其對地球以及地球上生命的管理手段」。（布魯吉斯〔J. Bruges〕，2004：6）這新的管理手段，現在已經被綠色經濟所獨攬：

有更多企業開始了解產品製造方式的眾多環境衝擊；當中有一小群公司了解到，關鍵在於檢視產品本身，也就是產品對於環境造成的所有影響。「從搖籃到墳墓的思維」在這時開始興起，整套工具也順應而生。突然間，環保經理人拋出諸多像是產品生命周期評估、有益環境的設計、產品生命終期管理、去物質化、去製造化、重新製造、逆向物流、產品回收，以及長期製造商責任等名詞。公司開始以更好的方式測量並管理原物料處理量，了解使用每一單位的原物料能製造出多少產品。最後，知名綠色設計師兼建築師麥唐諾以及瑞士化學家布朗嘉一同告訴我們，不應該以從搖籃到墳墓爲目標，而是應該做出緊密連結的「從搖籃到搖籃產品」和流程。他們發展出一套執行方式，最終也擬訂出這類產品的驗證價購。（麥考爾，2009：30）

但這所要管控的是一套「新的企業流程」，而不是從釜底抽薪把整個企業徹底的減卻，對於緩和能趨疲的壓力仍然不見成效。雖然長期以來，有關去人類中心的籲請已經多得不可勝數，而如何跟大自然共生共榮的議題也不乏有識之士密集在討論（伍汀〔W. Woodin〕等，2005；安德生，2006；達爾尼〔S. Darnil〕等，2008；麥唐諾〔S. McDonough〕等，2008；凡得來恩〔S. Van der Ryn〕等，2009；山德勒，2010；內崎巖等，2010），但爲什麼世界還這麼「不聽使喚」？顯然這裡面有某種惰性在抗拒那一還沒搔到癢處的改變想望。換句話說，他們說的都是大家懂得的道理，只不過相關的行動力卻陷在一股反向拉力中難以和緩，也莫名的不願被還未消退的勢力自動放逐，馴至只能勉爲跨向綠色經濟一步的過程「又一次的自瀆」！這樣再配合或呼應式的生態觀，也就顯不出它的匡時的需求性，而得轉向從後生態觀去獲取藥方。（周慶華，2010：53）

三、必要期待一個後生態時代的來臨

所以說化解地球危機要依賴後生態觀，是因爲現有的生態觀不論是關地的（如關心殺蟲劑、除草劑、戴奧辛、多氯聯苯等，對動物和人的健康、生殖等地面生態造成極大的影響）還是關天的（如關心二氧化碳過多所產生的溫室效應而造成空中生態的破壞）或是關文化的（如關心利用太陽能、循環回收再製、零廢棄、無害排放和資源高效能的運輸工具等來永續經營地球，以維護文化生態）（詳見第一章第三節），都是「補救」式的，對騎虎難下的西方世界及其所帶動的全球化恐怕仍是無能爲力（因爲西方世界既要維持現有優勢又要自我退卻，二者不可得兼，勢必選擇前者而敷衍後者）。而由這類的生態觀一轉所變成的綠色經濟，也只能建立在「新利用厚生」的前提上：

> 具有遠見的企業人士已經了解，環境挑戰的長久性質，將使全球企業的方向重新定位，而使我們捨棄會造成嚴重污染或消耗有限資源的工業。取代它們的將是以「生態智慧」爲基礎的「四個R」：「再整修」（repair）、「再調整」（recondition）、「再使用」（reuse）以及「再製造」（recycle）。可以預見的是，以「四個R」爲基礎的工業將會大爲興盛。（梅納德〔H. B. Maynard〕等，1994：148）

這儼然已是新經濟浪潮的先聲（爾後的綠色企業、生態設計和綠色資本家等一系列變革的籲求，都相沿成習的準備大展鴻圖）；只是這種轉利用替代性質能或再利用舊有質能的耗餘部分，對於減緩地球趨於死寂並沒有實質的貢獻。要使地球免於快速趨向死寂的唯一有效的辦法，就是降低再降低對資源的利用。（周慶華，2010：54）也就是說，上述那種綠色資本主義的補救法，終究無助於整體生態的改善；唯有逆反任何的資本主義，才能延緩人類在地球上的絕滅！

換個角度看，即使是二十世紀後半葉「深層生態觀」興起以來，所要重振的綠色復甦大業，似乎也沒有想像中那麼容易「克盡其功」。因爲深層生態觀所嚮往的「人是地球公民，跟其他生命同等地位，並跟自然和諧相處／自然有它的固有價值，衆生平等／在了解自我乃是大我的一小部分後，僅求取最簡單的物質供應／崇尚節儉和再利用／發展適當的科技，不以追求享受爲目標／依照各民族的生活傳統和地理疆界來劃分居住區域」等目標（林耀福主編，2002：47），還是有「再利用」和「發展適當的科技」等尾大不掉的陋習，一樣會繼續把地球帶向不可再生能量達到飽和的險境。以至世人想要永續經營地球的美夢，依然得靠上述的「滅卻」作法來實現。（周慶華，2010：54-55）而這種滅卻的作法，就是所謂後生態觀的核心。因此，期待一個後生態時代的來臨，也就變成我們必須「衷心以寄」的事。

四、在後生態時代中定佛教修行

現實環境已經演變到這麼不堪的地步，試問佛教修行又將要「對治」什麼？如果說佛教修行的逆緣起解脫始終不變旨意，那麼它持續至今不就「作用還在」？但又不然！所謂的逆緣起，僅在一己受用，對於整個世界並沒有絲毫的助益。換句話說，有沒有佛教修行，都無礙於地球「一如往昔」，以至它的存在就會備受質疑！

這麼一來，佛教修行的「重點」就得有所變更，才能重新彰顯它的必要性以及預期相關的前景。而對於這一點，我個人覺得最迫切要規模的，是有關佛教修行的逆緣起法門，得從內根上施用於非先戀世而後去執或僅爲一無目的灰身滅智式的。也就是說，世上因爲人太多「需求過盛」才導致耗能和環境生態惡化的下場，所以它必須反向由減少人口→減少破壞生態／暖化效應等後遺症；而它的奏效，要在教化人不再留戀塵世而成功後才會出現。因此，修行也就是這類「還原」式的自渡渡人；它所新逆緣起的對象，就盡在不向塵世覓福報，而回到所從來的地方「安頓」。

務實一點的說，地球是一個封閉的系統，由於質能不滅的關係，所有存在體只是在內部相互轉換而已，並未消失；因此，從靈學或宗教學的角度看，我們可以透過教育宣導各存在體「各安所往」（在現實界的存在體，死後靈體不要蜂湧般的「乘願再來」而一直造成資源供給的壓力；而在靈界的存在體，也得調整「互動」的策略，不再輕易的讓兩界相互傾軋失衡；至於還有少數外星球來投胎的靈體，依然可以採「勸導」的方式讓他們釋然的返回來處），不再迷戀這已經不再美好的現實界。（周慶華，2010：58）這是相應於後生態時代所定的調，有關佛教修行所帶有的「教育」性從此也得認清它的「幾乎唯一」特性，將末世的灰色記憶予以「立竿見影」式的清除！這樣佛教修行就不致再招來可能的盲目或無用的譏誚，而終於可以重新「立足於天地間」，再跟其他思維競爭優勢和自我尋隙發展「遠景」。

第十三章　禪與「禪」：

一個有關佛教修行法門的詮釋與實踐問題

一、一個關懷點

世上所有宗教的存在，都起因於爲溝通神祕界的情境，從而有別於其他只著眼現實界事物的學問。但也有例外，像佛教的禪修或禪悟就將神祕界和現實界收攝爲一，抵拒二元對立，從此不辨現實和神祕的區別。這是帶超越性的宗教實演，歷來困惑了不少宗教學者，也折煞了不少哲學家在爲它條陳脈絡和辨理通義。

就因爲有這種無神信仰介入現實事務的運作，使得原本深奧的神祕指涉一轉變成無宗的唯心操練，以至開啓了「解者紛紛」的廣大的參議空間。（赫基斯〔B. K. Hawkins〕，1999；賈許，2006；中村元，1995；阿部肇一，1991；印順，1994；劉光義，2003）在這裡，佛教從有神論的宗教範疇獨立出來，自許一種趨寂息念而不嚮往的宗教性；而它究竟如何可能，則成了衆人亟於追問卻又莫知所向的浮動焦點！因此，最該取來後設檢視的，就是這一難有定論的歧見本身；它到底關連著什麼課題，以及有否可能別爲尋求新的開展等，都可以深加關懷。

如果說佛教但以解脫爲旨趣，而它所能吸引人的也是這一解脫狀態的提點及其解脫途徑的玄妙化（而不是像後來信奉者將修行有成的佛菩薩一併神格化而予以崇拜那樣「自我降級」），那麼我們就可以不斷地探究到達那一終點爲什麼「那麼困難」（才讓佛教一再地言說不輟），以及是否應該轉向「境域解脫」的新關懷來重整後再出發！換句話說，終極的趨寂息念如何獲得有效的保障，以及倘若不改向境域解脫去致力那麼趨寂息念的絕然空無又將何以自處等，都需要另外啓動關懷機制而加以紬繹新裁。

二、從禪到「禪」的理路

以現有的文獻來看，禪是佛教最早所能找到解脫的唯一途徑。它的梵語爲 dhyāna，音譯作禪那（簡稱禪），義譯則爲靜慮或思惟修或棄惡。也就是說，靠著靜慮或思惟修或棄惡，就可以達到解脫的目的。它原是印度各種流派普遍採用的修行方式；而它的淵源則是印度婆羅門教的經典《奧義書》中所說的瑜伽，試圖藉由靜坐調心／超越喜憂以臻至神我合一的「梵」的境界。只是該禪道的「靜慮」（或思惟修或棄惡）性不明，後人只能輾轉將它解釋爲一種漸進式的方法，如「據佛典《俱舍論》、《瑜伽師地論》的解釋，認爲透過『心注一境』、『正審思慮』的習禪，可以有效地制約個人內部情緒的干擾和外界欲望的引誘，使修習者的精神集中於被規定的觀察對象，並按照被規定的方式進行思考，以對治煩惱，解決去惡從善、由痴而智，由『染污』到『清靜』的轉變。禪的修習也可以使信仰者從心緒寧靜到心身愉悅安適」（潘桂明，2007：8），這就有某種代表性；而忽略了它也可能是「靜止一切思慮」的意思，爲一當下截斷式的方法。

禪這種修行法門，後來被結合般若智和佛性，就成了運用般若智透視空性而成就佛性的「一種途徑」（楊惠南，1995：1-55）；而它在被談論時都是暗中自我添加引號予以框限。換句話說，禪原本如何靜慮已經無從詰義，而禪後來如何靜慮則是有脈絡限定的。這種限定，使得從禪到「禪」必要有一條理路隱隱然在背後制約著。而它無非就是詮釋者的前結構（包括意識形態、道德信念和審美能力等先備經驗）和後結構（包括類推、差異消弭和他者啓示等方法意識）的綜合作用以及相關權力意志和文化理想的積極推動等（周慶華，2009：55-56）所造成的。這樣它所要趨入的佛境界（絕對寂靜／靜止一切思慮境界），也就要經過這一程序的判定，才能保證它可以成功。在這種情況下，如果有一種對諍說它無法檢證，那麼它還是可以堅持那一佛境界在「理論」是存在的而在「實際」上也是可能的。因爲大家都是透過上述的詮解框架而來認定的，沒有人可以有效的否定別人的看待方式。

後面這一辯爭，主要是來自理型批判的挑戰。也就是有人會懷疑是否眞有佛這種絕對寂靜境界的可能性；它也許只是一種戲設。好比西方從柏拉圖以來所講的抽象理念世界：西方人所認定的宇宙中有個不變的事物（理念世界），是高度化約且無從求證的對象。因爲事物不斷在變動，變動前不知爲何（不知起源），變動後也不知爲何（不知所終），主體的推知僅僅是一種片面之詞。由於主體先預設了目的（理念世界），所以會把相關性的事物選出、串連，依循一些主觀情見，依序次性的由此端推向彼端或由下層（直觀現象）推向上層（理念本體）的辯證活動。殊不知物物之間、人人之間、人物之間不僅互涉重重。而且當中並置未涉的同時仍然互爲指證，這又不是序次性秩序所能表詮的。（葉維廉，1988：118-123）禪演變到後來，被禪宗所認定的人身上有個不著不染（不生不滅）的清靜心而可以恆久寂靜自在，也是相近這種情況。因此，那個絕對寂靜的境界，就只是可「信仰」的對象，而不是可「體驗」或「認知」的對象。（周慶華，1997：173-174）但這種批判依舊是由上述的方法論架構在保證的，它無從回過頭來斷定別人所信守佛境界的虛妄性。

這樣一來，從禪到「禪」就是一個想像詮解和試圖實踐的歷程。因爲禪要固定爲「禪」，所以它得靠想像詮解；而想像詮解後的「禪」，就是爲了方便實踐，試圖讓它形成一個「由潛能到現實」的歷程。這個歷程是通向圓滿佛境界的終點，也是一個修行者自我成就佛性的憑藉。它既有著自我疏通「關連」的特性，又有著眞理迴向「加持」的期待，合而顯出理入駕馭行入「辨析」方法學的理路。

三、「禪」的發揮與新認識論框架

換個角度看，辨析方法學是就觀察者而說的，當事人（修行者）可能一個次第就完成了禪的過程而不再有明顯的從認知到踐履的階次感覺。因此，禪會轉成「禪」的自由發揮，大家都可以在每每通悟中聲稱已經保有了禪的玄妙性。而從這一點來看後來禪宗的發展，有關它「爲何如此張揚」也就有足夠的理由給予說明。

我們知道，禪宗的興起據說是源自「（釋迦牟尼）世尊昔在靈山會上，拈花示衆。是時衆皆默然，然迦葉尊者破顏微笑。世尊云：『吾有正法眼藏，涅槃妙心，實相無相，微妙法門，不立文字，教外別傳，付囑摩訶迦葉。』」（宗紹編，1974：293下）這一「教外別傳」，到了二十八祖達摩，轉往中土：「達摩受法天竺，躬至中華，見此方學人多未得法，唯以名數爲解，事相爲行。欲令知月不在指，法是我心故，但以心傳心，不立文字」（宗密，1974：400中），從此開啓禪宗在中國流傳的契機。這裡有釋迦牟尼拈花而迦葉微笑的「心傳密付」典故和達摩如數東來傳教的歷史，看似有前後脈絡可尋，但實際上恐怕未必如此「理從義順」。換句話說，它們跟禪宗的發揮禪道不必然有關係。因爲迦葉的微笑表情已經露出了「動念」的痕跡，它也許是緣於我一首〈拈花微笑〉的解禪詩所說的「說什麼都不對／話剛到喉結／就被嚇得倒退了回去／坐在上面的頭頭不再瞪眼／底下閒著的人也會冷眼相向／既然不必挖空心思找認眞／乾脆裝出一副無所謂樣子」（周慶華，2001a：31），只不過是彼此在「相互戲弄」而已，並非有所謂的「解會／印可」事實。至於達摩東來的行跡所顯現的禪修氣重，也不定對禪宗有多少的啓發。

再來依照小乘禪和大乘如來禪的講法，禪是成佛或悟道的方法，所以小乘禪和大乘如來禪也叫做修習禪。而禪宗的講法剛好相反，它以爲禪就是佛教本身或佛本身。因此，其他宗派所說的禪，是指經、戒、禪三者（也就是戒、定、慧三學）相互對立的那種禪；而禪宗所說的禪，則是包括三學（超絕三學）的那種禪。本來這種禪，無法從經論中求得，必須以心傳心（由祖師的正法眼傳遞而來），所以也叫做（大乘）祖師禪。但因爲學人能直接領悟禪道的少，歷代祖師難免都要學人「藉教悟宗」，而自己也常以言教傳心，以至有所謂語錄、燈史等禪籍的流傳。（蔣義斌，1991；杜松柏，1976）這一轉變，關鍵乃在禪宗隸屬於如來藏系，認爲有一個不生不滅的清靜心。這個清靜心，或稱自性，或稱佛性，或稱菩提，或稱涅槃（此外，或稱法身，或稱眞如，或稱如來藏，或稱主人翁，異名甚多），本來是人天生所具有，只因爲盲目的意欲將它掩蔽了。禪宗爲了重新彰顯它，就提出一個根本的主張：「見性成佛」。所謂「禪家流，欲知佛性義，當觀時節因緣，謂知教外別傳，單傳心印，直指人心，見性成佛」（重顯頌古等，1974：154下）、「汝之本性，猶如虛空，了無一物可見，是名正見；無一物可知，是名眞知。無有青黃長短，但見本源清靜，覺體圓明，即名見性成佛，亦名如來知見」（宗寶編，1974：356下）等，正點出這一要義。在禪宗的講法，見性是見自性，成佛是見性後所達到的絕對寂靜境界，二者有互相包攝的關係。換句話說，見性和成佛是一體呈現的。這有兩種說詞：一種是「若識自性，一悟即至佛地」（同上，351上）；一種是「自心是佛……心外無別佛，佛外無別心」。（道原纂，1974：246上）前者還有階次性佛的意味，後者則以性（心）爲佛（以性爲佛，自然見性就是成佛）。而這當中的訣竅，就在主體的能悟或覺（相對的就是迷）：「若開悟頓教，不執外修，但於自心常起正見，煩惱塵勞，常不能染，即是見性」。（宗寶編，1974：350下-351上）因此，「自性迷，即是衆生；自性覺，即是佛」（同上，352中），人人都有可能在一念悟間擁有絕對（無待）的自由。（周慶華，1997：162-163）

大致上，禪宗的「見性成佛」是不依任何經教，而由「直指人心」完成的。這是由於只有「人心」才是一切經典所從來的根源，才是使所有教法成其爲教法的眞理依據。「人心」（作爲釋迦牟尼的自內證而最初由他所自覺的心）是經典的根源，是教法的依據，這點在佛教所有宗派都同樣認許，並不限於禪宗。但其他宗派以爲只有透過所依的經典和釋迦牟尼所說的教法，才能達到釋迦牟尼所自覺到的心；而禪宗則以爲我們不必透過經典和教法，就可以達到跟釋迦牟尼所自覺的相同的心。（吳汝鈞，1989：408）正如底下這段話所說的：「善知識，一切修多羅及諸文字、大小二乘、十二部經，皆因人置，因智慧性，方能建立。若無世人，一切萬法本自不有。故知萬法本自人興。一切經書，因人說有。緣其人中有愚有智；愚爲小人，智爲大人。愚者問於智人，智者與愚人說法。愚人忽然悟解心開，即與智人無別。善知識，不悟即佛是衆生；一念悟時，衆生是佛。故知萬法盡在自心，何不從自心中頓見眞如本性？《菩薩戒經》云：『我本元自性清靜，若識自心見性，皆成佛道。』」（宗寶編，1974：351上）

這就是禪宗的獨特處。至於禪師們不免要以言教傳心或要學人藉教悟宗，這已落入第二義，必須別為看待。（周慶華，1997：163-166）

雖然如此，這種詮解從根本上也是一種先備經驗和方法意識在背後全程保障的，它最多只具有相互主觀性（可以獲得經驗相似或背景相同者的認同），而不可能有所謂的絕對性或客觀性。而更多時候還會轉成權力/知識該一新認識論（傅柯〔M. Foucault〕，1993）所強力制約，期待它變成「一種通見」，好滿足一己的權力欲望。在這個前提下，你要說禪宗有六變或流派遍及外道禪、凡夫禪、小乘禪、大乘禪、最上乘禪、文字禪、看話禪、默照禪、如來禪、祖師禪、日本禪和中華禪等等（顧偉康，1994：高峰等，1998：洪修平等，1977：董群，1997：梁曉虹，1997），也就沒有人有足夠的理由說你不可以，因為大家都在同一個新認識論的架構裡，彼此只能力爭接受者而無從相互詆譭！

根據這一點，來看歷來有關禪宗一些「是非」的爭辯，很明顯就都白使了力氣。好比對於禪宗（特指慧能所傳南宗禪）的理論核心或思想特質方面，論者就有不同的說法，如「禪宗理論的核心是『見性』說……這是自部派佛教『心性本淨』說經大乘佛教『悉有佛性』及『如來藏』思想的進一步發揮，也是佛家心性學說和儒家人性論相調和的產物」（孫昌武，1994：2）、「從哲學理論說，慧能實已把『無』在主體性對世界的不取不捨的妙用這一脈絡，提鍊成一個理念。爾後南宗禪的發展，不管是義理方面，抑或是實踐方面，都是環繞著這個理念而展開的。這點可以在南宗禪的很多基本典籍中得到證明。即使是發展到公案禪，『無』字也成為一核心的公案，為修禪者所必須通過的關卡」（吳汝鈞，1991）和「禪宗，特別是指六祖慧能之後所開展出來的『南禪』，受到了印度佛教的兩大思想的影響；

因此，這兩大思想，也成了禪宗的思想傳統（核心）。這兩大印度佛教思想是：（一）《般若經》中的『般若』思想；（二）《楞伽經》中的『佛性』思想」（楊惠南，1995：377）等，這究竟禪宗的理論核心或思想特質是在「見性」還是在「無」或是在「般若」（空）和「佛性」（如來藏），以及禪宗該理論或思想是純粹外來還是本土內蘊或是漸進發展，論者多少都有不同的判定。此外，還有見於相關課題的「赤裸裸」的詰難。這種詰難，大抵由胡適和鈴木大拙所開啓（胡適等，1991），而爲當代論者所延續。例子如傅偉勳對胡適和鈴木大拙的批判：

> 鈴木比胡適更能把握到，釋迦牟尼在菩提樹下的頓悟成道乃是一切佛教哲理和修行的源頭和歸宿，因此頓悟並不是道生或慧能的新創。但是鈴木以般若知爲頓悟禪的核心，並沒有顯出中國禪的眞髓所在，因爲般若知已在印度空宗和《金剛經》等般若系統的經典提出，而爲中國大乘佛學以及禪宗所接受發揚。我的看法是，中國禪的眞髓或根本義諦不外是佛心佛性或本心本性的絕對肯定和大徹大悟。（傅偉勳，1986：33）

這明顯在指責胡適和鈴木大拙論禪不精，而以他自己所認定的道理（佛心佛性或本心本性的絕對肯定和大徹大悟）相對勘。又如楊惠南對鈴木大拙的批判：

> 鈴木大拙所謂禪乃「不合邏輯」、「不合理性」的「反智」主張……這是對禪、甚至整

個佛教的嚴重誤解……不如說禪是一種試圖在二元對立、主客分割的「染濁依他」上，去掉遍計所執，以便使它成爲「清靜依他」，並且恢復其「有」性、清靜無執性的一種心靈活動……（當中）由般若轉變而成的分別識，扮演著舉足輕重的角色。這樣看來，禪並不全然是「不合邏輯」、「不合理性」的。（楊惠南，1995：345）

這也明顯在挑剔鈴木大拙見禪不透，而以他自己所認定的道理（禪是一種去掉遍計所執並恢復其清靜無執性的心靈活動）相駁斥。又如楊慶豐對胡適、鈴木大拙以下衆人的批判：

另外一種對禪宗的誤解，則將禪宗視爲一種特殊的智性開脫，而不及佛門解脫境界的證現……如鈴木大拙者也不過是將它和心理分析比對，甚至混上所謂「無意識」……另一方面，不解禪宗和佛門關係的，如胡適先生則又以爲中國禪宗乃是對印度禪那的一種革命……其實一般禪定和禪宗都是印度佛門所傳，何曾有革命的意思……不了解禪宗的佛家境界，就又很容易將它跟中國文化比附，如南懷瑾以爲禪宗有融合儒、道兩家思想……其實這都是錯誤的，佛家畢竟不同於儒家和道家。（楊慶豐，1993：117-118）

這也明顯在爲難胡適和鈴木大拙以下衆人解禪浮誇，而以他自己所認定的道理（禪是佛門解脫境界的證現及禪宗純是印度佛門所傳）相規諫。類似這種「彼見爲非而己見爲是」的論調，幾乎可以在所有討論禪學的著作中看到，形成一種爲禪宗或禪道爭「眞相」的盛大景象，而胡適和鈴木大拙對於禪是否非理性的和禪宗是否爲佛教內部的革新的歧見，也就成了大家的刺激源或攻擊標靶。（周慶華，2001b：87-90）

不論如何，論者的缺乏方法意識或價值意識已是不爭的事實。倘若論者有這種意識，那麼他就能清楚的知道他是在什麼情況下進行對於諸如「禪義、禪悟和禪教等等的祖述或闡釋」並兼及「歷史的建構和在文化上表現的揭發」。因爲它會涉及論述程序的評估和論述對象的選擇；主體所意識的，既是「方法」的，又是「價值」的（二者互爲因果，也就是以「方法」爲前提來限定「價值」而以「價值」爲前提來選用「方法」）。論者不憭此中道理，相關論述自然就暴露出幾重不足：

第一，禪宗的存在，論者是不會否認的；而「見性」、「無」和「佛性」等等，也是可以從禪宗典籍發現它的蹤跡。但論者一定要說禪宗是純粹外來還是本土內蘊或是漸進發展，以及禪宗的思想核心是在「見性」還是在「無」或是在「佛性」（兼有「般若」），這就不是「實然」的禪宗，而是論者所認爲或期許的「應然」的禪宗。它不具有客觀性，最多只具有相互主觀性。依此類推，論者所爭論的論禪精不精或見禪透或不透或解禪浮誇不浮誇，也是在同一個窠臼裡。

第二，論者所以能作這樣的認定，完全是受制於他的「先備經驗」和「權力意志」（可以兼有「文化理想」）。「先備經驗」使得論者知道如何去重建有關禪宗的知識；而「權力意志」使得論者知道如何去調整重建有關禪宗的知識的策略。這可以從當代哲學詮釋學、方法詮釋學和批判詮釋學得著啓發而暫且確立下來的一套後設知見。

第三，由於所有關於禪義、禪悟和禪教等等的祖述或闡釋以及相關歷史的建構和在文化上表現的揭發，都是緣於主體權力意志的發用和受主體先備經驗的制約，所以論者就無從聲稱它所見的爲「眞」（相對的別人所見的爲「假」或「概然眞」）。何況論者所見的部分，依照解構主義的講法，也得處在「延異」中（也就是意指要無限延後，如「見性」、「無」和「佛性」等意符所指涉的意指，又變成指涉其他意指的意符，依此類推，以至於無窮盡，於是「見性」、「無」和「佛性」等也就沒有一定的意指），最後凡是有所「截取」以爲說的，都是權宜或暫定的，目的只在爲權力意志服務。（周慶華，2001b：92-93）

回到本脈絡，前面所條理的那些有關禪宗的知識，也得反身來自我殊異其他論者的作法，將它定位在權宜而不爲典要一點上。至於它能不能獲得讀者的認同，則權在讀者；我只能期待它具有相互主觀性，其餘無從多所「奢望」。這是論述必要兼帶的配備，也是自主後設知見的先導性的優著保證。換句話說，我僅在新認識論的框架中藉機發揮了一次有關禪的見解，不會將它推向一定要「與人爭勝」而可能頻遭他人反噬的危險境地。

四、重定「禪」關的時代意義

既然論禪都可以在新認識論的框架中再行開展（也就是它可以無數次第的發揮禪的「新」見解而不必顧慮是否有「誤」或「假」），那麼重新把禪拉到現實環境來一探它所能結緣的對象，也就再「進取」妥適也不過了。這在整體上是要重定禪關以見它所能「施用」的時代意義；而在細部上則得扣緊現實環境究竟有何禪可以致力的地方，合而顯示一種論述「加碼」式的後勁。這裡就先談前者。

原則上，每一個關注禪理禪教的人，都會在對禪的價值評估上顯露他們重定禪關的企圖，而重定禪關本身也同樣在新認識論的範圍內，以至它所要連結的「現實所需」部分也就可以期待它得有強顯的時代意義（價值）。而這無妨透過一些近似的案例來「窺得詳情」。如一位熱愛禪道的學者有這樣的看法：

> 而今，使得如此眾多的美國人和歐洲人對禪發生熱烈興趣的動因究係什麼？對於這個問題，我不但得承認我沒有明白的認識，而且很想有人給我解答。我知道有人說他們是因了無法對傳統的宗教義理產生信心，是因了無法在科學的唯物論中攝取精神上的營養，是因了感到現代生活及其眾多的機械對於身爲人類的他們乃是一種令人精疲力竭而無適當報償可得的生活之道……他們也許可在禪的裡面爲他們自己對於自由或解脫所作的解釋找到可以言之成理的辯護。（羅斯〔N. W. Ross〕，1994：44-45）

這段話的表顯義，是從觀察現實中有「禪所標示的實踐目標（一種高度的自知以及由它而來的心靈清靜）」，已經引起了包括容格、佛洛姆以及已故的霍芮在內的西方心理學家的注意。從柯錫勃斯基到齊克果、從沙特到雅斯培、從克羅阿克到卡夫卡、從海森堡到巴柏等人在內的現代西方神學、哲學，以及文學名家，也都參加了禪的討論行列」（羅斯，1994：15-16）這麼一段經驗作基礎的；而它的隱藏義，則是她也進入禪的世界「悠遊有日」了，正要藉這種他人／自我共構的禪體驗來寄望禪道的恆久作用。因此，對她來說，禪是可以不斷「發揮」實質治心的功能而彰顯它在當下起轉益世的時代意義。又如有一位信守社會主義的學者（任繼愈）有這樣的見解：

> 總起來考察，禪宗是中國哲學史上所特有的一種宗教哲學。以宗教麻痺人心，是它的主要方面；它和其他宗教一樣，教導人們忍受苦難，把苦難看作無足輕重，甚至教人當作快樂去迎接它，培養人們逆來順受的奴化性格。它號召的思想解脫，正式對人們的思想束縛。儘管它在一定條件下起過某些進步作用，並有一些有價值的思想資料，但不能忘記它首先是宗教，其次才是哲學。這種哲學是深刻的，但是頭腳顛倒的。（李淼編，1994：1776-1777）

這以禪會蠱惑人心來定位禪，顯然是「反其道而行」；他的警告禪的無益世道，正凸顯了禪原來的廣大的影響力，只不過嚷嚷強批駁一番。這種反向彰明禪不該有它的作用，其實也是在從事另一種重定禪關的工作，而一樣少不了有禪的時代意義「居中召喚」。只是我們不一定要附和，也不一定要仿效而別闢反禪的途徑。

由這點轉來，我們要重定禪關，正因爲它可以被藉來對治因失去禪所徬徨無依自困著的世界，從而顯出它特有的時代意義。這是說世界一日未能讓我們感到平靜，就一日有需要禪的救渡；而禪經過重定後所出現的「空人心／去執」（見性成佛較具體的說法）訴求，也就足夠我們寄予厚望而將它推上可爲世用的前臺。當中所謂「自困著的世界」或「世界未能讓我們感到平靜」，是以人類耗用資源和殖民征伐而導致能趨疲危機和操控殺戮的猙獰面目等爲指標，禪的介入越深應該越擁有助於世界的「復原」。

五、新「禪」學的落實

上個世紀末，曾經有過「企業禪」當道。（周之郎，1993；拉達〔Radha〕，1993；松野宗純，1996）這跟禪得在「境域解脫」（不是一次解脫就永遠解脫）以見它特能相應於佛教的成佛宗旨（周慶華，2004b：113-116），本是有那麼一點應機和相通性，但它卻又顯得過於匱乏系統意識或時代意識。所謂系統意識或時代意識，是指企業禪倡導者理應了解他是在什麼環境或脈絡中從事將禪理禪術引入企業管理一類具體情境中。因爲它涉及實際成效的考量和影響層面的預期；主體所意識的，既是「系統」的，又是「時代」的（二者也互爲因果，也就是以「系統」爲前提來決定「時代」而以「時代」爲前提來考慮「系統」）。而這不見發用後，就會出現幾個問題（但以禪理禪術引入企業管理爲例）：

第一，這將陷於空人心和求財富的兩難局面中。禪宗在相當程度上仍沿著先前佛教以解除煩惱塵勞、了脫生死爲究極旨趣，凡是有礙修證禪道的東西（如貪、瞋、痴之類），都應了卻，才能進入絕對寂靜的佛境界；而如今把禪理禪術引入企業管理，殊不知企業都以追求財富（貪財富）爲最大目標，試問在這種情況下，豈不是現出了空人心和求財富的兩難困境！

第二，一個企業的成敗，以及所要冒的風險，因素很多，而且變化莫測，光禪理禪術是難起什麼作用的，以至旁人也不需爲禪理禪術遭受「誤解」而感到難過（它「本來」就沒有像論者所誇稱的那樣發生過神效）。但由於把禪理禪術引入企業管理的目的是要增強企業的功能和營運的效果，而企業在可見的未來勢必會遇到瓶頸或趨於瓦解（地球可用資源越來越短少的緣故），這就不免讓人憂慮禪理禪術在這一場波動裡「犧牲」得沒有代價，又豈不是很可惜！

第三，當代有許多新興的宗教（包括一些非主流的宗教）在世界各地流行開來，特別講究靈性的生活（戒絕物質的誘惑）或凜於生態急務而積極於尋求配合能趨疲世界觀的新的宗教融合；而這老早就在講究修練冥想、瑜伽術以及其他心身冶鍊的東方宗教中獲得實踐，更可以增強大家的信心。因此，禪理禪術（也在原被看好的範圍內）於此刻就不當被用來強化企業的作爲，而是要引導企業的方向以適應能趨疲法則，積極往「無浪費資源」（兼無污染）、「無生產非必要物品」和「無競求獨立營運」等途徑前進（不然寧可放棄企業，也不增加人類的負擔），這才沒有偏使力氣而徒讓有識之士的「期待」落空。（周慶華，2001b：93-94）

顯然新禪學想在企業場域中落實，無異是緣木求魚；連所可以顯出解脫狀態的「不隨境轉」、「轉念化境」和「變境境除」等基本法門（周慶華，2004b：117-120），都無緣在企業管理中派上用場。因此，當下的還滅緣起（逆緣起），還會是主禪者想在境上應驗的最大的挑戰。它不是要跟企業共構「體用」關係，而是從根本上反企業來以顯「威力」，並藉爲在新時代中樹立解脫的新典範。

現在又有所謂綠色經濟的興起（安德生，2006；達爾尼等，2008；麥考爾，2009），以利用舊能源和開闢新能源為標的，禪似乎依然沒有可以著力的地方。但如果沿著前面反企業的道路前進，那麼繼續反綠色經濟就成了唯一或最佳的抉擇。這是把地球不能再被蹂躪（包括能源短缺、生態失衡、環境破壞和核武恐怖等）視為是最優先要解決的課題（周慶華，2002；2005；2006；2007b；2008；2010；2011a；2011b），而禪的去執表現就可以在每一個會出問題的情境中發生作用。換句話說，只要你禪了，就不可能踏上促使不可再生能量到達臨界點的末路；而已經禪了的人，在下一次第面臨自釀災禍的威脅時，也多少可以比他人更快的調整策略去因應，以減少滅絕的風險。

第十四章　語文產業化的哲學省思：

一個因應能趨疲危機的基進的觀點

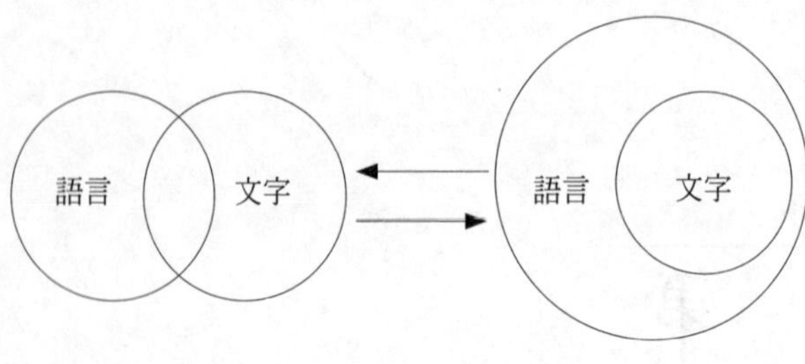

圖14-1-1　語言和文字關係圖

一、語文產業化的背景

語文，是語言文字的縮稱。前者（指語言）爲口說語，後者（指文字）爲書面語，彼此可以有相交集或相蘊涵的關係（詳見圖14-1-1）。

> 圖左邊重疊的部分，就是書面語（也就是語言涵蓋書面語，而文字本身就是書面語）；但文字所以不爲語言所全部涵蓋，就是因爲結構文字的書面語可以是一完整的作品（有特定的思想觀念和表達技巧在裡頭運作），而一般所說的書面語僅是一可供分析的字詞或語句單位。如果不這樣區分，那麼文字就當爲語言所涵蓋，彼此轉爲相包蘊或相隸屬的關係，圖示就變成右邊的形態。（周慶華，2004a：1-2）

這是基於理論分疏而作的判別（當中「文字」，也可以替換爲「文章」），實際在運用時語言和文字是合爲一個單位的。也就是說，純口說語出現時文字已經「隱形」存在；而純書面語出現時語言也「寓形」傳達了。這樣也就不必再費心考量二者的分合，而可以併爲指稱口說語和書面語現象。

這種口說語和書面語，在一般的流通上僅爲一次性或非複製性的，自然跟「產業」無緣（即使如演講或非定期性的表演，也因爲「無重複機會」而不在產業範圍）；但倘若它要比照其他經濟模式轉生產出相關可販售或可牟利的商品，那麼它就會開始產業化。

產業，基本上是一種重複性的製造業（也就是大規模而重複性的生產），如「音樂、出版、電視、電影、軟體、玩具、影音……當中的準則很清楚：是否做成多件拷貝？如果是，就可算產業。業務內容如果近於無形（如表演藝術），或是強調獨一無二（如藝術），就很少會自稱爲產業」。（郝金斯〔J. Howkis〕，2010：50）雖然如此，在某些時刻產業與否並不是那麼容易判斷（如藝術品進入拍賣會或演講在不同場合重現之類），這時只好把它當作光譜兩端之間的模糊地帶而予以「存而不論」。

那麼語文產業化又是緣何而來？我們知道，語文活動已經變成一種經濟資產而被歸爲文化創意產業的範疇；這個範疇，廣泛地包含了書籍、雜誌、報紙、視覺藝術（如繪畫、建築、雕刻等）、表演藝術（如戲劇、音樂會、舞蹈等）、唱片、電影及電視、流行時尚及電子遊戲等（考夫〔R. Caves〕，2007：3），而語文活動就集中在當中的某些項目或分散進入其他的項目，變成是一個可獨立運作、也可參夥運作的特大的經濟體。在這種情況下，語文產業化就只是被揭開的事實，它始終都在展現產業化的衝動。但因爲語文的範圍太廣，以至大家就不大留意它的產業化的「總體成績」，自然也就難有相關語文產業化的課題被提出且受到重視。

既然語文產業化早已成了經濟鏈的一環，而它又遍及時下所強調文化創意產業的各個領域，那麼這一切的背景又是否可以理解？換句話說，語文產業化的事實是誰造成的，也得有一番考索說明，才能進一步評估這種產業化的「理當去處」。而這最直接可以連結的，無不以資本主義的邏輯爲首要考量。正是因爲資本主義所蘊涵自由市場的催化劑，語文產業這個區塊才被開發；也正因爲資本主義中搶致富先機的內在驅力使然，語文產業的可利用性才持續被信守，終而導致語文產業在文化、教育和娛樂等領域發生經濟的效用。

至於又如何有資本主義的興起？這就得歸諸西方創造觀型文化中的原罪和救贖觀念的終極作用。由於西方人的一神信仰所在意「犯罪墮落」的不可避免（秦家懿等，1993：116-117；高師寧等編，1996：287），以至設方想法以尋求救贖也就成了終身的職志所在（曾仰如，1993：45-64；林天民，1994：6）；而這一尋求救贖的途徑，就不僅是尋常的懺悔、禱告一類的方案所能代替，它還得藉由現世的成就以爲憑藉，從而在榮耀造物主或媲美造物主的氛圍中自我想像完成了獲得救贖而重返造物主身邊的行動。而因爲救贖路各人所想到的不一樣，所以在試圖洗罪的過程中也就「表現紛繁」了。而這可以標示如圖14-1-2。

由圖可知，西方基督教獨立自希伯來宗教（猶太教）爲廣招徠信徒而新加入「原罪」的觀念（形諸他們所信奉的新約《聖經》）後，由於「原罪」的強爲訂定，所以導致必須尋求救贖（以便重回天堂）而出現明顯的「塵世急迫感」。這種急迫感的「積重難返」，就是到了十六世紀宗教改革後新教徒（並一起「刺激」帶動舊教徒）的相關反應的「逾量」表現：新教徒脫離天主教教會後所強調的「因信稱義」觀念，逐漸演變成要以在塵世累積財富和創造發明（包含哲學、科學、文學、藝術等等建樹翻新）來榮耀上帝或當作特能仰體上帝造人「賜給他無窮潛能」的旨意而不免會躁急蹙迫；尤其在資本主義和殖民主義隨著矯爲成形後，便見這種「過度的煩憂」（詳見第二章第三節）。語文產業化就是在這種背

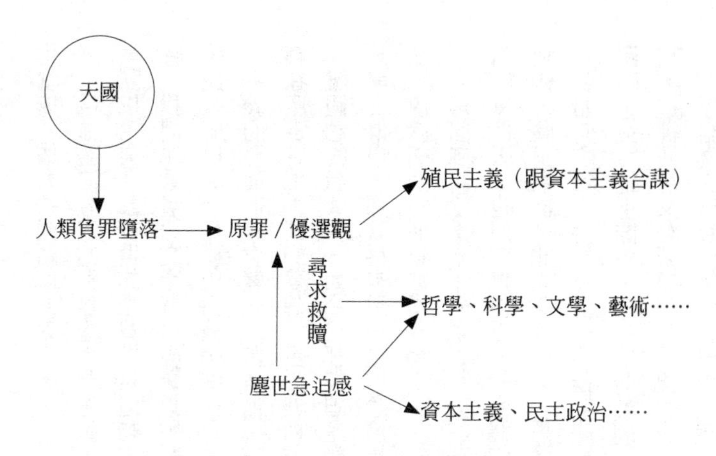

圖14-1-2　原罪／救贖和語文產業的關係（重出改稱名）

景下一起被逼出來的；相關的資本主義邏輯，牢牢的主宰著該產業化的運作。當然，這並不代表資本主義出現以前沒有語文產業化的現象，而是說資本主義出現後語文產業化才開始進入「資本投入→生產→行銷→獲利」的大規模經濟活動範圍，成爲總體經濟的一個重要環節。

二、語文產業化的獲利集團

依據上述，語文產業化既然受制於資本主義邏輯，那麼它內在爲獲利的機制就是一個統合「謀取利益」、「樹立權威」和「行使教化」的強版權力意志。換句話說，謀取利益涉及利益的多沾或多得（相對的別人就少沾或少得），可以說是權力意志的「變相」發用；樹立權威則無異是該權力意志的遂行；而行使教化更是該權力意志的恆久性效應。（周慶華，2004c：205）而這在資本主義邏輯的鼓舞下，會更勤於表現，以至語文產業化就成了權力共同藉使的對象。

這種藉使方式的利益極大化考量，勢必透過集團的操作來完成。這個集團背後的首腦是造物主，而集團以企業名義行世的總裁則是造物主在人間的代理。因此，當這一切經由全球化而成為「普世價值」時，我們才看清語文產業已經難以脫離一個更大範圍的企業集團的籠罩。所謂「全球化是歐洲文化經由移民、殖民和文化模仿而擴張到世界各地的直接結果；而它伸入文化和政治領域的支脈在本質上也跟資本主義的發展形態有關」（華特斯，2000：5），正說明了語文產業化不再是一地一國的事，它早已企圖在塵世實現大同的夢想。至於非西方社會原來不時興資本主義生活的（沒有一神信仰及其相關原罪／救贖觀念的緣故），如今也都被迫尾隨或自我退卻去迎合，導致一個可能的沒來由的語文產業化的迷茫感與日俱增，那就得有另一種「急流勇退」的心理準備（詳後）；否則持續步人後塵的結果，一定會不知「伊於胡底」而以浩嘆收場！

再回到語文產業化的獲利集團的問題上。獲利集團，永遠以累積財富為最終目的；而在這個集團內的每個人，也向來無從自外於金錢的誘惑。好比「不管是達文西、畢卡索、梵谷、沃荷、狩野永德、利休、藤田嗣治、北大路魯山人、黑澤明、還是宮崎駿，他們的藝術生涯最終要面臨的大問題無非就是『要如何將錢（這個跟世界的接點）聚集到自己身上或是從自己身上剝去』」，因為「藝術如果沒有跟『金錢』扯上關係，是無法前進的，連一瞬間都無法存活」。（村上隆，2007：237）但同樣都是獲利，這裡面卻又有著獲利多／獲利少或誰能連帶成名／誰就只能陪襯且默默無名的差異。

以語文的出版為例，它經過上游出版業的策畫，向作者邀稿或接受投稿，然後分工產製作品且透過中游行銷和下游販售等，自然形成一個經濟鏈的泛集團，但它們內部的獲利並非均等，依次是出版社／中盤商／實體書店；而有機會成名的則僅爲出版社及其第一級序的共生體作者（他的獲利僅次於出版社），其餘則幾乎都被消音了。這即使是在當今已經巨變中的網路行銷時代，相關規模還是沒有太大出入：

> 透過併購，巨型出版集團的規模越來越大，佔據了暢銷書排行榜的大部分。在很多國家，連鎖書店控制了通路，甚至超越國界，構築全球網絡。網路書店興起，改變了讀者的購買行爲，讓實體書店遭遇空前的挑戰。（蘇拾平，2007：11-12）

這所省去的中下游獲利，都由折扣和郵務所取代，形式上仍然維持了原來集團的經濟模式。因此，語文產業化的獲利集團，乃是以誰能掌握研發權（如出版社的企畫）誰就能高度獲利爲常態；至於其他依附性的代工業，則只能爭奪「剩餘」的利潤。而這種情況所造成的文化劣勢，必然是產業上游從中操縱而產業中下游甘願臣服的結果；它的非平等發展，則又是西方創造觀型文化所一手促成。

大家知道，「創造」爲人的在世存有，這是西方創造觀型文化所揭發或所設定的宗旨。正如「人類受造的目的，是爲了創造；唯有創造，人類才能以榮耀回報造物主」（魏明德，2006：15）這段話所強調的，西方人已經把它奉爲圭臬，當作救贖路上最光彩的一件事。因此，整體語文產業化的研發及其集團成員的納編等，也就決定了他們自我文化優勢的必然性。相對的，要跟他們競爭的團體，所能掌握的籌碼僅僅是「他們所不想做的事」（包括原料的張羅和工廠的生產等費時及高污染的代工業），而一旦被牽制住了，想擺脫就比登天還難！

從這個角度來看，語文產業化的全球布局，也就是上帝代理人和奴工的「合作無間」所促成的；當中的文化凌駕和文化被凌駕的「傾斜」關係，恐怕還會繼續下去。因此，語文產業的全球化，不論是歐洲帶頭還是美國領銜或是如今局部轉移到中國或印度（赫爾德等，2005；伊茲拉萊維奇，2006；塞斯〔A. Chaze〕，2007；史旭瑞特〔T. Schirato〕等，2009；賈克，2010），都不能免除上述這一屈從於資本主義邏輯的競爭存在優勢的大作戰風險。

在這種風險中，處於劣勢或准劣勢的競爭者，他們的「攀附驥尾」的可憐樣，很快就會被窺破。像中國大陸於近十年來的崛起，它的代工業的高耗能和高污染已經名列世界第一（肯吉，2007；慕勒，2009），卻仍然無法跟西方強權平起平坐，因為在整個獲利集團的運作中它根本躋不進上游產能的行列。這麼一來，語文產業化的哲學省思就得更進一層來看它的普遍性匱乏和病徵。

三、誰能左右語文產業化的方向

所謂普遍性匱乏，是指文化優勢的一方鐵定會讓語文產業化持續下去，而它在可見的未來必然要面臨資源耗盡而無以為繼的窘境；而所謂普遍性病徵，是指文化劣勢的一方也勢必無法自謀生存而跟前者一起誤蹈能趨疲到達臨界點的末路。而當雙方不知從中收手（或不願收手）的情況下，一切就會回到低一級次的「盲目競爭」裡。

這是說語文產業化的最大的難題是，它會有極限；而這個極限，不論是文化優勢的一方還是文化劣勢的一方，在主導語文產業化或迎合語文產業化的過程中都一直潛存著，遲早會瀕臨。而這在創造觀型文化中人的演出裡，因爲有一隻強力「推動的手」，所以它可能會更快逼近而使得語文產業化始終要蒙上一層陰影。

前面說過，西方創造觀型文化中人爲了「在塵世累積財富和創造發明來榮耀上帝或當作特能仰體上帝造人『賜給他無窮潛能』的旨意而不免會躁急蹙迫；尤其在資本主義和殖民主義隨著矯爲成形後，更見這種『過度的煩憂』」，而圖14-1-2中的「優選觀」，已經先有人加以揭發了（韋伯，1988），但還不夠「貼近」著講。換句話說，對新教徒來說，「優選觀」是在他們漸次締造現世巨大成就以及武力殖民取得支配優勢後才孳生出來的；而這一觀念既然定型了，相伴的殖民災難就隨後四處蔓延，一直到今天仍未稍見緩和。而根據這一點來看，有些西方人的「自我察覺」就到不了「點」上（跨文化視野不足所致）。如：

> 默頓認爲新教倫理有如下三條原則：（一）鼓勵人們去頌揚上帝，頌揚上帝的偉大，是每個上帝臣民的職責；（二）讚頌上帝的最好途徑，或者是研究和認識自然，或者是爲社會謀福利，而運用科學技術可以創造更多的物質財富，所以大多數人應該去從事科學技術和對社會有益的職業；（三）提倡過簡樸的生活和辛勤勞動，每個人都應該辛勤工作，爲社會謀幸福，以這一點感

謝上帝的恩德。（潘世墨等，1995：114）

這段話所提及的新教徒所遵守的三個倫理信條，表面上有相互衝突的現象（如第三個信條就跟第二個信條很不搭調），其實則不然！因為只有過著簡樸的生活，才能「累積」財富以傲人。而新教徒所以要有這類的現世成就，一方面是想藉它來尋求救贖（冀望可以獲得上帝的優先接納而重回天堂）；一方面則是想展現自己的本事而媲美上帝的風采。此外，新教徒所認為的為社會謀福利（創造更多的物質財富）一事，明顯是基於「自利將促成物質福分的增加」這個理念，但它所以可能是建立在「塵世是短暫的，不值得珍惜」（可以無止盡的開發利用；即使耗用完了也不足惜）的前提上；而這已經衍生成地球的資源日益枯竭，且因科技不斷發達所帶來的汙染、臭氧層破壞、溫室效應、核武恐怖和生化戰爭風險等後遺症無法解決（詳見第二章第三節）。這是人類的生死存亡的關頭，也是語文產業化的起落絕續的關頭，不容許有人忽視或刻意迴避不理會。因此，要別為追問「誰能左右語文產業化的方向」，就不在獲利集團本身而在該獲利集團內蘊的權力意志（既要榮耀/媲美上帝，又要影響/支配他人），以及權力意志伸展後所引發的能趨疲危機。前者（指獲利集團內蘊的權力意志），已經在語文產業化的推動中見著了，如果沒有那一欲望的存在，那麼就不會有語文產業化的實踐，它所能左右的是語文產業化的向度；而後者（指該權力意志伸展後所引發的能趨疲危機），也逐漸在語文產業化的高張中暴露了，而倘若也不曾遇見那一險巇的來臨，那麼也就不會有語文產業化要被迫節制或止進，它所能左右的是語文產業化的絕境。

現今有人把語文產業列爲「高風險產業」的範圍，原因是閱聽人使用文化商品的習慣反覆無常；如此一來，即使投注再多行銷手法，當紅的表演者或作品也可能忽然過時，誰也不能預測下一個成功文本究竟爲何！（海默哈夫〔D. Hesmondhalgh〕，2006：18）而這些來自閱聽人消費文本方式的風險，更因以下兩個跟產製相關的要素而變得更加嚴重：第一，公司給予符號創作者有限的自主權，希望他們能提出原創而新穎奇特的暢銷作品，但這也意味著文化公司需要不斷竭盡心力地來控制他們創作的奮鬥過程；第二，任一文化創意產業公司（公司Ａ）都必須仰賴其他文化創意產業公司（公司Ｂ、Ｃ、Ｄ等），才能讓閱聽人注意到新產品的存在，並發現使用此產品可能帶來的樂趣，由於我們很難預測評論家、記者、廣播電視製作人及表演者等將如何評價文本，所以即使公司Ａ擁有公司Ｂ和Ｆ，它也無法確實知曉文本可能造成的知名度。（同上，18-19）這說的並不無道理，但它仍然忽略了那些文化產業不斷「推陳出新」（儘管大多都不賣座）的原因。因此，也在文化創意產業裡的語文產業，如果不歸結上述那兩個顯隱的變數，那麼它的被左右方向一事也就無從得知，而我們眞切要形塑來挽救危局的對策自然是「莫知所向」了。

四、現前語文產業化所要面對的困境

一旦語文產業化也要持續發展下去，在地球這一封閉系統內，它的耗能所一起導致的不可再生能量趨於飽和而使地球陷於一片死寂的危機，勢必會促使它臨近極限以及預告一些有形無形的困境。當中臨近極限部分，前面已經述及了；而有形無形的困境部分，則可以在這裡一併揭示，以見後面的「挽救對策」的必要成形。

首先是無知的困境。語文產業化的遠景絕不在它要多麼的輝煌，因為那只會參與高度耗能而提早自我終結；但至今仍有很多人還頗無知的沉浸在一片「定會看好」的虛擬世界裡。（海默哈夫，2006；考夫，2007；夏學理主編，2008；李錫東，2009；徐斯勤等主編，2009）且看語文產業最大宗的出版業在法蘭克福書展的一幕：

「百樂酒店」是書展期間人氣最旺的深夜「酒」店之一。大老闆、小編輯、經紀人、作者、繪手、攝影師、美術指導、公關、製作主管、行銷人員、業務經理、印刷廠、組稿中心、貴族氣派的出版大老、長袖善舞的小暴發户、企業會計師、產業領袖、買空賣空的騙子、目中無人的奸商、執迷不悟的做夢大師、冥頑不靈的沒用大師等等齊集一堂……到處有人在叫賣點子，到處有人在傳閱寫作大綱，預付款的行情要多加明察暗訪，版權交易更要討價還價，共版的合約一筆一筆簽，承諾隨隨便便答應，「再聯絡」此起彼落，隨蒸騰的熱流在機棚般的大廳直衝上高高的屋椽。（戴維斯〔C. Davis〕，2010：3-4）

像這樣盡出人力舖張的「玩法」，試問地球有限的資源可以再供應它揮霍幾次？這是高嚷文化創意產業「向前衝刺」者無知的一面，它的美夢幻想很快就會轉成噩夢一場！因此，從都只會期待榮景而必顯闇昧無知的情況來看，收斂或整飭才是語文產業化的遠景所繫；否則，越陷越深而無法脫困，就是它的末路。

其次是有知卻搞錯了方向的困境。這緣於有些企業知道自己得有「社會責任」和爲顧及「綠色環保」而興起改革的風潮，遠比前者的「蠻幹」顯然多了覺察的能力；但它卻僅是「以管理學的方式將各式各樣的『社會人』融入企業組織中」（不再執著於利益和利潤）（李世暉，2008）而非收手以降低能趨疲的壓力，以及改以電子書發行（段詩潔，2009；陳穎青，2010）而忽略了相關軟硬體的生產和廣爲行銷所益加耗費的問題。因此，語文產業化在這一波興革中並未眞正找到紓困的途徑；反而是它的「搞錯方向」更讓人深感惋惜！

再次是能趨疲的嚴重性困擾。前二者的困境是無形的，他們在大家「不知不覺」中逐漸要面臨語文產業化無以爲繼的窘況，就正好接到這裡有形的能趨疲接近臨界點的危機困境！西方人的天堂夢想，始終無能解決他們的子孫要「如何過活」和靈體如果沒有去處而得不斷地輪迴轉世卻很「艱困營生」等難題；而其他社會中人凜於全球化的威力也盲目跟著耗用有限資源而形同自掘墳墓的，他們在兩界來去的空間已經變得越發凝澀（周慶華，2002；2006），但也一樣因爲隨人騎虎難下而得在不久的未來讓出生存權。就在「自度的榮耀/媲美上帝事無從延續」、「集體漸臨毀滅感覺後不知走向」和「在毀滅邊緣掙扎的內容轉換無能」等一連串的症候，更加增添能趨疲的威脅力度，使得這一最稱嚴重的困境在人們的眼前漫漶開來；而語文產業化再被看好的一些創意表現，也因此要成爲明日黃花。

可見現前語文產業化所要面對的困境是空前的（可能也是絕後的）；它從無知於因應能趨疲危機或

有知於因應能趨疲危機卻搞錯方向到必須實際遭逢能趨疲危機的考驗，已經使得它再也沒有緩衝餘地可以討價還價了。在這種情況下，相關的企業所在進行的組織改造，也就只是「實質」上的苟延殘喘。如所謂的「轉包業務給中小型公司」（後福特主義的策略）、「企業聯盟」（由自給自主改成特殊專案的合作）、「管理及企業更新」（使企業如豐田主義成爲一個網絡）和「改變工作型態」（讓工作的選擇增加）等爲「達到更高的利潤，並減少勞動成本以獲取其他競爭公司的市場佔有率」所從事的組織創新（海默哈夫，2006：101-102），就禁不起資源短缺的一再衝擊，終將如冰消瓦解！

五、因應能趨疲危機的作法

語文產業化因爲有高質量的審美趣味成分（如文學、劇藝和多向文本等），所以它的吸引力經常領先其他文化創意產業，而這同樣也得臣服於能趨疲法則，不再有可以無限發展的遠景，馴至它的某種「不能維持」的憾恨感讓人不免傷懷。這也使得形塑一種挽救對策成了最迫切要推出的工作。而所謂的挽救，既是挽救語文產業化的頹敗命運，又是挽救世人的沉淪而免於能趨疲危機的威脅。

如今還是常會看到「關心」文化創意前景者的天眞論調：他們以爲能夠「創新」，就可以保障文化產業的未來；殊不知用來支持該創新的資源，不可能如所想像的那樣「想要就能得到」，以至所發的一些想望也就甚不切實際。好比底下這段「樂觀」言論：

> 文化創意人相當清楚，他們不想活在跟社會疏離、互不相干的社會裡。他們指引性的景象一再論及整體的觀念。他們說我們每個人都是活的體系……如果我們專注於這種整體性，就能開始想像一種能治癒我們時代的破碎及毀滅的文化。我們說，文化創意人的出現，代表了一種希望，就是有創意的未來視野正在生成。它是爲了更進步的文明而行動的希望、想像力、意願的復甦。朝向重新整合和設計新文化的工作，在我們集體的想像力中能發揮強大的力量。讓我們的所求所選都能塑造我們的未來。（瑞伊〔P. H. Ray〕等，2008：372-373）

所謂「塑造我們的未來」，只是寄望在創新，而全然不顧還有多少機會可以「這般逞能」，顯然它畫餅充飢的意義強過給人實質的感受，大概沒有一個有識之士會爲它連帶保證。而這所意示的，就是想因應能趨疲的危機，還得另謀對策才行。

倘若透過一點類對比，幾乎可以發現相關的企業再造而改崇尚綠色經濟，已經在自釀風氣了。它們或流行資源再利用、或時興開發新能源、或決意從產品源頭減少浪費（麥唐諾等，2008；凡得來恩等，2009；麥考爾，2009；山德勒，2010；內崎巖等，2010），看來拯救世界的危亡就在此一役了。卻又不然！這種綠色經濟是建立在「新利用厚生」的前提上，對於減緩地球趨於死寂並沒有實質的貢獻。要使地球免於快速趨向死寂的唯一有效的辦法，就是降低再降低對資源的利用。（周慶華，2010：52-54）而這就得透過下列三個途徑來促成：

第一，現今因爲人口太多，所需過盛，才會強化企業產製的功能，因此相關產品的內容要多改以啓發世人「離去」後別乘願再來，以降低能趨疲的壓力。

第二，在上述啓導的過程中，自覺來到世上還有任務的人，一切都得逆資本主義而行，所從事產業的牟利只爲世薄用而不延效於他方（如天堂之類），才能確保能趨疲的壓力不會再起。

第三，簡樸過生活，所得依賴的語文，僅當「自然需求」而存在，棄絕強力推銷，這樣以非語文產業化爲語文產業化，就可以緩和目前語文產業化一意孤行而迫使大家同蹈滅絕末路的恐慌！

從大環境縮小到語文產業化領域，可以預見的是，以非語文產業化爲語文產業化後，很多原爲圖利的語文產業作爲就會紛紛退出，留下來的就是只符合上述三項要求的產能；它們有別於前出的強調內容、觀念和創新等作法，倘若還要稱它爲語文產業化的話，那麼這就是最新形態的語文產業化。也因爲這樣基進（radical）可取，所以它就同時挽救了語文產業化和能趨疲的危機。而這再推及現實界和靈界的互動，由於「教化得法」，以至兩界共同致力於「挽狂瀾」（周慶華，2005；2007b；2008；2010；2011a；2011b），也就更屬天大的美事了。

第十五章　孤獨眼看文化迷茫：

龔鵬程先生散文《北溟行記》、《孤獨的眼睛》、《自由的翅膀》的新情懷

一、旅遊的兩種形態的抉擇

中國大陸近十餘年來經濟崛起，各項硬體建設和旅遊設施隨著蓬勃發展，許多旅行家也不禁要湧入想一探這個文明古國在當今的變貌。龔鵬程先生才情高卓，長年一直在臺灣學界叱吒風雲，而爲了生命志業的延伸，自然也不會放過這一獵奇中國大陸的機會。如果說當代的旅遊是在一個流動的世界所進行的游牧凝視和觀賞，而當中相關符號的浪漫式消費和蒐集是所要建構的主要經驗（厄里〔J. Urry〕，2007：268-276），那麼龔先生所把握的北上行機會也就數特久且收穫滿篋，因爲他已經無數次進出那裡，同時還出版了《北溟行記》、《孤獨的眼睛》和《自由的翅膀》等旅遊散記作品。

旅遊原是有錢有閒人的休憩活動，只是這種活動不必要像古希臘人或中世紀歐洲人所開啓的爲「沉思神／上帝的本質」那般被珍視著（皮柏〔J. Pieper〕，2003：53-83），它也許僅是基於「厭倦平淡無味的生活」而想追求「所無法捉摸的事物」（厄里，2007：24）這個理由那麼單純。而龔先生心裡是否也有類似的「匱乏」感而來選擇踏上前往中國大陸的旅程，我們不得而知；但可以肯定的是他在相當程度上喜愛了這一趟綿綿無盡的壯遊。

說這是壯遊，未必比得上西元前八世紀荷馬《奧德塞》所敘那種「長途飄泊或冒險」的旅行或十八世紀艾迪生（J. Addison）《義大利旅遊紀事》所敘那種「橫跨多國探奇」的旅遊（孟樊主編，2004：導讀2-3），但絕對可以超越唐宋以來類如《徐霞客遊記》和許多紀遊作品所敘及的「遊山玩水」式的遊歷格局。因爲龔先生不只是足履旅地，還心繫故國，數千年歷史文化在抱，是道道地地非比尋常的壯闊深遠的旅遊。這從他稍早隻身或偕友遊遍大江南北的經歷，已經可以略窺一二：

> 故國河山，震目駭心。兩岸迥異的社會體制和文化發展，又激起了我更大的好奇。歷史、風土、時代、社會、感情，一時觸會，震盪撩亂，令人不知所以。中國苦難歷史的解答，中國未來命運的謎底，巨大的神秘，彷彿都將於眼前揭露，但又迷迷離離，窅窅忽忽，看不真切，捉不確著。我若要揭開謎底，就必須走向神秘。所以從這時起，我飛福州，走北京，遊蘇杭，赴湖南，入江西，東登岱嶽，西循絲路，直抵喀什，再下雲南，南到海南島最南端。雲沙漫漫，海天蒼蒼，行路不只萬里，歷事不只萬端。悲情抑鬱時和清明神思相雜，欲歌無聲，將泣無淚，廣大悲愁脹溢於胸，幾於言語道斷，莫可言宣。（龔鵬程，2002：352-353）

後來他在北京大學等校客座，閒暇出遊，更深入行旅，經常貼近在地的脈動，而感懷尤多：「我於一九八八年開始去大陸旅行，迄今近二十載，這兩年尤其住得久。遊蹤萍寄，遍及南北。又適逢大陸文化旅遊產業興起的時機，所見所感，自然稍多於常人。自由的翅膀，帶著我孤獨的眼睛，在旅中偶爾就看了這書中所記的一些事，寫了這一堆的雜感，對當代旅遊文化作了個小小的批評。」（龔鵬程，2007：自序5）由於見多識廣，龔先生的遊歷開始羼雜一點悲壯的味道，從此文化懷抱甘苦兼嘗；而先前的「壯闊之遊」一轉變成「悲壯之遊」，再也不是貪樂的泛泛旅行家可以相比的了

雖然旅遊不必然都要涉外追逐，而可以改向內心世界探索，就像梭羅（H. D. Thoreau）所說的「作

為一名旅人，不需要背井離鄉」（柏狄克〔A. Burdick〕，2008：29引），但對於一個無法滿足於在書齋中皓首窮經的人來說，不學鴻鵠高飛去見見外面的世界，可能會坐困愁城而悒鬱以終！龔先生大抵上屬於後者，也就是他所自道的「我的學問，即成於霜橋征鞍、南檣北馬之間，遊而學，學而遊」（龔鵬程，2005a：32）；而這一遊，就遊出了「另一種風景」。換句話說，他的學問也可以像從不出國門的法國作家凡爾納（J. Verne）寫出《地心遊記》、《海底兩萬里》和《環遊世界八十天》等科幻小說那樣「驚世駭俗」，但他卻寧可出去接受萬里萍蹤的考驗，在「浪蕩行旅於神州各地……稽往事、誌山川、數人物、嘆世情、蒐佚史、辨訛偽」（龔鵬程，2005b：自序4-5）中自我高華。他所選擇的這種旅遊形態，已經讓他窺看了異地風物無數回以及享受到鵬飛沖舉「盡得翺翔天宇」的暢快！至於他的孤獨眼還覷見了文化迷茫，那就得細細來尋繹以為接續前面所說的他的一番「悲壯之遊」。

二、途中看得見的與想得出來的

從某個角度看，旅行是「傻瓜的天堂」（寒哲〔L. J. Hammond〕，2001：92引愛默生語）；而那些純為逸樂的旅行家也無法避免讓「總有／一些旅行／滯留在夢中」（庫比特〔S. Cubitt〕，2007：161引杭吉斯詩），全然不知可以「與天地精神相往來」的旅遊是什麼樣子。這是龔先生日積月累苦旅樂歷所體會出來的；他看到許多人沒有涵茹積漸，對宗教、美術、建築和音樂等全不熟悉，卻要跟人家去搶看古蹟和湊熱鬧：

我見過太多對佛教、道教毫無基本常識，而去遊天臺、普陀、雲岡、敦煌；未聞燕王黃金臺、燕太子丹的故事，不知趙武靈王射騎、邯鄲學步成語，而去遊燕趙；不知唐宋朝代先後，不曉官制儀注，而遊西安洛陽的人。這些人平時缺少文化涵養，居臨旅遊地又不虛心，不知「書到玩時方恨少」，東摸摸，西看看，隨任導遊哄弄，與牧羊人牽掣放牧的羊群無異。那些跑來跑去的羊，能說牠們是旅行家嗎？（龔鵬程，2005b：17）

這樣的旅行即使滯留在夢中，也不過是一些膚淺的歡樂的印象，終究無助於文化涵容閱歷的提升。因此，龔先生所羅列一張可供大家一起喟嘆的清單，也就形同是在敲旅遊的喪鐘：「我們都不再能如徐霞客、王士性那般地遊了，商業體制裹脅著人，由生活領域延伸到了旅遊領域……於是旅遊變成觀光、豐盈自我變成消費購物，叩寂寞以求音變成了縱欲狂歡、獨與天地精神相往來變成了開發經營、優遊卒歲成了按行程操兵式的『上車睡覺，下車尿尿，到處拍照，不然就去買藥』。就是那旅遊文學……說穿了，也只是旅遊產業的宣傳品罷了。附從於其價值、依存於其體系、編納於其組織運作之中，而令觀者與寫者均不自覺。」（龔鵬程，2007：自序4）旅遊淪落到此地步，識者同樣也要痛感世風曲從！

那麼龔先生自己又看了多少書，才有別於常人而顯露文化心和智慧眼？姑且以《北溟行記》、《孤獨的眼睛》和《自由的翅膀》等書所提及兼著錄作者名姓的著作爲例，就有焦竑《玉堂叢語》、顧起元《客座贅語》、曾靜《大義覺迷錄》、管世銘《巵蹕秋獮紀事詩》、衛禮賢《中國心靈》、宴陽初《宴陽初傳》、章詒和《那一陣風，留下了千古絕唱》、張伯駒《春遊記夢》、歐陽建《紅學辨僞論》、諾特博姆《西班牙星光之路》、池田利子文《吃定義大利》、韓特《二〇年代：頹廢的巴黎盛宴》、王侃《江州筆談》、謝肇淛《五雜俎》、林語堂《輝煌的北京》、雨果《東方》、張表臣《珊瑚鉤詩話》、張翼廷《寄寄山房叢抄續集》、唐魯孫《老古董》、俞大猷《正氣堂集》、戚繼光《止止堂集》、陳暘《樂書》、佛陀耶舍等譯《長阿含經》、求那跋陀羅譯《雜阿含經》、梁啓超《中國歷史研究法》、陳公博《苦笑錄》、簡又文《馮玉祥傳》、劉心皇編《張學良進關秘錄》、老舍《駱駝祥子》、周作人《知堂回想錄》、朱自清《歐遊雜記》、科律芝《波卡斯遊記》、王開節《中國近百年交通史》、劉鶚《老殘遊記》、萍跡子《塔西隨記》、翁方綱《兩漢金石錄》、葉昌熾《語石》、王安定《求闕齋弟子記》、袁枚《隨園詩話》、金文明《月暗吳天秋江冷》、吳世昌《吳世昌學術文叢》、郭少棠《旅行：跨文化想像》、金庸《天龍八部》、馬可孛羅《馬可孛羅遊記》、李調元《醒園錄》、朱彝尊《食憲鴻祕》、王灼《糖霜譜》、黃雲鵠《粥譜》、慧琳《一切經音義》、科斯馬斯《基督教世界風土志》、土默熱《土默熱紅學》、黃裳《逝去的足跡》、李霖燦《西南遊記》、孫詒讓《籀廎述林》、李孝美《墨譜》、長澤規矩也《收書遍歷》、神田喜一郎《中國訪書談》、吉川幸次郎《中華名物考》、武內義雄《訪古碑記》、陳鼎《滇遊記》、張泓《滇南新語》、劉崑《南中雜說》、郭松年《大里行記》、希羅多德《歷史》、竹添光鴻《棧雲峽雨日記》、岡千仞《觀光遊記》、錢曾《讀書敏求記》、曹聚仁《上海春秋》、阮癸生《茶餘客話》、萬籟聲《武術匯宗》、趙避塵《性命法訣明指》、張中行《負暄三話》、陳寅恪《柳如是別傳》、徐迅《陳寅恪與柳如是》、米海里司《美術考古一世紀》、李小鏡《今日大運河》、高昌《高昌館課》、慧超《往五天竺國傳》、李濟賢《西征錄》、朴趾遠《熱河日記》、崔溥《飄海錄》、許世旭《中國文學紀行》和朱道朗編訂《青雲圃志略》等，這些書性質涉及古今中外紀遊、考古、文學、藝術和典制等，洋洋大觀（此外還有許多不及細提的單篇文章和未著錄作者或已著錄作者但不見詳引的專書），讀者經眼了可能都要大爲驚心而自嘆弗如！雖然這未必全是爲旅遊而讀（當是多爲平時積學所閱覽的），但每到一地沒有這些書所提供的知識背景，如何能「遊得實在」或「見得眞切」？顯然旅遊和讀書做學問是要連在一起的：

> 讀書做學問不能僅僅是一種情調式的滿足，東摸摸西搞搞，這裡看看那裡聽聽。那是旅遊觀光客的做法。什麼都知道了，什麼都品賞到，但什麼都沒進到生命裡去……許多人旅行觀光了許多地方，知道了許多事，但「學問」一詞卻談也談不上……一隻鴨子，環遊世界歸來，仍是一隻鴨子。做學問讀書不是觀光，是攻城。須要盤營紮寨，用強弓硬弩，一刀一槍去奪下城池來……那才眞是自己的。（龔鵬程，2007：217-218）

龔先生所以能批評常人不知旅遊爲何物，原來是有這項因緣的。也許有人會說：「玩一趟就得讀那麼多書，如果沒機會讀，不就甭出門了！」沒錯，照龔先生的邏輯，與其盲動或傻遊，不如不動或不遊；否則耗費了時間和金錢，卻依然凡胎一個！

由於旅遊被嵌進了資本主義的消費體制，一切講求速度和經濟效益，所以龔先生在旅途所見的，就盡是爲迎合那些淺碟子旅遊者所需的「捏造故事、編織傳奇和杜撰禮俗」的場景（龔鵬程，2007：

50-53），不免一再的引發他深為惋惜和痛心（龔鵬程，2005 b：78、156、229、264）；而撫今追昔，他就更想那「按圖索驥」去復原的名勝古蹟，不然也別滑落到現在一逕媚俗（如亂拆亂建亂粉飾之類）的地步！

三、孤獨的眼睛無法配備自由的翅膀

根據行為心理學的說法，如果做某件事得到鼓勵，那麼做這件事的次數就會增加（杜加斯等，1990：14-15）；而旅遊對現代人來說，一定也有某種誘因存在，才會不斷有人迎向它而造成旅遊產業的興盛。換句話說，旅遊的次數增加，跟它的「價值」追求獲得鼓勵必然有密切的關係。而這種「價值」追求，具體來說就是旅遊者可以在旅遊過程中消費和投資，以便向人炫耀財富和累計經驗而轉生產附加產品（如觀摩異地風俗和創意模式，以為開發新產品和行銷管道等），此外就未必要關注旅遊地是否得「古色古香」的問題。所謂「消費作為一組社會、文化和經濟的行動，及其消費主義的意識形態，無不使得資本主義在數以萬計的老百姓看來深具合法性」（波寇克〔R. Bocock〕，1996：10），說的大概就是這個意思。

換個角度看，旅遊消費也難以不被視為一種社會活動（而不只是一種關係到供需、生產和貨幣供應或利率的基本經濟活動）。而這種活動，有著最根本的塑造團體成員特有的品味、飲食、穿著和娛樂的消費模式；而藉著這種模式，一個「身分團體可以在自己和社會中持有相同文化價值的其他人面前，定義他們的成員、維持他們的身分榮耀以及社會和文化自尊」。（波寇克，1996：16）因此，前面所說的旅遊是一種符號的浪漫式消費和蒐集，也就帶有普遍性且可以集團區隔的經驗，而不是「水準夠不夠」一個標準所能夠衡量得盡的。

在這種情況下，旅遊產業化（夏學理主編，2008：318；郭輝勤，2008：120-121）毋乃就有兩種對諍式或違俗式的觀照方式：「文化產業的研究……自英國學派、美國學派以降，已越來越趨媚俗，喪失了批判性，爲大衆文化唱讚歌、爲資本家作幫兇和幫閒；而無視文化工業驅使下的大衆，正如何糟蹋自然生態、文化歷史古蹟。要揭露文化產業結構中的旅遊正如何異化，重新讓旅遊成爲達致人格獨立、精神解放的活動，恐怕要待旅遊文學家們的努力了」（龔鵬程，2007：237），龔先生所說的「扭轉方向」，就是當中的一種；另一種是以反資本主義而一併主張去除旅遊產業的。後一種才在醞釀還不成氣候（周慶華，2010），但難保將來不會成爲主流思想，因爲旅遊產業一樣要面臨目前最嚴峻的能趨疲危機問題，它的「生死存亡」將會繫在一線之間，大家都得及早計慮。

縱是如此，龔先生的焦慮還是可以轉來爲後面這種觀照方式所用。也就是說，當旅遊產業一逕如龔先生所看到的「在高山上亂建索道，亂墾亂建別墅、高爾夫球場，旅遊製造噪音、垃圾，改造了旅遊地的歷史感和人際關係」（龔鵬程，2007：236）等不當開發或過度使用而無法提升產業品質時，倒不如不寄望它發展或不斷批判它的自掘墳墓！這樣一來，龔先生也許就不必再惶惶然唯恐忠言而無緣逆耳了！

然而，龔先生畢竟是一個熱心腸的人，他的孤獨眼始終想雄視一帶又一帶的衰草斜陽、殘垣斷壁和無祖庭可歸的時代浪兒，自然不可能放棄他一向懷有的「規諫之忱」！因此，他對於一樣有著敏銳觀察力的北方草原上的民族（據說是少昊的後裔），也就要亟於引為同類了：「他們未必真的只長著一隻眼，但那孤獨的、觀察著的眼睛，想必讓草原上其他的民族印象深刻。那種眼睛，啊，你若曾遇見過真正浪跡飄泊的人，你就一定會懂的。」（龔鵬程，2005 b：130）只不過這孤獨眼原該配備像鷹隼的翅膀翱翔在天際，以確保它的自由度和靈視力的，卻因為旅次關隘重重而經常蹇滯難行：

人像鳥，原本是自在徙旅的。誰聽過鳥兒飛行經過某國「領空」要先申辦通行證、要到海關驗關、在某地捕獵或啄食了食物要繳稅？人的世界，卻用此疆彼域，區隔出種族、國家、省市等。行旅都要管束、通關都要懲罰……那些亂七八糟的規定，也都旨在伸張權力、困辱旅客，俾令其不能如大鵬鳥般翱遊四海罷了。（龔鵬程，2005b：133-134）

由於旅行多折騰（還包括疾患和行李被盜等麻渣事）（龔鵬程，2005 a：50-51；2005 b：68-71），所以前面所引他所自敘的「自由的翅膀，帶著我孤獨的眼睛……」，就屬「突然忘我」；而另外他所自道看似一派風輕的「我跟一般學者不同，別人黃卷青燈，在書齋裡皓首窮經；我則東飄西蕩，遊以攄懷。人家往來無白丁，談笑有鴻儒；我卻三教九流、雞鳴狗盜，無不交往……他們文采儒雅，我又不免劍氣縱橫，且雜於星曆卜祝之間。生涯如此，焉得不常有奇遇？邇來浪跡神州，在各地飽覽奇山勝水之外，也就順道查訪異人，或打聽相關異聞」（龔鵬程，2007：121），也就「詳情」有點隱而不宣了。

換句話說，一個大旅行家所渴望的孤獨的眼睛配上自由的翅膀一事，在龔先生來說應當是還深有遺憾的。

四、遷徙北溟感嘆記在歷史上

倘若比較龔先生前後期進出中國大陸的行程，後期這一次因爲從佛光大學校長卸任而去北京大學等校客座，有機會長時段流連，所以所見所聞也就不再像前期那樣走馬看花，而是一轉變成江山亂眼而不時要「感慨繫之」！且看他所分辨的假旅遊：

> 平時智效一官，有個職務在身；行比一鄉，行動不出鄉里，焉能輒效列子作七日遊，或如大鵬鳥般徙東飛西？偶因公差或赴他處開會什麼，也仍是俗務牽絆，不是眞正的旅遊。倘有假期，隨團出遊，在領隊和導遊的帶領下，去各風景名勝觀光採購，其實大似被放鴨人趕著去水陬吃萍藻的鴨群，呱呱呱地，深切感受到出來遊觀的快樂，而實與旅遊還不相干。至於自擬計畫、設計路線的自助旅行，或爲了完成一本書而去旅行寫作的人，更只是執行計畫業務，乃是工作，非關旅遊。（龔鵬程，2005 a：自序 28）

假旅遊正如上面所敘述的，它跟前面所引龔先生所謂的「獨與天地精神相往來」的眞旅遊顯然有一大段距離。而更多時候，這種眞旅遊還得跟閒賞生活結合在一起，如「閒居於爨舍之中，或信步林野，或敲冰於湖上，愛看書就看，沒書看便去玩。偶或酒人轟飲，間與該地詩文之會；更多的，則是獨行品花、弔古、觀人、讀世」（龔鵬程，2005a：自序29）之類。但話說回來，這樣的眞旅遊天下有幾人能夠？龔先生倘若不是得著遷徙北溟的機會，那麼他也鐵定無緣這般「氣定神閒」的悠遊於廣土衆民的國度。

實際上，龔先生前期的旅遊，也差不多是接近他自己所說的假旅遊，因爲我們只看到一些像流水賬的記載：「在福州盤桓數日，便飛北京，訪社科院，遊紫京城，游息於天壇、龍鬚溝。乘車往十三陵，並登八達嶺長城以當塞外寒氣……遊於西子湖畔。登孤山，入西冷印社，遍訪靈隱諸寺，藏息佚樂於九溪煙樹、雲棲竹徑之間。觀錢塘之潮、升六合之塔，斷橋無雪、皓月無聲……坐三輪車，裹寒遊拙政園、獅子林、西園、留園、網師園等處……自長沙來往吉安，途路之間，偶經村落，輒如廢墟。道路泥爛，往返一千公里，車輛幾乎報銷。我少年時魂夢數數縈迴於此父祖故鄉，而所見乃如是。」（龔鵬程，2002：338-340）換句話說，龔先生前期的旅遊還未孳生「休戚與共」的感懷，他只是記他的「匆忙所行」和「途中所見」。但輾轉到後期的旅遊，卻大不相同了。好比他先前的曲阜遊是這麼觀感的：「祭孔大典、八佾舞、孔府、孔林、孔子墓、孔府家酒，以及一切可以與孔子扯上關係的東西，構成了這座城市。這是一座符號和象徵的城市……在此符號和象徵的城市中，現實被符號浸潤穿透了，生活成了抽象的概念。把我們的心、我們的靈魂，抽提起來，進入一個幽邈深邃的時空場域中，參與孔子及其弟子們祭燕絃歌的世界，沐浴在聖哲慧命流布和傳承的德澤中……我喜歡這種氣氛，也明白孔子墓就是我文化生命的歸骨之所。在墓前站立時，我深切感覺到我也正躺在裡面」（龔鵬程，2002：344）；但後來的曲阜遊卻反氣悶成這樣：「二十八日參加祭孔。這是生平所見最爛的祭孔典禮……場面一點也不莊重，人員雜遝，亂如菜市場……祭場未淨場、祭禮不正供之外，祭器，孔廟原有祭器都沒有用。祭樂，孔廟本有樂器、本有祭孔的雅樂，也一律未用……祭祀的禮生，更妙。先是穿灰衣、著長冠的人一堆上臺，拱手作孔子狀……這是祭孔，還是舞臺劇……凡此等等，不可殫述」（龔鵬程，2005 a：66-67），這所多出的「不忍見其禮制淪喪」，恰好印證了他已經內化一座神州大陸，斯土斯民都不再自外於他的生命。因此，見著於《北溟行記》、《孤獨的眼睛》和《自由的翅膀》諸書的許多「文化觀察、社會批評、兩岸比較、知識分子關懷、旅遊文學意味、時代學人紀錄」等（同上，自序 30），也就新添了「恨其不能反轉嘉美」的情懷：

有次我去蘇州，夜遊網師園。園中居然掛滿了霓虹燈，傖俗不堪。各廳堂廊榭，又布置了一些表演……我走到一處，坐在水石間，有兩個女娃子正脫了鞋、丫著腳，坐在長板凳上打毛線。忽遊客來到，忙趿起鞋，站起來，演了段杜麗娘遊園驚夢。隨意扭扭，比劃比劃，聲音則是錄音帶播出來的……我聽得一陣氣血翻湧，竟大咳起來了。（龔鵬程，2007：215-216）

沿途所見，對於大陸的發展仍不免有些憂慮。原因在於大陸經濟發展得太好而非太壞。整個社會都在追求經濟成長，都在戮力建設，學界也熱中討論經濟形勢和文化發展的關係，談區域經濟、文化資本、地域特色等，對經濟充滿了信心和期待。這當然甚好，但對資本主義卻太缺乏警惕了。對經濟發展中出現的貧富不均，或因不公平所以不正義的現象，太少關注，也無對策；經濟發展中須有相應的社會福利配套措施及制度，也不足已甚！（龔鵬程，2005 a：37）

泰山的磊砢雄闊，本有萬岳之宗的氣概。由山下一路拾級而上，爬到南天門，眞覺得是巍巍乎如要上到天庭。然而，現今趨車直抵中天門，乘纜車一溜即至南天門，泰山頓覺其矮。既不禁玩，索道又恰好掛在核心景區的景觀軸線上，成了泰山有史以來最大的破壞，足以與張家界之蠢相互輝映。（龔鵬程，2005 b：45）

類似這種訾議砭世的言論甚多，而所嘆的也有如自家門面突然遭到外力干擾而昏濁起來那般的不捨。這時的龔先生，已經比十幾年前初履斯地時更有意無意的契入了一個新輝煌時代的脈動。儘管外界對中國大陸的崛起仍存有許多諸如耗能、污染和經濟失衡等疑慮（伊茲拉萊維奇，2006；肯吉，2007；賈克，2010），但龔先生寢饋於斯，卻只是諫諍而期待它轉好，並未對這一老大中國的甦醒提早失望。換句話說，龔先生這種新添的情懷，是從文化傳統深透激揚而來的；他可以對眼前的人謀不臧痛心疾首，但永遠不會失去自我所屬文化傳統必須再度昌皇的信心。

雖然龔先生不免也偶有失察的時候（像祭孔大典現場牛尾巴豬屁股正對著孔子像一事，龔先生直斥它不倫不類。〔龔鵬程，2005 a：66〕這自有他地經驗可據爲批判，但孔廟內的衆神，在文革期間也都被「趕」出門了，現今要請祂們回來受饗，不把牛首豬頭朝外，豈不少了誠意？可見龔先生還未注意到現實的「另類歧出」問題），但所論都有典有據，總是讓人看了懾服不已！而對於他一再的將感嘆記在歷史上的苦心孤詣，相信識者也會深受感染而不禁興起「有心人當如是」的豪情！

五、從文化迷茫中走出需要多少淒惘的情懷

同樣是旅遊，許多西方人就懂得細細品賞沿途的景致，悠閒的消費和蒐集符號（如看待巴黎爲一浪漫的都市或流動的饗宴之類）（厄里，2007；柏狄克，2008）；但反觀國人，卻常常急如星火，還來不及玩味一地的風物，就又匆匆的趕赴另一處，酷似電動轉輪，四處旋繞，不知終止。而這在龔先生看來，都像浮世飄蓬，毫無章法，徒增旁人「見著心隳」的蒼涼感：

旅行中需要懂的東西，實在太多了。一次我由張家界返長沙，火車上同座一對科學院研究員夫婦，看見火車過處水田驚起白鷺，都很訝異，問：「那是什麼？」我說：「白鷺。王維詩『漠漠水田飛白鷺』的白鷺。」他們一臉茫然，既未見過白鷺，也沒聽過王維。好笑嗎？一點也不。旅行，就算只是走過尋常阡陌、只是登山涉水，不去看人文古蹟，也是需要學問的。草木鳥獸蟲魚之名，吾人泰半不識。缺乏博物之功，去做自然之旅，其實就是烏龜吃大麥，何況山川草木鳥獸蟲魚又往往與藝文掌故相關呢！（龔鵬程，2005 b：15）

龔先生幾乎以這類憐憫遊人的無知而獨自走出文化的迷茫氛圍稱能。他的博識和汲古敏求，已經充

分流露在幾本紀遊的書裡；而他所不能輕易放過的歷事評騭，也自成了一種俠骨柔情的典範。只是我們忍不住要問：這一趟掃除世人遮眼迷霧的旅程，究竟需要多少淒惘的情懷？

我們先看龔先生對中國大陸的關心跟其他人的差異。當代談中國文化遭扭曲特勤的，大概要數余秋雨，但余氏的「文化苦旅」約略只是在山水間跋涉所累積的（余秋雨，1992），還不及像龔先生那樣深入都會區掘發文化的盲點。還有遠在美國的余英時，也常自稱「情懷中國」（余英時，2010），卻又沒在斯地跟眞實的歷史共俯仰，終究還是隔著一層。此外，老一輩已先凋零的學問家如陳寅恪和錢鍾書等人，他們生前大多性耽考據，一個連楊貴妃「以非處子入宮」都要力辯（陳寅恪，1975：14-19）；一個則興趣還轉到馬克思和女傭有私生子的傳聞上（余英時，2010：16-17 引錢鍾書語），恐怕他們在今天也會繼續躲在書齋裡不問世事，根本不可能寄望他們也來發「時代幽微」。至於年輕一代的大陸人又如何？可能也都像《咱們大陸人這些年》（劉小元，2010）一類的書，所敘述的只在意謀職、婚姻和享樂等現實事，難以想像他們也會知曉幾千年文化在當今的沉淪。因此，龔先生孤伶伶一個人站在孤峰頂上，俯瞰著這一切被忽視的文化劫掠和歷史沉霾，他需要呼一大口氣，才能吐盡胸中的鬱積。

也許沒有人清楚龔先生走出文化迷茫是帶著多少淒惘的心情（這總會欠缺量化的憑證），但可以確信的是他這一趟綿綿無盡的旅程其實並不輕鬆！所謂「媚俗的東西多著呢！我登魁星樓，見門票上印著『全國最大的道教活動場所』，就搖頭暗哂……去小布達拉宮，更令人氣結……避暑山莊情況稍稍好些，但也好不了太多……『世界文化遺產』，已被糟蹋至此……旅行，常是爲了增廣見廣。但如此見聞，見之聞之何益？愈令我傷世、悼俗、憫今人而思古昔呀」（龔鵬程，2005 b：262-264），就因爲這份傷悼和哀憫貫串了他的神州遊歷，所以我們可以想見他的肩挑整個傳統文化的重擔，已經到了「捨我其誰」又「無人可以分擔」的沉重兼無奈的地步！他是這個時代的最後一個采風人，絕世風骨是他的壯遊成果。

參考文獻

Co+Life A/S策畫（2010），《100個即將消失的地方》（李芳齡譯），臺北：時報。

丁福保編（1992），《佛學大辭典》，臺北：新文豐。

卜倫（2000），《千禧之兆》（高志仁譯），臺北：立緒。

凡得來恩等（2009），《生態設計學：讓地球永續的創意法則》（郭彥銘譯），臺北：馬可孛羅。

久我羅內（2010），《當靈異遇上科學》（蘇阿亮譯），臺北：漢欣。

山德勒（2010），《綠能經濟學：企業與環境雙贏法則》（洪世民譯），臺北：繁星多媒體。

中村元（1995），《原始佛教：其思想與生活》（釋見憨等譯），嘉義：香光書鄉。

丹尼肯（1974），《文明的歷程》（徐興譯），臺北：世界文物。

丹尼爾（2005），《當神秘學來敲門》，臺北：尖端。

丹皮爾（2001），《科學史及其與哲學和宗教的關係》（李珩譯），桂林：廣西師範大學。

內格爾（2005），《哲學入門九堂課》（黃惟郁譯），臺北：究竟。

內崎巖等（2010），《企業回收最佳實務》（謝育容譯），臺北：商周。

勾紅洋（2010），《低碳陰謀：一場大國發起假環保之名的新經濟戰爭》，臺北：高寶國際。

厄里（2007），《觀光客的凝視》（葉浩譯），臺北：書林。

太虛等（1986），《佛學與科學彙編》，臺北：千華。

孔恩（1989），《科學革命的結構》（王道還編譯），臺北：遠流。

孔穎達（1982a），《周易正義》，十三經注疏本，臺北：藝文。

孔穎達（1982b），《左傳正義》，十三經注疏本，臺北：藝文。

孔穎達等（1982），《禮記正義》，十三經注疏本，臺北：藝文。

巴伯（2001），《當科學遇到宗教》（章明義譯），臺北：商周。

巴克萊（1997），《揭開幽浮之謎》（謝幸靜譯），臺北：絲路。

巴柏（1989），《客觀知識：一個進化論的研究》（程實定譯），臺北：結構群。

巴斯托（1996），《獵殺女巫》（嚴韻譯），臺北：女書。

巴塞維奇（2010），《美國夢．醒》（曹化銀等譯），臺北：繁星多媒體。

方迪遜（2005），《鬼魂之謎》（未著譯者姓名），臺北：羚羊。

日稱等譯（1974），《父子合集經》，《大正藏》卷11，臺北：新文豐。

比提等（2010），《生態存摺：生物多樣性是地球的寶藏》（吳書榆譯），臺北：貓頭鷹。

王充（1978），《論衡》，新編諸子集成本，臺北：世界。

王弼（1978），《老子道德經注》，新編諸子集成本，臺北：世界。

王勤田（1995），《生態文化》，臺北：揚智。

王銘義（2008.5.14），〈預知強震？數十萬隻蟾蜍大遷徙〉，於《中國時報》第A5版。

卡倫（2000），《病菌與人類的戰爭》（楊幼蘭譯），臺中：晨星。

卡森（1997），《寂靜的春天》（李文昭譯），臺中：晨星。

卡洛普等（2010），《大契機：21世紀綠能新經濟力》（黎湛平譯），臺北：木馬。

卡諾斯等（2002），《愛戀智慧》（王尚文等譯），臺北：立緒。

史旭瑞特等（2009），《全球化觀念與未來》（游美齡等譯），臺北：韋伯。

史威登堡研究會（2010），《通行靈界的科學家：史威登堡獻給世人最偉大的禮》（王中寧譯），臺北：方智。

史泰格（2006），《世界不可思議鬼影檔案》（楊瑞賓譯），臺中：好讀。

史泰隆（2001），《看得見的黑暗：走過憂鬱症的心路歷程》（江正文譯），臺北：究竟。

史密士（2000），《超越後現代心靈》（梁永安譯），臺北：立緒。

史塔克（2004），《簡易靈魂出體》（林明秀譯），臺北：方智。

尼布爾（1992），《基督教倫理學詮釋》（關勝渝等譯），臺北：桂冠。

布洛克（2000），《西方人文主義傳統》（董樂山譯），臺北：究竟。

布朗等（2005），《來自靈界的答案：讓我們超越生死無常的靈界眞相》（黃漢耀譯），臺北：人本自然。

布雷瑟（2002），《另類世界史：打開歷史廣角》（黃中憲譯），臺北：書林。

布魯吉斯（2004），《小小地球》（楊曉霞譯），香港：三聯。

布魯克（2003），《文化理論詞彙》（王志弘等譯），臺北：巨流。

布魯格（1989），《西洋哲學辭典》（項退結編譯），臺北：華香園。
布羅德等（1900），《科學的騙局》（張馳譯），臺北：久大。
弗列德曼（2009），《未來一百年大預測》（吳孟儒等譯），臺北：木馬。
弗羅姆金（2000），《世界之道：從文明的曙光到21世紀》（王瓊淑譯），臺北：究竟。
白克雷等（1996），《死亡．奇蹟．預言》（羅若蘋譯），臺北：方智。
白雲觀長春眞人編纂（1995a），《無上秘要》，《正統道藏》第42冊，臺北：新文豐。
白雲觀長春眞人編纂（1995b），《黃帝內經素問》，《正統道藏》第35冊，臺北：新文豐。
白雲觀長春眞人編纂（1995c），《雲笈七籤》卷54，《正統道藏》第37冊，臺北：新文豐。
皮柏（2003），《閒暇：文化的基礎》（劉森堯譯），臺北：立緒。
皮爾絲等（2009），《科學的靈魂：是誰綁架了牛頓？》（潘柏滔譯），臺北：宇宙光。
石上玄一郎（1997），《輪迴與轉生：死後世界的探索》（吳村山譯），臺北：東大。
伊茲拉萊維奇（2006），《當中國改變世界》（姚海星等譯），臺北：高寶國際。
伍汀等（2005），《綠色全球宣言》（鄧伯宸譯），臺北：立緒。
印順（1994），《中國禪宗史》，臺北：正聞。
吉藏譯（1974），《大乘玄論》，《大正藏》卷45，臺北：新文豐。
向立綱（2007），《活靈活現：看清影響你今生的前兩世》，臺北：新新聞。

向立綱（2009），《靈體、靈性、靈媒：活靈活現第三部》，臺北：萬世紀身心靈顧問。

向立綱（2010），《人與神：活靈活現第四部》，臺北：萬世紀身心靈顧問。

安德生（2006），《綠色資本家：一個可以永續經營企業的實踐典範》（鄭益明譯），臺北：新自然主義。

成和平（2007），《靈異？別鬧了！》，臺北：商務。

朱錦忠（2003），《環境生態學》，臺北：新文京。

江敬嘉（2008），《我是通靈人》，臺北：商訊。

米歇爾（2006），《圖像理論》（陳永國等譯），北京：北京大學。

米爾柔夫（2004），《視覺文化導論》（陳芸芸譯），臺北：韋伯。

考夫（2007），《文化創意產業：以契約達成藝術與商業的媒合》（仲曉玲等譯），臺北：典藏。

艾恩斯（2005），《神話的歷史》（杜文燕譯），臺北：究竟。

艾爾金（2008），《簡樸》（張至璋譯），臺北：立緒。

西卡爾（2005），《視覺工廠：圖像誕生的關鍵故事》（陳姿穎譯），臺北：邊城。

西爾瓦（2006），《麥田圈密碼》（賴盈滿譯），臺北：遠流。

佛光大辭典編修委員會編（1995），《佛光大辭典》，臺北：佛光。

佛陀多羅譯（1974），《圓覺經》，《大正藏》卷17，臺北：新文豐。

伯金斯（2001），《阿基米德的浴缸：突破性思考的藝術與邏輯》（林志懋譯），臺北：究竟。

余秋雨（1992），《文化苦旅》，臺北：爾雅。

余英時（2010），《情懷中國：余英時自選集》，香港：天地。
克里克（2000），《驚異的假說：克里克的「心」、「視」界》（劉明勳譯），臺北：天下。
克里普納（2004），《超凡之夢》（易之新譯），臺北：心靈工坊。
吳汝鈞（1989），《佛學研究方法論》，臺北：學生。
吳汝鈞（1991），〈壇經的思想特質：無〉，於《國際佛學研究年刊》創刊號（41），臺北。
吳炳松（2003），《生死簿之物語》，桃園：作者自印。
呂大吉主編（1993），《宗教學通論》，臺北：博遠。
宋兆麟（2001），《巫覡：人與鬼神之間》，北京：學苑。
希克（1991），《宗教哲學》（錢永祥譯），臺北：三民。
希拉蕊（2007），《非死即傷的惡靈實錄》，臺北：可道書房。
希爾曼（1998），《靈魂符碼》（薛絢譯），臺北：天下。
希爾斯（1992），《論傳統》（傅鏗等譯），臺北：桂冠。
希爾斯（2004），《知識分子與當權者》（傅鏗等譯），臺北：桂冠。
李世暉（2008），《文化趨勢：臺灣第一國際品牌企業誌》，臺北：御璽。
李明燦（1986），《社會科學方法論》，臺北：黎明。
李淼編（1994），《中國禪宗大全④》，高雄：麗文。
李錫東（2009），《文化產業的行銷與管理》，臺北：宇河。

村上隆（2007），《藝術創業論》（江明玉譯），臺北：商周。

村沢義久（2010），《你的全球暖化知識正確嗎？》（陳嫺若譯），臺北：如果等。

杜松柏（1976），《禪學與唐宋詩學》，臺北：黎明。

杜澤（2010），《天地悠悠獨此人：何以基督教如此偉大》（趙宣譯），臺北：唐山。

杜加斯等（1990），《當代社會心理學》（程實定譯），臺北：結構群。

求那跋陀羅譯（1974），《雜阿含經》，《大正藏》卷2，臺北：新文豐。

沈清松（1986），《解除世界魔咒：科技對文化的衝擊與展望》，臺北：時報。

沈清松編（1995），《詮釋與創造》，臺北：聯經。

沈嶸/米蘭達（2009），《靈界使者：沈嶸之通靈事件簿》，臺北：采竹。

沃爾夫（1999），《靈魂與物理：一個物理學家的新靈魂觀》（呂捷譯），臺北：商務。

沃德羅普（1995），《複雜：走在秩序與混沌邊緣》（齊若蘭譯），臺北：天下。

秀慈（2008），《通靈筆記》，臺北：笛藤。

貝克（1997），《超自然經驗與靈魂不滅》（王靈康譯），臺北：東大。

貝林格（2005），《巫師與巫術》（李中文譯），臺中：晨星。

辛格（2003），《我們只有一個世界》（李尚遠譯），臺北：商周。

亞里士多德（1999），《形而上學》（李眞譯），臺北：正中。

亞祖－貝彤（2009），《HOME：搶救家園計畫》（李毓眞譯），臺北：行人。

周之郎（1993），《企業禪》，臺北：大村。
周敏煌（2003.12.3），〈兄弟自認遇鬼，尋求大法師〉，於《中國時報》第A9版。
周敦頤（1978），《周子全書》，臺北：商務。
周逸衡等（1996），《靈魂 CALL OUT：解讀靈魂完全手冊》，臺北：商周。
周慶華（1997），《佛學新視野》，臺北：東大。
周慶華（1999a），《佛教與文學的系譜》，臺北：里仁。
周慶華（1999b），《思維與寫作》，臺北：五南。
周慶華（2001a），《七行詩》，臺北：文史哲。
周慶華（2001b），《後宗教學》，臺北：五南。
周慶華（2002），《死亡學》，臺北：五南。
周慶華（2004a），《語文研究法》，臺北：洪葉。
周慶華（2004b），《後佛學》，臺北：里仁。
周慶華（2004c），《文學理論》，臺北：五南。
周慶華（2005），《身體權力學》，臺北：弘智。
周慶華（2006），《靈異學》，臺北：洪葉。
周慶華（2007a），《語文教學方法》，臺北：里仁。
周慶華（2007b），《走訪哲學後花園》，臺北：三民。

周慶華（2008），《轉傳統爲開新：另眼看待漢文化》，臺北：秀威。
周慶華（2009），《文學詮釋學》，臺北：里仁。
周慶華（2010），《反全球化的新語境》，臺北：秀威。
周慶華（2011a），《華語文教學方法論》，臺北：新學林。
周慶華（2011b），《語文符號學》，上海：東方。
周慶華等（2004），《閱讀文學經典》，臺北：五南。
孟樊主編（2004），《旅行文學讀本》，臺北：揚智。
孟羅（1993），《靈魂出體》（翔翎譯），臺北：方智。
宗密（1974），《禪源諸詮集都序》，《大正藏》卷48，臺北：新文豐。
宗紹編（1974），《無門關》，《大正藏》卷48，臺北：新文豐。
宗寶編（1974），《六祖法寶壇經》，《大正藏》卷48，臺北：新文豐。
岳友熙（2007），《生態環境美學》，北京：人民。
岳娟娟等（2005），《鬼神》，臺北：時報。
房玄齡等（1979），《晉書》，臺北：鼎文。
拉菲爾（2006），《美國靈媒大師瑪麗蓮：通靈大師的精采人生暨見證》（吳孝明等譯），臺北：智庫。
拉達（1993），《經理人禪》（余國芳譯），臺北：韜略。
林天民（1994），《基督教與現代世界》，臺北：商務。

林少雯（2004），《現代異次元：十則靈療的故事》，臺北：聯經。
林少雯（2005），《現代異次元2：與靈界擦撞》，臺北：聯經。
林區（1998），《思想傳染》（張定綺譯），臺北：時報。
林富士（2004），《漢代的巫者》，臺北：稻鄉。
林耀福主編（2002），《生態人文主義：邁向一個人與自然共存共榮的社會》，臺北：書林。
松野宗純（1996），《禪中學取經營心》（王光正譯），臺北：圓神。
武田邦彥（2010），《假環保》，臺北：商周。
波伊曼（1997），《生與死：現代道德困境的挑戰》（江麗美譯），臺北：桂冠。
波拉克（2010），《無冰的世界》（呂孟娟譯），臺北：日月。
波寇克（1996），《消費》（張君玫等譯），臺北：巨流。
波頓等（2010），《環境也是災害：你準備好面對了嗎？》（黃朝恩等譯），臺北：聯經。
法林頓（2006），《超自然的歷史》（謝佩妏譯），臺北：究竟。
肯吉（2007），《中國撼動世界：飢餓之國崛起》（陳怡傑等譯），臺北：高寶國際。
舍明那拉（2003），《靈魂轉生的奧秘》（陳家猷譯），臺北：世茂。
芙秋（2007），《靈療．奇蹟．光行者：一個博士靈媒的故事》（詹采妮等譯），臺北：宇宙花園。
阿姆斯壯（1999），《神的歷史》（蔡昌雄譯），臺北：立緒。
阿部肇一（1991），《中國禪宗史》（關世謙譯），臺北：東大。

南方朔（2001），《在語言的天空下》，臺北：大田。
品川嘉也等（1997），《死亡的科學：生物壽命如何決定》（長安靜美譯），臺北：東大。
哈爾珀（2010），《北京說了算：中國的威權模式將如何主導二十一世紀》（王鑫等譯），臺北：八旗。
姜汝祥（2004），《差距：從中國一流企業與世界第一的距離，思考臺灣企業的競爭力》，桃園：良品文化館。
威爾伯（2000），《靈性復興：科學與宗教的整合道路》（龔卓君譯），臺北：貓頭鷹。
「拜拜愛臺灣」世界電視臺（2009.9.24），〈靈修院前一群群白色人影〉，網址：http：//www.wretch.cc/blog/lexuswen88/818056&tpage=1#trackback4043102，點閱日期：2010.10.14。
施寄青（2004），《看神聽鬼：施寄青的通靈偵察事件簿》，臺北：大塊。
施寄青（2009），《神之所在》，臺北：書泉。
施密特（2006），《基督教對文明的影響》（汪曉丹等譯），臺北：雅歌。
施護譯（1974），《初分說經》，《大正藏》卷14，臺北：新文豐。
星雲（1999），《佛光教科書⑧》，臺北：佛光。
柯西諾主編（1998），《靈魂筆記》（宋偉航譯），臺北：立緒。
柯爾朋（2008），《失竊的未來：環境荷爾蒙的隱形浩劫》（吳東傑等譯），臺北：綠色陣線協會。
查爾默斯（2007），《科學究竟是什麼？》（魯旭東譯），北京：商務。
柏狄克（2008），《回不去的伊甸園：直擊生物多樣性的危機》（林伶俐譯），臺北：商周。

柏拉圖（1989），《柏拉圖理想國》（侯健譯），臺北：聯經。

段詩潔（2009），〈呂俊德：電子書的普世價值就是綠色環保！〉，於《2010明星產業》，244-245，臺北。

洪文東（1999），《科學的創造發明與發現》，臺灣書店。

洪正中等（2003），《環境生態學》，臺北：國立空中大學。

洪修平等（1997），《如來禪》，杭州：浙江人民。

胡適等（1991），《禪宗的歷史與文化》，臺北：新潮社。

重顯頌吉等（1974），《碧巖錄》《大正藏》卷48，臺北：新文豐。

韋伯（1988），《新教理論與資本主義精神》（于曉等譯），臺北：谷風。

韋伯（1991），《支配的類型：韋伯選集（III）》（康樂等編譯），臺北：遠流。

香港聖經公會（1995），《聖經》，新標點和合本，香港：香港聖經公會。

修爾（2010），《新富餘：人類未來20年的生活新路徑》（陳琇玲譯），臺北：商周。

唐風（2009），《新能源戰爭》，臺北：大地。

夏征農主編（1992），《辭典》，臺北：東海。

夏學理主編（2008），《文化創意產業概論》，臺北：五南。

孫志文主編（1982），《人與科學》，臺北：聯經。

孫昌武（1994），《詩與禪》，臺北：東大。

孫奭（1982），《孟子注疏》，十三經注疏本，臺北：藝文。

庫比（2005），《邁向另一境界》（謝靜怡譯），臺北：商務。

庫比特（2007），《數字美學》（趙文書譯），北京：商務。

徐斯勤等主編（2009），《文化創意產業、品牌與行銷策略：跨國比較與大陸市場發展》，臺北：印刻。

泰特薩（1999），《終極的演化：人類的起源與結局》（孟祥森譯），臺北：先覺。

泰普史考特（2009），《N世代衝撞：網路新人類正在改變你的世界》（羅耀宗等譯），臺北：麥格羅・希爾。

海金（1991），《科學哲學與實驗》（蕭明慧譯），臺北：桂冠。

海默哈夫（2006），《文化產業》（廖佩君譯），臺北：韋伯。

祖卡夫（1996），《新靈魂觀》（廖世德譯），臺北：方智。

秦家懿等（1993），《中國宗教與西方神學》（吳華主譯），臺北：聯經。

索因卡（2007），《恐懼的勇氣》（陳雅汝譯），臺北：商周。

索非亞（2009），《靈界的譯者：從學生靈媒到棒球女主審的通靈之路》，臺北：三采。

索菲亞（2010），《靈界的譯者2：跨越生與死的40個人生問答》，臺北：三采。

紐通（2003），《靈魂的旅程》（曾怡菱譯），臺北：十方書。

郝金斯（2010），《創意生態：思考產生好點子》（李明譯），臺北：典藏。

馬吉利斯等（1998），《演化之舞：細菌主演的地球生命史》（王文祥譯），臺北：天下。

馬昌儀（1999），《中國靈魂信仰》，臺北：雲龍。

馬書田（2002a），《中國民間諸神》，北京：團結。

馬書田（2002b），《中國冥界諸神》，北京：團結。

馬書田（2002c），《中國佛教諸神》，北京：團結。

高峰等（1998），《禪宗十講》，香港：中華。

高曼（2010），《綠色EQ》（張美惠譯），臺北：時報。

高爾（2008），《不願面對的眞相》（陳瓊懿等譯），臺北：商周。

高誘（1978a），《淮南子注》，新編諸子集成本，臺北：世界。

高誘（1978b），《呂氏春秋注》，新編諸子集成本，臺北：世界。

高師寧等編（1996），《基督教文化與現代化》，北京：中國社會科學。

高斯坦等（1992），《科學方法新論》（李執中等譯），臺北：桂冠。

高橋宣勝（2001），《靈異世界的訪客》（文彰等譯），臺北：旗品。

涂心怡等（2010），《原起不滅只是新生：88水災週年紀念》，臺北：經典雜誌等。

個人新聞臺（2009.8.11），〈八八水災，明天過後……〉，網址：http://mypaper.pchome.com.tw/ctot/post/1313600948，點閱日期：2010.11.10。

偕寇比（2006），《生命地圖：沒有一個靈魂會失落》（陳志明譯），臺北：晶冠。

勒埃珀（1989），《迷信》（曾義治譯），臺北：遠流。

康克林（2004a），《超自然的神秘世界》（黃語忻譯），臺北：亞洲。
康克林（2004b），《不可思議的超文明奇蹟》（黃語忻譯），臺北：亞洲。
康克林（2004c），《不可思議的超能力》（黃語忻譯），臺北：亞洲。
康斯勒（2007），《沒有石油的明天：能源枯竭的全球化衝擊》（郭恆祺譯），臺北：商周。
張湛（1978），《列子注》，新編諸子集成本，臺北：世界。
張廷智（2010），《山寨經濟力：在模仿中創造新世界》，臺北：寂天。
張志傑（1996），《環境生態學》，臺北：科技。
張亞勤等主編（2010），《百萬商學院：九種由中國撼動世界的創新思考》，臺北：
張夏準（2010），《富國的糖衣：揭穿自由貿易的眞相》（胡瑋珊譯），臺北：博雅。
張啓致（2010），《臺灣新勢力：山寨來了》，臺北：捷徑。
張淑美（1996），《死亡學和死亡教育》，高雄：復文。
張開基（1999），《生死輪迴①靈界旅程的紀錄》，臺北：新潮社。
張開基（2000），《飛越陰陽界》，臺北：新潮社。
張開基（2004），《靈界的自殺亡魂》，臺北：新潮社。
張開基（2005），《自殺者在靈界②》，臺北：林鬱。
張開基（2010），《鬼學》，臺北：宇河。
張劍光等（2005），《流行病史話》，臺北：遠流。

張鏡湖（2002），《環境與生態》，臺北：中國文化大學。
望茲等（2005），《飛進第六感：一個靈媒的親身經歷》（陳麗舟譯），臺北：商周。
梁曉虹（1997），《日本禪》，杭州：浙江人民。
梅納德等（1994），《第四波：二十一世紀企業大趨勢》（蔡仲章譯），臺北：牛頓。
梅爾斯（2009），《災難與重建：心理衛生實務手冊》（陳錦宏等譯），臺北：心靈工坊。
莫爾斯（2002），《生態學》（金恆鑣等譯），臺北：麥格羅．希爾。
荷馬（2000a），《伊利亞特》（羅念生等譯），臺北：貓頭鷹。
荷馬（2000b），《奧德賽》（王煥生譯），臺北：貓頭鷹。
許地山（1986），《扶箕迷信底研究》，臺北：商務。
連銀三（2004），《生命輪迴的密碼：一位死而復生通靈者之自述》，臺北：大唐知識。
郭輝勤（2008），《創意經濟學》，臺北：我識。
陳玉梅（1999），《非常醫療，非常另類》，臺北：天下。
陳東榮等主編（1995），《典律與文學教學》，臺北：中華民國比較文學學會等。
陳秉璋等（1988），《邁向現代化》，臺北：桂冠。
陳破空（2010），《中南海厚黑學：中共不能說的祕密》，臺北：允晨。
陳寅恪（1975），《元白詩箋證稿》，臺北：世界。
陳勝英（2006），《與靈對話：前世今生、夢境與潛意識的奧秘》，臺北：商周。

陳穎青（2010），《老貓學數位 PLUS》，臺北：貓頭鷹。
陸西星（2000），《封神演義》，臺北：三民。
陶在樸（1999），《理論生死學》，臺北：五南。
麥考爾（2009），《綠經濟：提升獲利的綠色企業策略》（曾沁音譯），臺北：麥格羅．希爾。
麥唐諾等（2008），《從搖籃到搖籃：綠色經濟的設計提案》（中國21世紀議程管理中心等譯），桃園：良品文化館。
麥克尼爾等（2007），《文明之網：無國界的人類進化史》（張俊盛等譯），臺北：書林。
麥克勞林等（1998），《心靈政治學》（陳蒼多譯），臺北：國立編譯館。
麥克邁克爾（2007），《人類浩劫：生態失衡的反噬》（王新雨譯），臺北：商務。
傅柯（1993），《知識的考掘》（王德威譯），臺北：麥田。
傅偉勳（1986），《從西方哲學到禪宗教：「哲學與宗教」一集》，臺北：東大。
凱特琳等（2006），《有關女巫：永不止息的魔法傳奇》，臺北：蓋亞。
凱勒（2010），《我爲什麼相信？》（吳岱璟譯），臺北：大田。
寒哲（2001），《西方思想抒寫》（胡亞菲譯），臺北：立緒。
斯洛維克（2010），《走出去思考：入世、出世及生態批評的職責》（韋清琦譯），北京：北京大學。
普里戈金（1990），《混沌中的秩序》（沈力譯），臺北：結構群。
曾仰如（1993），《宗教哲學》，臺北：商務。

曾鳴等（2008），《龍行天下：中國製造未來十年新格局》，臺北：大都會。

朝倉慶（2009），《大恐慌入門：發生了什麼事？今後會如何發展？該怎麼因應？》（陳昭蓉等譯），臺北：先覺。

渥厄（1995），《後設小說：自我意識小說的理論與實踐》（錢競等譯），臺北：駱駝。

紫衣（2007），《紫衣的不可思議》，臺北：光采。

華玉洪（1995），《生存的沉思：當代科技進步與全球性問題》，臺北：淑馨。

華特斯（2000），《全球化》（徐偉傑譯），臺北：弘智。

萊特（2007），《失控的進步》（達娃譯），臺北：野人。

萊斯理（2001），《世界末日：人類滅絕的科學與道德觀》（賈士蘅譯），臺北：揚智。

菲柏（2005），《大魔法師咒語書》（文軒等譯），臺北：達觀。

菲立普（2001），《達爾文的蚯蚓：亞當．菲立普論生與死》（江正文譯），臺北：究竟。

費根（1999），《聖嬰與文明興衰》（董根生譯），臺北：聯經。

費阿本（1996），《反對方法》（周昌忠譯），臺北：時報。

費鴻年（1982），《迷信》，臺北：商務。

隆柏格（2008），《暖化？別鬧了！》（嚴麗娟譯），臺北：博雅書屋。

黃凡（2002），《靈魂密碼》，臺北：亞瑟。

黃子容（2007），《鬼放假》，臺北：光采。

黃天中（2000），《死亡教育概論I：死亡態度及臨終關懷研究》，臺北：業強。

黃文博（2000），《臺灣冥魂傳奇》，臺北：臺原。

塞斯（2010），《印度：下一個經濟強權》（蕭美惠譯），臺北：財訊。

塞爾（1995），《宗教與當代西方文化》（衣俊卿譯），臺北：桂冠。

塔克（2008），《當你的小孩想起前世：兒童前世記憶的科學調查檔案》（林群華譯），臺北：人本自然。

奧德嘉（1997），《哲學與生活》（劉大悲譯），臺北：志文。

慈誠羅珠堪布（2007），《輪迴的故事》（索達吉堪布譯），臺北：橡樹林。

楊年強（1998），《靈魂超度：巫師術士》，臺北：將門文物。

楊偉中（2007.9.17），〈中國黑心商品的世界體系〉，於《中國時報》第15版。

楊惠南（1995），《禪史與禪思》，臺北：東大。

楊慶豐（1993），《佛學與哲學》，臺北：頂淵。

瑞伊等（2008），《文化創意人：5000萬人如何改變世界》（陳敬旻等譯），臺北：相映。

瑞奇（2008），《超極資本主義：透視中產階級消失的眞相》（李芳齡譯），臺北：天下。

葉李華主編（2007），《石油用完了怎麼辦？15堂你不知道的科學課》，臺北：貓頭鷹。

葉維廉（1988），《歷史、傳釋與美學》，臺北：東大。

葛洪（1978），《抱扑子》，新編諸子集成本，臺北：世界。

葛馬萬（2009），《1/10與4之間：半全球化時代》（胡瑋珊譯），臺北：大塊。

葛羅斯等（2001），《高級迷信》（陳瑞麟等譯），臺北：新新聞。

董群（1997），《祖師禪》，杭州：浙江人民。

董更生編譯（2004.12.30），〈斯里蘭卡找不到動物屍體〉，於《中國時報》第A3版。

賈克（2010），《當中國統治世界》（李隆生等譯），臺北：聯經。

賈許（2006），《佛教一本通》（方怡蓉譯），臺北：橡樹林。

賈德納（2009），《販賣恐懼：脫軌的風險判斷》（李靜怡等譯），臺北：博雅書屋。

道原纂（1974），《景德傳燈錄》，《大正藏》卷51，臺北：新文豐。

道金斯（1995），《自私的基因》（趙淑妙譯），臺北：天下。

道金斯（1997），《伊甸園外的生命長河》（楊玉齡譯），臺北：天下。

達爾尼等（2008），《綠色企業力：改變世界的八十個人》（梁若瑜譯），臺北：平安。

達摩流支譯（1974），《寶雨經》，《大正藏》卷16，臺北：新文豐。

雷夫金（1988），《能趨疲：新世界觀──二十一世紀人類文明的新曙光》（蔡伸章譯），臺北：志文。

鳩羅摩什譯（1974a），《中論》，《大正藏》卷30，臺北：新文豐。

鳩羅摩什譯（1974b），《大智度論》，《大正藏》卷25，臺北：新文豐。

鳩摩羅什譯（1974c），《首楞嚴三昧經》，《大正藏》卷15，臺北：新文豐。

實叉難陀譯（1974），《大方廣佛華嚴經》，《大正藏》卷10，臺北：新文豐。

福特（2000），《神學》（李四龍譯），香港：牛津大學。

臺灣商務印書館編審委員會編（1978），《辭源》，臺北：商務。

赫伯金（2004），《群魔亂舞的靈異事件簿》（劉偉祥譯），臺北：達觀。

赫基斯（1999），《佛教的世界》（陳乃綺譯），臺北：貓頭鷹。

赫爾德等（2005），《全球化與反全球化》（林佑聖等譯），臺北：弘智。

齊達（2010），《別掉入思考的陷阱！》（陳筱宛譯），臺北：商周。

劉小元（2010），《咱們大陸人這些年》，臺北：丹陽。

劉光義（2003），《禪在中國：禪的通史》，臺北：松慧。

劉昌元（1998），〈哲學詮釋學、方法論與方法〉，於《社會理論學報》第1卷第2期（216），香港。

劉清彥譯（2000a），《死後的世界》，臺北：林鬱。

劉清彥譯（2000b），《鬼魂》，臺北：林鬱。

劉清彥譯（2001），《特異功能》，臺北：林鬱。

劉還月（1996），《臺灣民間信仰小百科．靈媒卷》，臺北：臺原。

慧皎（1994），《高僧傳》，《大正藏》卷50，臺北：新文豐。

慧遠（1974），〈沙門不敬王者論〉，《弘明集》，《大正藏》卷53，臺北：新文豐。

慕勒（2009），《全球七大短缺》（張淑惠等譯），臺北：商周。

摩斯等（1994），《跨越生死之門：從眾多的醫學研究獲得證實》（李福海譯），臺北：希代。

歐文（2003），《憂鬱心靈地圖》（廣梅芳譯），臺北：張老師。

歐文（2006），《生態學的第一堂課》（蔡仲章譯），臺北：書泉。

歐崇敬（2007），《靈魂學：新世紀的靈魂百科》，臺北：洪葉。

歐陽鍾仁等（1980），《自然科學概論》，臺北：正中。

歐頓（2000），《生態學：科學與社會之間的橋梁》（王瑞香譯），臺北：國立編譯館。

潘世墨等（1995），《現代社會中的科學》，臺北：淑馨。

潘桂明（2007），《佛教百科．禪宗卷》，臺北：額爾古納。

潘添盛（2005），《神奇的靈魂學》，臺南：西北。

蔣義斌（1991），〈大慧宗杲看話禪的疑與信〉，於《國際佛學研究年刊》創刊號（49-65），臺北。

蔡文華（1995），《前世今生的論證》，臺北：如來印經會。

蔡君如/許汝紘（2008），《你不可不知道的現代靈媒啓示錄》，臺北：信實。

蔡佩如（2001），《穿梭天人之際的女人：女乩童的性別特質與身體意涵》，臺北：唐山。

蔡果億（2007），《找對神通搭對線》，臺北：橡實。

蔡信健（1996），《奧秘．靈異與生死》，臺北：業強。

蔡彥仁（2001），《天啓與救贖：西洋上古的末世思想》，臺北：立緒。

鄭志明（1998），《臺灣民間宗教的結社》，嘉義：南華管理學院。

鄭志明（2004），《宗教與民俗醫療》，臺北：大元。

黎國雄（1994），《靈魂附體與精神療法》，臺北：希代。
黎國雄（1995），《解讀靈異現象》，臺北：希代。
盧勝彥（2004a），《靈與我之間：親身經歷的靈魂之奇》，桃園：大燈。
盧勝彥（2004b），《靈魂的超覺：八次元空間感應》，桃園：大燈。
盧勝彥（2006），《輪迴的秘密：六道輪迴的真面目》，桃園：大燈。
盧勝彥（2009），《智慧的光采②》，桃園：大燈。
諾格爾（2006），《世界觀的歷史》（胡自信譯），北京：北京大學。
賴亞生（1993），《神秘的鬼魂世界》，北京：人民中國。
霍金編（2005），《站在巨人肩上》（張卜天等譯），臺北：大塊。
鮑黎明（2010），《拜訪靈界的故事：驚異的陰間之旅》，臺北：新潮社。
戴旭（2010），《2030肢解中國：美國的全球戰略和中國的危機》，香港：新點。
戴德（1988），《大戴禮記》，增訂漢魏叢書本，臺北：大化。
戴維斯（2010），《我在DK的出版歲月》（宋偉航譯），臺北：遠流。
戴斯特法諾（2010），《天堂旅遊指南》（謝明憲譯），臺北：小異。
鍾易遠/嚴中成（2001），《通靈出神觀》，臺北：武陵。
韓叢耀（2000），《目擊災難》，南京：江蘇人民。
韓叢耀（2005），《圖像傳播學》，臺北：威仕曼。

瞿曇僧伽提婆譯（1974），《增壹阿含經》，《大正藏》卷 2，臺北：新文豐。

薩爾曼（2004），《女巫：撒旦的情人》（馬振騁譯），臺北：時報。

魏斯（1992），《前世今生：生命輪迴的前世療法》（譚智華譯），臺北：張老師。

魏明德（2006），《新軸心時代》（楊麗貞等譯），臺北：利氏。

懷德海（2000），《科學與現代世界》（傅佩榮譯），臺北：立緒。

瓊斯（2010），《綠領經濟：下一波景氣大復甦的新動力》（鄭詠澤等譯），臺北：野人。

羅烏（2005），《哲學健身館》（謝佩妏譯），臺北：小知堂。

羅斯（1994），《禪的世界》（徐進夫譯），臺北：志文。

羅斯頓三世（1996），《環境倫理學：對自然界的義務與自然界的價值》（王瑞香譯），臺北：國立編譯館。

羅森堡（2004），《當代科學哲學》（歐陽敏譯），臺北：韋伯。

羅德喇嘛（2001），《死亡與轉生：中陰身的祕密和轉世之道》（林慧卿譯），臺北：水星。

關紹箕（2003），《後設語言概論》，臺北：輔仁大學。

蘇伯（2009），《電影的魔力：Howard Suber 電影關鍵詞》（游宜樺譯），臺北：早安財經。

蘇拾平（2007），《文化創意產業的思考技術：我的120道出版經營練習題》，臺北：如果。

蘭特利奇等編（1994），《文學批評術語》（張京媛等譯），香港：牛津大學。

顧偉康（1994），《禪宗六變》，臺北：東大。

龔鵬程（2002），《龔鵬程四十自述》，臺北：印刻。
龔鵬程（2005a），《北溟行記》，臺北：印刻。
龔鵬程（2005b），《孤獨的眼睛》，臺北：九歌。
龔鵬程（2007），《自由的翅膀》，臺北：九歌。

1D01

華人本土心理學與華人本土契合性

楊國樞主編／380元

國際政經、學術和教育文化向來以歐美國家為主導，台灣的心理學也一直是美國心理學的附庸。一九八〇年代起迄今，心理學為落實「本土化」而推動一連串的學術運動，有效探討華人的心理與行為所建立的知識體系，才能成為真正的華人本土心理學。

1D02

咆哮彭城：唐代淮上軍民抗爭史

763-899

盧建榮著／250元

唐代地方對抗中央的新史學之作。彭城的徐州軍民在安史亂後百餘年來不斷向唐廷抗爭，追求自行管理的統治形態，曾獲三次成功，並有多次逐帥、殺帥之舉。本書以特殊的敍述史學手法，借書中人物之口敍說彭城抗爭始末，還原被消音的地方史面貌。

1D03

詩　學

Poetics

亞里斯多德（Aristotle）著／劉效鵬譯、導讀／200元

第一部探討古希臘悲劇藝術的總結性著作，也是人類現存最古老的文學評論著作之一，這是藝術史上第一次對戲劇的本質做出探討，對於後代的戲劇理論有極其重大的影響，更開創了亞里斯多德的詩學傳統。

1D05

中國人的精神

The Spirit of the Chinese People

辜鴻銘著／黃興濤、宋小慶譯／300元

一個特立獨行、備受爭議卻馳名國際的文化名人。林語堂譽為「怪傑」，胡適鄙為「怪物」。他捍衛君主制和納妾制，維護辮子和三寸金蓮。本書出版後，立即轟動西方。特別收錄羅家倫、梁實秋、周作人、托爾斯泰、芥川龍之介、毛姆等名家記敍其人之文。

1D06

霸權興衰史

The Rise and Fall of the Great Powers

保羅．甘迺迪（Paul Kennedy）著／張春柏、陸乃聖主譯／450元

本書綜述一五〇〇年以來英、法、西班牙等國的盛衰興亡，分析一九四五年以來世界局勢的發展變化，同時預測未來世界的趨勢。他借古喻今的功力無與倫比，分析盛極一時的帝國如何被拖垮與滅亡，從歷史教訓探討當今國際議題。

1D07

自殺論

Le Suicide: etude de sociologie

涂爾幹（Emile Durkheim）著／馮韻文譯／380元

古典社會學大師的重要名著。首次為社會學建立了經驗基礎，對傳統上認為純粹是個人和心理因素的自殺現象，提供了社會面向的解釋。自殺是一種特殊的社會現象，在資本制下之所以增多，是因為經濟發展、科技進步和社會分工變細所造成的社會病態而引起。

1D08

第三波

The Third Wave

杭廷頓（Samuel P. Huntington）著／劉軍寧譯／320元

十九世紀以來，全球民主化潮流有三波，從一九七四年葡萄牙政變迄今，即屬第三波的範疇，帶動了三十多個國家進行政治變革，從威權轉型到民主，是本世紀晚期最重要的政治趨勢。國際政治學巨擘深入淺出地分析轉型的原因、性質、方式及其直接影響。

1D09

臺灣慰安婦

朱德蘭著／450元

本書深入探討戰時殖民地臺灣與日軍性暴力的關係，由殖民者與被殖民者互動的視線切入，以基本人權觀念出發，針對日本的殖民統治構造、馴服與培養臺灣人對日本的認同，以及戰爭中動員臺籍慰安婦從業，遭受日軍性暴力的實情等，做實證性分析。

1D10

社會中的藝術

Die Kunst der Gesellschaf

魯曼（Niklas Luhmann）著／國立編譯館主譯、張錦惠譯／魯貴顯審定／420元

二戰後德國最重要的社會學家，系統理論的超級建築師。這是他撰寫一系列全社會功能系統中的第四輯專論。結合了近三十年來社會科學、現象學、生物演化理論、模控學、以及資訊理論等研究領域的成果，企圖建構出與藝術史、文學、美學、及當代文學理論間密切的對話平台。

1D11

人本主義與人文學科

洪鎌德著／240元

以人類的活動及其滋生的問題為觀察的對象，稱作人文現象，是孕育西洋文明的本源。人文學科建立於人性、人情之上，以人為尊。本書是人本主義與人文精神發展梗概之最佳入門書。

1D12

中國小說史略

魯迅著／周錫山評註／350元

魯迅被公認為二十世紀中國新文學的開山祖，他的作品都是短篇，只有本書例外，是唯一的長篇，完整全面地寫出了中國小說史的發展概況，不少觀點深刻精美，文筆典雅優美，至今尚未有同類著作可媲美，郭沫若將此書與王國維《宋元戲曲史》並譽為「雙璧」。

1D13

茶之書

The Book of Tea

岡倉天心著／谷意譯／180元

茶道為日本傳統美學之精髓，作者旅美期間，意識到西方人對東方世界充滿了荒謬想法及誤解，因此用英文寫下這本以「茶道」為主題的書，希望能將日本文化正式介紹到西方世界，藉此引起共鳴。文筆清雅雋永，蘊藏文人氣息，帶領讀者一窺日本古典美學的世界。

「五南文庫」出版書目

1D14

民主的全球旅程：從歐洲走向世界

蔡東杰著／180元

本書主要目的在於希望透過歷史性的長期透視，還原民主作為政治制度而非意識型態的發展歷程；藉此，期盼能讓讀者從人類進行制度選擇的理性面入手，重新檢視並瞭解民主政治與社會需求之間的互動，亦即它究竟因何而來，未來又將往何處而去。

1D15

我為何寫作

Why I Write

喬治・歐威爾（George Orwell）著／張弘瑜譯／220元

歐威爾是知名的政治諷刺小說《動物農莊》、《一九八四》的作者，善以先知的筆調勾畫人類陰暗的未來。〈我為何寫作〉是他一九四七年寫的一篇文章，娓娓細述他的寫作動機與歷程。想深入瞭解歐威爾，本書是相當重要的作品。

1D16

巨龍的蛻變：

中國1840-2008

高明士主編／400元

巨龍沉睡了，巨龍醒了。中國近代到現代的歷史，即古老帝國崩解與現代國家崛起的過程。但中國的衰敗非一朝一夕造成，西方列強稱霸也非僥倖得來。本書以元明時期海上發展與東西文化交流做為序幕，直至二〇〇八年海峽兩岸出現新領導人為末章。

1D17

論政治平等

On Political Equality

羅伯特・道爾（Robert A. Dahl）著／張國書譯／230元

當代政治學泰斗的最新力作。關於政治平等，理想目標和真實成果之間，果真存在巨大鴻溝？資本主義下的民主，總在政治平等和經濟不平等之間拉扯。本書齊聚了完整的訊息：民主的脆弱，它可以是贏家，也可能是輸家。

1D18

她們的聲音：

從近代中國女性的歷史記憶談起

游鑑明著／250元

歷史中的女性，角色重要卻不受重視，因為史料多偏男性觀點，並著重於政治與社會，生活描述鮮少。口述歷史透過訪談，記錄上一世代的生活，貼近女性的生活和經歷。口述史在婦女史研究中極為重要，作者長期研究婦女史，口述史經驗豐富，是最佳入門手冊。

1D19

奇怪的戰敗

LÉtrange Défaite

布洛克（Marc Bloch）著／陸元昶譯／240元

法國年鑑學大師布洛克的最後遺作。一九四〇年，第二次世界大戰，法軍不到一個月就潰敗於德軍閃擊戰下。五十三歲毅然從軍的布洛克，以他親身的經歷和史家的角度，評斷這場「奇怪的戰敗」，其評判嚴厲但正確。

1D20
單子論
La Monadologie
萊布尼茲（G. W. Leibniz）著／錢志純譯、導論／180元
世紀的天才、邏輯實證論與分析哲學的創立者，他比同時代的其他思想家更洞悉了自然科學的哲學基礎。單子，乃是一種進入組合物的單純實體；沒有部份，沒有擴延，也沒有形態，不能分割，是自然的真正原子，是物體的元素。

1D21
中華傳統文化十五講
龔鵬程著／380元
當代國學名師精解中國傳統文化之力作。中國傳統文化是全球華人內蘊、自省的基礎，並內化至食、衣、住、行、育、樂中。本書作者是當代海內外頂級學者和著名思想家。全書分為十五講，從孔子、春秋前，到西方與華夏文明的異化與再生，只待你翻開第一頁。

1D22
法律的道德性
The Morality of Law
富勒（Lon L. Fuller）著／鄭戈譯／顏厥安審定／320元
在美國法哲學史上的重要著作裡，本書佔有一席之地。它容括了對法律與道德兩者關係的洞見，並替其法律理論增添了重要的現實關連。就探討人們為何需要法治這一點，本書乃是既存文獻中的頂尖作品。銳利獨到的深入見解，在其中俯拾即是。

1D23
道德情感論
The Theory of Moral Sentiments
亞當·史密斯（Adam Smith）著／謝宗林譯／450元
相較於《國富論》，本書對西方世界帶來的影響更為深遠，對促進人類福利這一社會目的，發揮了更基本的作用。他一生中大部分的心血都傾注在此書的修訂上，書中討論各種道德情感問題，目的在強調：道德和正義，對社會乃至於市場經濟的運行的重要性。

1D24
聚斂的迷思：
唐代財經技術官僚雛形的出現與文化政治
盧建榮著／300元
文人傳統的低稅理想，遇上了財政告急的國家需求。創造稅收是富有創意的財稅政策，還是擾民的橫徵暴斂？唐史專家盧建榮教授的最新力作。書中時代是一個財政極度困難之時，困境與今日類似。財經專才不見容於通才型官僚，紛擾長達百餘年。

1D25
社會中的法
Das Recht der Gesellschaft
魯曼（Niklas Luhmann）著／國立編譯館主譯、李君韜譯／550元
法律是一個自我再製的系統，自己製造出其固有的諸元素與結構。這樣的系統在運作上具有封閉性，它是以「法／不法」這組二元符碼進行運作，並且採用條件式的綱要，這些綱要使得法律系統能夠清楚將自我指涉與異己指涉區分開來。

「五南文庫」出版書目

1D26

倫理學
Ethics

斯賓諾沙（Benedictus de Spinoza）著／國立編譯館主譯、邱振訓譯／錢志純導論／350元

他運用笛卡兒的形上學及知識論研究方法，結合斯多葛學派與猶太教理性教義，形成了他個人獨創的哲學體系。神、世界、人三者是他心中最重要的關注對象。本書便是透過哲學思辨，提供對於神的理解、對世界的認識，以及對人類德性與幸福的把握。

1D27

民意
Public Opinion

李普曼（Walter Lippmann）著／閻克文、江紅譯／350元

作者是深具影響力的重量級人物，也是新聞傳播史上最偉大的新聞記者／作者／學者。本書以精闢而獨樹一格的筆鋒，檢視民主理論、民主社會的公民角色，以及媒體型塑思考與行動的衝擊效應。此書至今仍左右當代政治學理論的發展。

1D28

中國倫理學史

蔡元培著／240元

本書採用西方近代的學術觀點和方法，整理中國傳統的倫理思想，探究古代思想的起源、發展及變遷，論述從先秦至明代間共二十八位哲學家，包括先秦諸子、漢代陰陽五行、魏晉清談、宋代新儒學與明代理學，可說是近代中國第一本學術著作。

1D29

阿多諾美學論：
雙重的作品政治

陳瑞文著／300元

阿多諾美學有一種哲學家與作家兼具的革命性作為：應用作品的問題性超越美感研究，與極化語言超越語言學規範。陳述和語言之間的絞扭，就像走在兩旁沒有依附的山脊。它涉及雙重的作品政治，一種前衛作品的否定性，另一種星叢語言的否定性。

1D30

人權不是舶來品
跨文化哲學的人權探究

陳瑤華著／270元

一般認為人權是西方產物，這和〈世界人權宣言〉的主導地位有關，有其文化上的優勢，因此亞、非洲等國才有落實人權的障礙和困境。此想法是否符合落實人權的事實？本書欲證明人權並非舶來品，並以華人文化傳統的人權淵源解釋為例，試探多元解釋之可能性。

1D31

沉思錄
Meditations on First Philosophy

笛卡兒（Ren Descartes）著／周春塘譯／220元

原文書名即第一哲學，來自於亞里斯多德，為哲學中最關鍵的問題，也是所有哲學問題的先決條件。書中包含六個沉思，從各角度證明上帝的存在與靈魂問題。他的語言與論述方式直至今日仍具有廣大影響力，此書也成為哲學愛好者必讀的經典之作。

「五南文庫」出版書目

1D32

出埃及：歷史還是神話？

Exodus: Fact or Fiction?

李雅明著／300元

摩西帶領以色列人出埃及、過紅海，是《舊約》中非常重要的事件。但中東地區的歷史文獻、考古學和出土文物中，卻全無痕跡。本書從客觀的立場，以歷史的眼光探討學術研究的成果，還原始末，是中文世界第一本深入解析之作。

1D33

重讀中國女性生命故事

游鑑明、胡纓、季家珍主編／380元

十四位國際知名漢學家、中國女性史的重要學者：曼素恩、賀蕭、錢南秀、盧葦菁、季家珍、胡纓、姚平、柏文莉、柯麗德、伊沛霞、王安、伊維德、魏愛蓮、游鑑明。從烈女賢媛、碑銘小說、史外線索，到勞模事蹟和口述歷史，重新梳理兩千年來各類中國女性的故事。

1D34

論李維羅馬史

Discourses: On the First Ten Books of Titus Livy

馬基維利（Niccolò Machiavelli）著／呂健忠譯／500元

馬基維利的《君王論》獻給麥迪奇家族的君主。六年後完成的《論李維羅馬史》，獻書對象不再是君主之輩，而是具備君主才德的出類拔萃之士。他從提圖斯．李維的《羅馬史》看出一條「沒有人踩過的新途徑」，主張共和體制優於君主統治，將會對每一個人帶來共同利益。

1D35

中國古代文學史講義

傅斯年著／250元

傅斯年北大任教期間的講稿，所講論的起於殷周之際下到西漢哀平王莽之時。對中國上古至近代時期的文學史作斷代研究，論及詩、史、文、論，對某些專題還進行深入探討，並宏觀涉及文學史研究之方法論，頗具啟發之效，是青年學生學習國學知識的一本權威讀物。

1D36

功效論：中國與西方的思維比較

Traité de léffi cacité

余蓮（François Jullien）著／林志明譯／250元

本書探討中西有關成功與效力的根本思維並加以對照。中國主要結合《老子》、《孫子》、《鬼谷子》和《韓非子》的思想並加以貫通，找出上古以降對軍事、外交、政治等各面向的共通思維，對照西方柏拉圖、亞里斯多德至《君王論》、《戰爭論》中浮現的思想根柢。

1D37

二十一世紀基督教：永今神學

林建中著／250元

聯合科學理性推理與神學哲學思維解析基督教，提供一套客觀理性的「聖經釋義學」正解《聖經》，以及邏輯而知性的「基督教擁護論」正信真理，使二十一世紀現代人知性地獲得「神的知識」，察悟生命意義與目的，今生享受自然「豐盛生命」，來生進入超然「永生」。